政府采购招标
实务与案例

姜晨光 主编

化学工业出版社
·北京·

本书以最新的国家法律、法规为依据，通俗、系统、全面地介绍了政府采购招标的基本要求和相关规定、货物类招标采购实务、工程类招标采购实务、服务类招标采购实务等内容，并列举了大量的政府采购项目招标公告、招标文件、中标公示、合同编制等典型实例，具有很好的针对性、指导性和实用性。

本书可供各级政府采购项目管理部门工作人员、政府采购招标代理机构工作人员、招投标书编制人员学习参考，也可供高等学校工程管理专业、大土木类专业、经济管理类专业师生学习参考，亦可作为政府采购管理部门业务培训的教材。

图书在版编目（CIP）数据

政府采购招标实务与案例/姜晨光主编.—北京：化学工业出版社，2019.5（2023.2重印）
ISBN 978-7-122-34108-2

Ⅰ.①政⋯ Ⅱ.①姜⋯ Ⅲ.①政府采购制度-中国 Ⅳ.①F812.2

中国版本图书馆CIP数据核字（2019）第050821号

责任编辑：董　琳　　　　　　　　　　文字编辑：谢蓉蓉
责任校对：宋　夏　　　　　　　　　　装帧设计：刘丽华

出版发行：化学工业出版社（北京市东城区青年湖南街13号　邮政编码100011）
印　　装：涿州市般润文化传播有限公司
787mm×1092mm　1/16　印张17¼　字数424千字　2023年2月北京第1版第3次印刷

购书咨询：010-64518888　　　售后服务：010-64518899
网　　址：http://www.cip.com.cn
凡购买本书，如有缺损质量问题，本社销售中心负责调换。

定　价：78.00元　　　　　　　　　　　　　　　　　　　　　版权所有　违者必究

前言
FOREWORD

政府采购（Government Procurement）是指各级政府为了开展日常政务活动或为公众提供服务，在财政的监督下，以法定的方式、方法和程序，通过公开招标、公平竞争，由财政部门以直接向供应商付款的方式，从国内、国外市场为政府部门或所属团体购买货物、工程和劳务的行为。政府采购的实质是市场竞争机制与财政支出管理的有机结合，其主要特点就是对政府采购行为进行法制化的管理。政府采购主要以招标采购、有限竞争性采购和竞争性谈判为主。

政府采购的主体是政府，是国家最大的单一消费者，购买力非常大。据统计，欧盟各国政府采购的金额占其国内生产总值（GDP）的14%左右（不包括公用事业部门的采购）；美国政府在20世纪90年代初每年用于货物和服务的采购就占其国内生产总值的26%~27%，每年有2000多亿美元的政府预算用于政府采购。正因为如此，政府采购对社会经济有着非常大的影响，采购规模的扩大或缩小、采购结构的变化对社会经济发展状况、产业结构以及公众生活环境都有着十分明显的影响。正是由于政府采购对社会经济有着其他采购主体不可替代的影响，它已成为各国政府经常使用的一种宏观经济调控手段。

我国自2017年9月1日开始，除要求应按规定在中国政府采购网及地方分网公开入围采购阶段信息外，还应公开具体成交记录，电子卖场、电子商城、网上超市等的具体成交记录也应当予以公开。2018年9月30日，我国财政部发布统计显示，2017年全国政府采购规模持续快速增长，采购规模达32114.3亿元，比上年同口径增加6382.9亿元，增长24.8%，占全国财政支出和GDP的比重分别为12.2%和3.9%。

招标采购是指采购方作为招标方，事先提出采购的条件和要求，邀请众多企业参加投标，然后由采购方按照规定的程序和标准一次性的从中择优选择交易对象，并与提出最有利条件的投标方签订协议的过程。整个过程要求公开、公正和择优。招标采购是政府采购最通用的方法之一。一个完整的竞争性招标采购过程由供应商调查和选择、招标、投标、开标、评标、决标、合同授予等阶段组成。根据招标范围可将采购方式统一规范为公开招标采购、选择性招标采购和限制性招标采购。世界贸易组织的《政府采购协议》就是按这种方法来对政府采购方式进行分类的。

政府采购项目五花八门、内容众多，涉及的专业领域和范围非常宽泛，因此，要求政府采购工作人员必须有非常宽广的知识面和良好的职业素养。如何才能更好地完成政府采购任务，是每一个政府采购工作人员都在思考的问题。实际工作中，政府采购工作人员经常需要编制各种各样的招标公告、招标文件、中标公示、合同等，这些烦琐、细致的文牍工作常常令编制者煞费苦心、绞尽脑汁，他们不得不到处搜集材料和典型案例并为此耗费很多的时间和精力。如何为政府采购工作人员减轻负担是笔者闲暇之余经常思索的问题，为此，笔者搜集整理了相关规则以及大量的典型案例形成了本书，希望能对政府采购工作者有所帮助，也希望能对我国的政府采购工作有所贡献。

全书由江南大学姜晨光主笔完成，莱阳市人民政府信访局郭立众，莱阳市财政局李雪，莱阳市国家税务局曲同同，莱阳市农业局吕松梅，烟台市规划信息中心张胜国，山东省淄博市工业学校刘葆华，中共莱阳市委于京良，山东盛隆集团有限公司严立明，烟台市莱阳中心医院郭培强、王凤娟，山东省立医院张振美，江南大学王风芹等同志（排名不分先后）参与了相关章节的撰写工作。

限于水平、学识和时间关系，书中内容难免存在不足与欠妥之处，敬请读者提出宝贵意见。

姜晨光
2019 年 1 月于江南大学

目录 CONTENTS

第1章 政府采购招标的基本要求和相关规定 ······ 001

- 1.1 我国对政府采购工作的基本要求 ······ 001
  - 1.1.1 政府采购当事人的相关要求 ······ 003
  - 1.1.2 政府采购方式的相关规定 ······ 004
  - 1.1.3 政府采购程序的相关要求 ······ 004
  - 1.1.4 政府采购合同的相关要求 ······ 006
  - 1.1.5 质疑与投诉的相关规定 ······ 006
  - 1.1.6 监督检查的基本规定 ······ 007
  - 1.1.7 相关的法律责任 ······ 007
- 1.2 我国对招标投标工作的基本要求 ······ 009
  - 1.2.1 招标的相关规定 ······ 010
  - 1.2.2 投标的相关规定 ······ 012
  - 1.2.3 开标、评标和中标的相关规定 ······ 013
  - 1.2.4 投诉与处理的相关规定 ······ 015
  - 1.2.5 相关的法律责任 ······ 015
- 1.3 我国政府采购合同编制应遵循的通行规则 ······ 018
  - 1.3.1 宏观原则 ······ 018
  - 1.3.2 合同订立的基本原则 ······ 018
  - 1.3.3 合同的效力规定 ······ 020
  - 1.3.4 合同的履行规定 ······ 021
  - 1.3.5 合同的变更和转让规定 ······ 022
  - 1.3.6 合同的权利义务终止规定 ······ 023
  - 1.3.7 违约责任规定 ······ 024
  - 1.3.8 合同的其他规定 ······ 025
  - 1.3.9 政府采购可能涉及的其他合同 ······ 025
- 1.4 我国政府采购合同编制的宏观要求 ······ 040
  - 1.4.1 总体原则 ······ 040
  - 1.4.2 合同的签订与生效规定 ······ 041
  - 1.4.3 合同的履行以及变更和解除规定 ······ 041

  1.4.4 违约责任与争议处理原则 ………………………………………… 044
  1.4.5 监督与检查规定 …………………………………………………… 044
 1.5 我国政府采购招标应关注的拍卖问题 ……………………………………… 045
  1.5.1 关于拍卖标的的问题 ……………………………………………… 046
  1.5.2 关于拍卖当事人的问题 …………………………………………… 046
  1.5.3 拍卖程序 …………………………………………………………… 047
  1.5.4 相关的法律责任 …………………………………………………… 048
 1.6 我国政府采购招标应关注的担保问题 ……………………………………… 049
  1.6.1 保证 ………………………………………………………………… 049
  1.6.2 抵押 ………………………………………………………………… 051
  1.6.3 质押 ………………………………………………………………… 053
  1.6.4 留置 ………………………………………………………………… 054
  1.6.5 定金 ………………………………………………………………… 054

第2章　货物类招标采购实务 …………………………………………………… 056

 2.1 多功能酶标仪采购招标公告 ………………………………………………… 056
 2.2 高精度光刻机采购招标公告 ………………………………………………… 057
 2.3 定向运动器材采购招标公告 ………………………………………………… 058
 2.4 燃气改造二期项目单一来源采购公示 ……………………………………… 058
 2.5 工作站采购招标文件 ………………………………………………………… 059
  2.5.1 招标文件封面及目录 ……………………………………………… 059
  2.5.2 第一部分　投标邀请 ……………………………………………… 060
  2.5.3 第二部分　投标人须知 …………………………………………… 060
  2.5.4 第三部分　招标货物及有关说明 ………………………………… 065
  2.5.5 第四部分　合同主要条款 ………………………………………… 066
  2.5.6 第五部分　附件 …………………………………………………… 067
 2.6 多功能酶标仪采购招标文件 ………………………………………………… 070
  2.6.1 招标文件封面及目录 ……………………………………………… 070
  2.6.2 第一部分　投标邀请 ……………………………………………… 070
  2.6.3 第二部分　投标人须知 …………………………………………… 071
  2.6.4 第三部分　招标货物及有关说明 ………………………………… 076
  2.6.5 第四部分　合同主要条款 ………………………………………… 077
  2.6.6 第五部分　附件 …………………………………………………… 078
 2.7 高精度光刻机采购招标文件 ………………………………………………… 081
  2.7.1 招标文件封面及目录 ……………………………………………… 081
  2.7.2 第一部分　投标邀请 ……………………………………………… 081
  2.7.3 第二部分　投标人须知 …………………………………………… 083
  2.7.4 第三部分　招标货物及有关说明 ………………………………… 087
  2.7.5 第四部分　合同主要条款 ………………………………………… 088

2.7.6　第五部分　附件 ･･ 089
2.8　THz单色仪及探测器采购项目单一来源采购成交公示 ･････････････････････ 092
2.9　多功能协作教学系统采购中标公示 ･･････････････････････････････････････ 092
2.10　物性分析仪采购中标公示 ･･･ 093
2.11　货物类政府采购合同典型格式 ･･･ 093

第3章　工程类招标采购实务 098

3.1　药草园园路改造工程招标公告 ･･･ 098
3.2　国际交流会议室及走廊修缮工程招标公告 ･･･････････････････････････････ 099
3.3　医学特殊环境实验室工程招标公告 ･･････････････････････････････････････ 100
3.4　监控中心电视墙改造工程招标公告 ･･････････････････････････････････････ 101
3.5　实验中心教学环境改造工程公开招标公告 ･･･････････････････････････････ 102
　　3.5.1　公告概要 ･･･ 102
　　3.5.2　公告细节 ･･･ 103
3.6　标准化考场建设项目公开招标公告 ･･････････････････････････････････････ 104
3.7　绿化养护服务外包项目（二次）公开招标公告 ･･･････････････････････････ 106
3.8　绿化养护服务外包项目终止公告 ･･ 107
3.9　绿化养护服务外包项目公开招标公告 ････････････････････････････････････ 108
3.10　药草园园路改造工程招标文件 ･･･ 110
　　3.10.1　招标文件封面及目录 ･･･ 110
　　3.10.2　第一部分　投标邀请 ･･･ 110
　　3.10.3　第二部分　投标人须知 ･･･ 111
　　3.10.4　第三部分　项目招标要求和有关说明 ･････････････････････････････ 117
　　3.10.5　第四部分　图纸、设计方案、工程量清单 ･････････････････････････ 119
　　3.10.6　第五部分　合同协议书 ･･･ 132
　　3.10.7　第六部分　合同条款 ･･･ 133
　　3.10.8　第七部分　工程质量保修书 ･･･････････････････････････････････････ 133
　　3.10.9　第八部分　附件（投标文件格式） ････････････････････････････････ 134
3.11　医学特殊环境实验室工程招标文件 ･････････････････････････････････････ 138
　　3.11.1　招标文件封面及目录 ･･･ 138
　　3.11.2　第一部分　投标邀请 ･･･ 138
　　3.11.3　第二部分　投标人须知 ･･･ 140
　　3.11.4　第三部分　项目招标要求和有关说明 ･････････････････････････････ 145
　　3.11.5　第四部分　设计图纸、工程量清单 ････････････････････････････････ 150
　　3.11.6　第五部分　合同协议书 ･･･ 158
　　3.11.7　第六部分　合同条款 ･･･ 159
　　3.11.8　第七部分　工程质量保修书 ･･･････････････････････････････････････ 166
　　3.11.9　第八部分　附件（投标文件格式） ････････････････････････････････ 167
3.12　监控运行中心电视墙改造工程招标文件 ････････････････････････････････ 169

	3.12.1	招标文件封面及目录		169
	3.12.2	第一部分	投标邀请	169
	3.12.3	第二部分	投标人须知	171
	3.12.4	第三部分	项目主要货物及有关说明	176
	3.12.5	第四部分	合同主要条款	182
	3.12.6	第五部分	合同协议书	183
	3.12.7	第六部分	附件（投标文件格式）	184
3.13	国际交流会议室及走廊修缮工程中标公示			187
3.14	办公楼一层大厅及过道修缮工程中标公示			188

第4章 服务类招标采购实务 189

4.1	食堂餐饮服务合作经营项目招标公告		189
4.2	生活街区店铺租赁招标公告		190
4.3	生活街区店铺租赁招标文件的更正说明		191
4.4	关于 FZL 等 4 个招标文件更正并延期的说明		193
4.5	办公楼中央空调维护保养服务招标公告		193
4.6	关于办公楼中央空调维护保养服务招标文件的更正说明		194
4.7	公共财务系统升级招标公告		194
4.8	离退休工作管理系统（二期）建设招标公告		195
4.9	学生管理服务系统建设（一期）招标公告		196
4.10	实验室废弃溶液处置招标公告		197
4.11	办公楼外墙清洗服务招标公告		198
4.12	实验课程三维动画和资源库建设项目招标公告		199
4.13	食堂餐饮服务合作经营项目招标文件		200
	4.13.1	招标文件封面及目录	200
	4.13.2	第一部分 投标邀请	200
	4.13.3	第二部分 投标人须知	201
	4.13.4	第三部分 招标货物及有关说明	206
	4.13.5	第四部分 合同主要条款	208
	4.13.6	第五部分 附件	211
4.14	生活街区店铺租赁招标文件		213
	4.14.1	招标文件封面及目录	213
	4.14.2	第一部分 投标邀请	213
	4.14.3	第二部分 投标人须知	215
	4.14.4	第三部分 项目内容及有关要求	219
	4.14.5	第四部分 合同主要条款	221
	4.14.6	第五部分 附件	224
4.15	办公集群中央空调维护保养服务招标文件		226
	4.15.1	招标文件封面及目录	226

  4.15.2 第一部分 投标邀请 ·· 226
  4.15.3 第二部分 投标人须知 ·· 228
  4.15.4 第三部分 项目内容及有关要求 ·································· 233
  4.15.5 第四部分 合同主要条款 ··· 238
  4.15.6 第五部分 附件 ··· 238
 4.16 公共财务系统升级项目招标文件 ··· 241
  4.16.1 招标文件封面及目录 ·· 241
  4.16.2 第一部分 投标邀请 ·· 241
  4.16.3 第二部分 投标人须知 ·· 242
  4.16.4 第三部分 项目内容及有关要求 ·································· 247
  4.16.5 第四部分 合同主要条款 ··· 252
  4.16.6 第五部分 附件 ··· 252
 4.17 实验室废弃溶液处置项目招标文件 ······································ 255
  4.17.1 招标文件封面及目录 ·· 255
  4.17.2 第一部分 投标邀请 ·· 256
  4.17.3 第二部分 投标人须知 ·· 256
  4.17.4 第三部分 项目内容及有关要求 ·································· 260
  4.17.5 第四部分 合同主要条款 ··· 261
  4.17.6 第五部分 附件 ··· 261
 4.18 档案管理综合平台中标公示 ··· 264
 4.19 公共财务系统升级项目中标公示 ··· 264

参考文献 ·· 265

第 1 章 政府采购招标的基本要求和相关规定

1.1 我国对政府采购工作的基本要求

政府采购是指使用公共资金的国家机关、政党、社会团体、事业单位以及其他社会组织为了公共利益的需要而动用公共资金购买或租赁商品、工程、智力成果及雇佣劳务或获取服务的行为。世界贸易组织的《政府采购协议》中将政府采购定义为"成员国的中央政府、次中央政府采购、租赁、有无期权购买货物、服务、工程及公共设施的购买营造"。政府采购的采购方或采购主体必须是具有公共职能的公共组织或公法人（即使用公共资金的公共机构或组织，包括各级国家机关及其派出机构、政党组织、社会团体、事业单位、行会组织、自治组织以及其他社会组织）。政府采购的目的及资金来源具有公共性，政府采购权是一种公共权力，政府采购的救济主要应采用公法救济方式，政府采购适用一些专门的程序。政府采购制度的建立可使有限的公共资金获得最大的使用效率；有利于促进公平竞争，促使货物、工程、服务质量的提高，增强本国供应商的国际竞争能力；可从宏观上调节国民经济；有利于将政府采购活动置于阳光之下，遏止政府采购中的贪污腐败行为。政府采购应遵循的基本原则包括：公开性原则（disclosures）、公平性原则（equity）、竞争性原则（competitions）、经济效益原则（economy and efficiency）、严正性原则（integrity）。因此，应建立政府采购的主体制度，建立政府采购的程序控制制度，建立政府采购争议的救济制度。

我国的政府采购是指各级国家机关、事业单位和团体组织使用财政性资金采购依法制定的集中采购目录以内的或者采购限额标准以上的货物、工程和服务的行为。我国的政府集中采购目录和采购限额标准是依照《中华人民共和国政府采购法》规定的权限制定的。采购是指以合同方式有偿取得货物、工程和服务的行为，包括购买、租赁、委托、雇用等。货物是指各种形态和种类的物品，包括原材料、燃料、设备、产品等。工程是指建设工程，包括建筑物和构筑物的新建、改建、扩建、装修、拆除、修缮等。服务是指除货物和工程以外的其他政府采购对象。我国的政府采购遵循公开透明原则、公平竞争原则、公正原则和诚实信用原则。政府采购工程进行招标投标应遵守《中华人民共和国招标投标法》的相关规定。政府采购应严格按批准的预算执行。政府采购实行集中采购和分散采购相结合的方式，集中采购的范围由省级以上人民政府公布的集中采购目录确定。属于中央预算的政府采购项目其集中采购目录由国务院确定并公布；属于地方预算的政府采购项目其集中采购目录由省级人民政府或者其授权的机构确定并公布。纳入集中采购目录的政府采购项目应当实行集中采购。政府采购限额标准，属于中央预算的政府采购项目，由国务院确定并公布；属于地方预算的政府采购项目，由省级人民政府或其授权机构确定并公布。

确保公共财政安全是国家管理最重要的核心内容之一。公共财政必须取之于民、用之于民，必须发挥公共财政的作用、最大限度地造福人民群众。公共财政的支出应依法管理、科学使用，其中政府采购的作用举足轻重。《中华人民共和国政府采购法》第二条所称的财政性资金是指纳入预算管理的资金。以财政性资金作为还款来源的借贷资金，视同财政性资金。国家机关、事业单位和团体组织的采购项目既使用财政性资金又使用非财政性资金的，使用财政性资金采购的部分，适用《中华人民共和国政府采购法》及《中华人民共和国政府采购法实施条例》；财政性资金与非财政性资金无法分割采购的，统一适用《中华人民共和国政府采购法》及《中华人民共和国政府采购法实施条例》。《中华人民共和国政府采购法》第二条所称服务，包括政府自身需要的服务和政府向社会公众提供的公共服务。

集中采购目录包括集中采购机构采购项目和部门集中采购项目。技术、服务等标准统一，采购人普遍使用的项目，列为集中采购机构采购项目；采购人本部门、本系统基于业务需要有特殊要求，可以统一采购的项目，列为部门集中采购项目。

《中华人民共和国政府采购法》所称集中采购，是指采购人将列入集中采购目录的项目委托集中采购机构代理采购或者进行部门集中采购的行为；所称分散采购，是指采购人将采购限额标准以上的未列入集中采购目录的项目自行采购或者委托采购代理机构代理采购的行为。

省、自治区、直辖市人民政府或者其授权的机构根据实际情况，可以确定分别适用于本行政区域省级、设区的市级、县级的集中采购目录和采购限额标准。

国务院财政部门应当根据国家的经济和社会发展政策，会同国务院有关部门制定政府采购政策，通过制定采购需求标准、预留采购份额、价格评审优惠、优先采购等措施，实现节约能源、保护环境、扶持不发达地区和少数民族地区、促进中小企业发展等目标。

政府采购工程以及与工程建设有关的货物、服务，采用招标方式采购的，适用《中华人民共和国招标投标法》及其实施条例；采用其他方式采购的，适用《中华人民共和国政府采购法》及《中华人民共和国政府采购法实施条例》。前述所称工程是指建设工程，包括建筑物和构筑物的新建、改建、扩建及其相关的装修、拆除、修缮等；所称与工程建设有关的货物是指构成工程不可分割的组成部分，且为实现工程基本功能所必需的设备、材料等；所称与工程建设有关的服务是指为完成工程所需的勘察、设计、监理等服务。政府采购工程以及与工程建设有关的货物、服务，应当执行政府采购政策。

政府采购项目信息应当在省级以上人民政府财政部门指定的媒体上发布。采购项目预算金额达到国务院财政部门规定标准的，政府采购项目信息应当在国务院财政部门指定的媒体上发布。

在政府采购活动中，采购人员及相关人员与供应商有下列5类利害关系之一的，应当回避。这5类利害关系分别是参加采购活动前3年内与供应商存在劳动关系；参加采购活动前3年内担任供应商的董事、监事；参加采购活动前3年内是供应商的控股股东或者实际控制人；与供应商的法定代表人或者负责人有夫妻、直系血亲、三代以内旁系血亲或者近姻亲关系；与供应商有其他可能影响政府采购活动公平、公正进行的关系。供应商认为采购人员及相关人员与其他供应商有利害关系的，可以向采购人或者采购代理机构书面提出回避申请，并说明理由。采购人或者采购代理机构应当及时询问被申请回避人员，有利害关系的被申请回避人员应当回避。国家实行统一的政府采购电子交易平台建设标准，推动利用信息网络进行电子化政府采购活动。

1.1.1 政府采购当事人的相关要求

采购人在政府采购活动中应当维护国家利益和社会公共利益，公正廉洁，诚实守信，执行政府采购政策，建立政府采购内部管理制度，厉行节约，科学合理确定采购需求。采购人不得向供应商索要或者接受其给予的赠品、回扣或者与采购无关的其他商品、服务。

《中华人民共和国政府采购法》所称采购代理机构，是指集中采购机构和集中采购机构以外的采购代理机构。集中采购机构是设区的市级以上人民政府依法设立的非营利事业法人，是代理集中采购项目的执行机构。集中采购机构应当根据采购人委托制定集中采购项目的实施方案，明确采购规程，组织政府采购活动，不得将集中采购项目转委托。集中采购机构以外的采购代理机构，是从事采购代理业务的社会中介机构。

采购代理机构应当建立完善的政府采购内部监督管理制度，具备开展政府采购业务所需的评审条件和设施。采购代理机构应当提高确定采购需求，编制招标文件、谈判文件、询价通知书，拟订合同文本和优化采购程序的专业化服务水平，根据采购人委托在规定的时间内及时组织采购人与中标或者成交供应商签订政府采购合同，及时协助采购人对采购项目进行验收。采购代理机构不得以不正当手段获取政府采购代理业务，不得与采购人、供应商恶意串通操纵政府采购活动。采购代理机构工作人员不得接受采购人或者供应商组织的宴请、旅游、娱乐，不得收受礼品、现金、有价证券等，不得向采购人或者供应商报销应当由个人承担的费用。

采购人、采购代理机构应当根据政府采购政策、采购预算、采购需求编制采购文件。采购需求应当符合法律法规以及政府采购政策规定的技术、服务、安全等要求。政府向社会公众提供的公共服务项目，应当就确定采购需求征求社会公众的意见。除因技术复杂或者性质特殊，不能确定详细规格或者具体要求外，采购需求应当完整、明确。必要时，应当就确定采购需求征求相关供应商、专家的意见。

《中华人民共和国政府采购法》第二十条规定的委托代理协议，应当明确代理采购的范围、权限和期限等具体事项。采购人和采购代理机构应当按照委托代理协议履行各自义务，采购代理机构不得超越代理权限。

参加政府采购活动的供应商应当具备《中华人民共和国政府采购法》第二十二条第一款规定的条件，提供下列 5 方面材料，即法人或者其他组织的营业执照等证明文件，自然人的身份证明；财务状况报告，依法缴纳税收和社会保障资金的相关材料；具备履行合同所必需的设备和专业技术能力的证明材料；参加政府采购活动前 3 年内在经营活动中没有重大违法记录的书面声明；具备法律、行政法规规定的其他条件的证明材料。采购项目有特殊要求的，供应商还应当提供其符合特殊要求的证明材料或者情况说明。

单位负责人为同一人或者存在直接控股、管理关系的不同供应商，不得参加同一合同项下的政府采购活动。除单一来源采购项目外，为采购项目提供整体设计、规范编制或者项目管理、监理、检测等服务的供应商，不得再参加该采购项目的其他采购活动。

《中华人民共和国政府采购法》第二十二条第一款第五项所称重大违法记录，是指供应商因违法经营受到刑事处罚或者责令停产停业、吊销许可证或者执照、较大数额罚款等行政处罚。供应商在参加政府采购活动前3年内因违法经营被禁止在一定期限内参加政府采购活动，期限届满的，可以参加政府采购活动。

采购人或者采购代理机构有下列8种情形之一的，属于以不合理的条件对供应商实行差别待遇或者歧视待遇。这8种情形分别是就同一采购项目向供应商提供有差别的项目信息；设定的资格、技术、商务条件与采购项目的具体特点和实际需要不相适应或者与合同履行无关；采购需求中的技术、服务等要求指向特定供应商、特定产品；以特定行政区域或者特定行业的业绩、奖项作为加分条件或者中标、成交条件；对供应商采取不同的资格审查或者评审标准；限定或者指定特定的专利、商标、品牌或者供应商；非法限定供应商的所有制形式、组织形式或者所在地；以其他不合理条件限制或者排斥潜在供应商。

采购人或者采购代理机构对供应商进行资格预审的，资格预审公告应当在省级以上人民政府财政部门指定的媒体上发布。已进行资格预审的，评审阶段可以不再对供应商资格进行审查。资格预审合格的供应商在评审阶段资格发生变化的，应当通知采购人和采购代理机构。资格预审公告应当包括采购人和采购项目名称、采购需求、对供应商的资格要求以及供应商提交资格预审申请文件的时间和地点。提交资格预审申请文件的时间自公告发布之日起不得少于5个工作日。

联合体中有同类资质的供应商按照联合体分工承担相同工作的，应当按照资质等级较低的供应商确定资质等级。以联合体形式参加政府采购活动的，联合体各方不得再单独参加或者与其他供应商另外组成联合体参加同一合同项下的政府采购活动。

1.1.2 政府采购方式的相关规定

采购人采购公开招标数额标准以上的货物或者服务，符合《中华人民共和国政府采购法》第二十九条～第三十二条规定情形或者有需要执行政府采购政策等特殊情况的，经设区的市级以上人民政府财政部门批准，可以依法采用公开招标以外的采购方式。列入集中采购目录的项目，适合实行批量集中采购的，应当实行批量集中采购，但紧急的小额零星货物项目和有特殊要求的服务、工程项目除外。

政府采购工程依法不进行招标的，应当依照《中华人民共和国政府采购法》和《中华人民共和国政府采购法实施条例》规定的竞争性谈判或者单一来源采购方式采购。

《中华人民共和国政府采购法》第三十条第三项规定的情形，应当是采购人不可预见的或者非因采购人拖延导致的；第四项规定的情形，是指因采购艺术品或者因专利、专有技术或者因服务的时间、数量事先不能确定等导致不能事先计算出价格总额。《中华人民共和国政府采购法》第三十一条第一项规定的情形，是指因货物或者服务使用不可替代的专利、专有技术，或者公共服务项目具有特殊要求，导致只能从某一特定供应商处采购。

在一个财政年度内，采购人将一个预算项目下的同一品目或者类别的货物、服务采用公开招标以外的方式多次采购，累计资金数额超过公开招标数额标准的，属于以化整为零方式规避公开招标，但项目预算调整或者经批准采用公开招标以外方式采购的除外。

1.1.3 政府采购程序的相关要求

采购人应当根据集中采购目录、采购限额标准和已批复的部门预算编制政府采购实施计划，报本级人民政府财政部门备案。采购人或者采购代理机构应当在招标文件、谈判文件、询价通知书中公开采购项目预算金额。

招标文件的提供期限自招标文件开始发出之日起不得少于 5 个工作日。采购人或者采购代理机构可以对已发出的招标文件进行必要的澄清或者修改。澄清或者修改的内容可能影响投标文件编制的，采购人或者采购代理机构应当在投标截止时间至少 15 日前，以书面形式通知所有获取招标文件的潜在投标人；不足 15 日的，采购人或者采购代理机构应当顺延提交投标文件的截止时间。

采购人或者采购代理机构应当按照国务院财政部门制定的招标文件标准文本编制招标文件。招标文件应当包括采购项目的商务条件、采购需求、投标人的资格条件、投标报价要求、评标方法、评标标准以及拟签订的合同文本等。

招标文件要求投标人提交投标保证金的，投标保证金不得超过采购项目预算金额的 2%。投标保证金应当以支票、汇票、本票或者金融机构、担保机构出具的保函等非现金形式提交。投标人未按照招标文件要求提交投标保证金的，投标无效。采购人或者采购代理机构应当自中标通知书发出之日起 5 个工作日内退还未中标供应商的投标保证金，自政府采购合同签订之日起 5 个工作日内退还中标供应商的投标保证金。竞争性谈判或者询价采购中要求参加谈判或者询价的供应商提交保证金的，参照前述规定执行。

政府采购招标评标方法分为最低评标价法和综合评分法。最低评标价法是指投标文件满足招标文件全部实质性要求且投标报价最低的供应商为中标候选人的评标方法。综合评分法是指投标文件满足招标文件全部实质性要求且按照评审因素的量化指标评审得分最高的供应商为中标候选人的评标方法。技术、服务等标准统一的货物和服务项目，应当采用最低评标价法。采用综合评分法的，评审标准中的分值设置应当与评审因素的量化指标相对应。招标文件中没有规定的评标标准不得作为评审的依据。

谈判文件不能完整、明确列明采购需求，需要由供应商提供最终设计方案或者解决方案的，在谈判结束后，谈判小组应当按照少数服从多数的原则投票推荐 3 家以上供应商的设计方案或者解决方案，并要求其在规定时间内提交最后报价。

询价通知书应当根据采购需求确定政府采购合同条款。在询价过程中，询价小组不得改变询价通知书所确定的政府采购合同条款。

《中华人民共和国政府采购法》第三十八条第五项、第四十条第四项所称质量和服务相等，是指供应商提供的产品质量和服务均能满足采购文件规定的实质性要求。

达到公开招标数额标准，符合《中华人民共和国政府采购法》第三十一条第一项规定情形，只能从唯一供应商处采购的，采购人应当将采购项目信息和唯一供应商名称在省级以上人民政府财政部门指定的媒体上公示，公示期不得少于 5 个工作日。

除国务院财政部门规定的情形外，采购人或者采购代理机构应当从政府采购评审专家库中随机抽取评审专家。政府采购评审专家应当遵守评审工作纪律，不得泄露评审文件、评审情况和评审中获悉的商业秘密。评标委员会、竞争性谈判小组或者询价小组在评审过程中发现供应商有行贿、提供虚假材料或者串通等违法行为的，应当及时向财政部门报告。政府采购评审专家在评审过程中受到非法干预的，应当及时向财政、监察等部门举报。

评标委员会、竞争性谈判小组或者询价小组成员应当按照客观、公正、审慎的原则，根据采购文件规定的评审程序、评审方法和评审标准进行独立评审。采购文件内容违反国家有关强制性规定的，评标委员会、竞争性谈判小组或者询价小组应当停止评审并向采购人或者采购代理机构说明情况。评标委员会、竞争性谈判小组或者询价小组成员应当在评审报告上签字，对自己的评审意见承担法律责任。对评审报告有异议的，应当在评审报告上签署不同意见，并说明理由，否则视为同意评审报告。采购人、采购代理机构不得向评标委员会、竞争性谈判小组或者询价小组的评审专家作倾向性、误导性的解释或者说明。

采购代理机构应当自评审结束之日起2个工作日内将评审报告送交采购人。采购人应当自收到评审报告之日起5个工作日内在评审报告推荐的中标或者成交候选人中按顺序确定中标或者成交供应商。采购人或者采购代理机构应当自中标、成交供应商确定之日起2个工作日内发出中标、成交通知书，并在省级以上人民政府财政部门指定的媒体上公告中标、成交结果，同时公告招标文件、竞争性谈判文件、询价通知书。中标、成交结果公告内容应当包括采购人和采购代理机构的名称、地址、联系方式，项目名称和项目编号，中标或者成交供应商名称、地址和中标或者成交金额，主要中标或者成交标的的名称、规格型号、数量、单价、服务要求以及评审专家名单。

除国务院财政部门规定的情形外，采购人、采购代理机构不得以任何理由组织重新评审。采购人、采购代理机构按照国务院财政部门的规定组织重新评审的，应当书面报告本级人民政府财政部门。采购人或者采购代理机构不得通过对样品进行检测、对供应商进行考察等方式改变评审结果。

采购人或者采购代理机构应当按照政府采购合同规定的技术、服务、安全标准组织对供应商履约情况进行验收，并出具验收书。验收书应当包括每一项技术、服务、安全标准的履约情况。政府向社会公众提供的公共服务项目，验收时应当邀请服务对象参与并出具意见，验收结果应当向社会公告。

《中华人民共和国政府采购法》第四十二条规定的采购文件，可以用电子档案方式保存。

1.1.4 政府采购合同的相关要求

国务院财政部门应当会同国务院有关部门制定政府采购合同标准文本。采购文件要求中标或者成交供应商提交履约保证金的，供应商应当以支票、汇票、本票或者金融机构、担保机构出具的保函等非现金形式提交。履约保证金的数额不得超过政府采购合同金额的10%。中标或者成交供应商拒绝与采购人签订合同的，采购人可以按照评审报告推荐的中标或者成交候选人名单排序，确定下一候选人为中标或者成交供应商，也可以重新开展政府采购活动。

采购人应当自政府采购合同签订之日起2个工作日内，将政府采购合同在省级以上人民政府财政部门指定的媒体上公告，但政府采购合同中涉及国家秘密、商业秘密的内容除外。采购人应当按照政府采购合同的规定，及时向中标或者成交供应商支付采购资金。政府采购项目资金支付程序，按照国家有关财政资金支付管理的规定执行。

1.1.5 质疑与投诉的相关规定

采购人或者采购代理机构应当在3个工作日内对供应商依法提出的询问作出答复。供应商提出的询问或者质疑超出采购人对采购代理机构委托授权范围的，采购代理机构应当告知供应商向采购人提出。政府采购评审专家应当配合采购人或者采购代理机构答复供应商的询问和质疑。

《中华人民共和国政府采购法》第五十二条规定的供应商应知其权益受到损害之日有以下3个含义，即对可以质疑的采购文件提出质疑的，为收到采购文件之日或者采购文件公告期限届满之日；对采购过程提出质疑的，为各采购程序环节结束之日；对中标或者成交结果提出质疑的，为中标或者成交结果公告期限届满之日。

询问或者质疑事项可能影响中标、成交结果的，采购人应当暂停签订合同，已经签订合同的，应当中止履行合同。供应商质疑、投诉应当有明确的请求和必要的证明材料，供应商投诉的事项不得超出已质疑事项的范围。财政部门处理投诉事项采用书面审查的方式，必要时可以进行调查取证或者组织质证。对财政部门依法进行的调查取证，投诉人和与投诉事项有关的当事人应当如实反映情况，并提供相关材料。

投诉人捏造事实、提供虚假材料或者以非法手段取得证明材料进行投诉的，财政部门应当予以驳回。财政部门受理投诉后，投诉人书面申请撤回投诉的，财政部门应当终止投诉处理程序。财政部门处理投诉事项，需要检验、检测、鉴定、专家评审以及需要投诉人补正材料的，所需时间不计算在投诉处理期限内。财政部门对投诉事项作出的处理决定，应当在省级以上人民政府财政部门指定的媒体上公告。

1.1.6 监督检查的基本规定

《中华人民共和国政府采购法》第六十三条所称政府采购项目的采购标准，是指项目采购所依据的经费预算标准、资产配置标准和技术、服务标准等。

除《中华人民共和国政府采购法》第六十六条规定的考核事项外，财政部门对集中采购机构的考核事项还包括以下 6 方面内容，即政府采购政策的执行情况；采购文件的编制水平；采购方式和采购程序的执行情况；询问、质疑的答复情况；内部监督管理制度的建设及执行情况；省级以上人民政府财政部门规定的其他事项。财政部门应当制订考核计划，定期对集中采购机构进行考核，考核结果有重要情况的，应当向本级人民政府报告。

采购人发现采购代理机构有违法行为的，应当要求其改正。采购代理机构拒不改正的，采购人应当向本级人民政府财政部门报告，财政部门应当依法处理。采购代理机构发现采购人的采购需求存在以不合理条件对供应商实行差别待遇、歧视待遇或者其他不符合法律、法规和政府采购政策规定内容，或者发现采购人有其他违法行为的，应当建议其改正。采购人拒不改正的，采购代理机构应当向采购人的本级人民政府财政部门报告，财政部门应当依法处理。

省级以上人民政府财政部门应当对政府采购评审专家库实行动态管理，具体管理办法由国务院财政部门制定。采购人或者采购代理机构应当对评审专家在政府采购活动中的职责履行情况予以记录，并及时向财政部门报告。

各级人民政府财政部门和其他有关部门应当加强对参加政府采购活动的供应商、采购代理机构、评审专家的监督管理，对其不良行为予以记录，并纳入统一的信用信息平台。各级人民政府财政部门对政府采购活动进行监督检查，有权查阅、复制有关文件、资料，相关单位和人员应当予以配合。审计机关、监察机关以及其他有关部门依法对政府采购活动实施监督，发现采购当事人有违法行为的，应当及时通报财政部门。

1.1.7 相关的法律责任

《中华人民共和国政府采购法》第七十一条规定的罚款，数额为 10 万元以下；第七十二条规定的罚款，数额为 5 万元以上 25 万元以下。

采购人有下列 8 种情形之一的，由财政部门责令限期改正，给予警告，对直接负责的主管人员和其他直接责任人员依法给予处分，并予以通报。这8种情形分别是未按照规定编制政府采购实施计划或者未按照规定将政府采购实施计划报本级人民政府财政部门备案；将应当进行公开招标的项目化整为零或者以其他任何方式规避公开招标；未按照规定在评标委员会、竞争性谈判小组或者询价小组推荐的中标或者成交候选人中确定中标或者成交供应商；未按照采购文件确定的事项签订政府采购合同；政府采购合同履行中追加与合同标的相同的货物、工程或者服务的采购金额超过原合同采购金额的10%；擅自变更、中止或者终止政府采购合同；未按照规定公告政府采购合同；未按照规定时间将政府采购合同副本报本级人民政府财政部门和有关部门备案。

采购人、采购代理机构有下列10种情形之一的，依照《中华人民共和国政府采购法》第七十一条、第七十八条的规定追究法律责任。这10种情形分别是未依照《中华人民共和国政府采购法》和《中华人民共和国政府采购法实施条例》规定的方式实施采购；未依法在指定的媒体上发布政府采购项目信息；未按照规定执行政府采购政策；违反《中华人民共和国政府采购法实施条例》第十五条的规定导致无法组织对供应商履约情况进行验收或者国家财产遭受损失；未依法从政府采购评审专家库中抽取评审专家；非法干预采购评审活动；采用综合评分法时评审标准中的分值设置未与评审因素的量化指标相对应；对供应商的询问、质疑逾期未作处理；通过对样品进行检测、对供应商进行考察等方式改变评审结果；未按照规定组织对供应商履约情况进行验收。

集中采购机构有下列3种情形之一的，由财政部门责令限期改正，给予警告，有违法所得的，并处没收违法所得，对直接负责的主管人员和其他直接责任人员依法给予处分，并予以通报。这3种情形分别是内部监督管理制度不健全，对依法应当分设、分离的岗位、人员未分设、分离；将集中采购项目委托给其他采购代理机构采购；从事营利活动。

采购人员与供应商有利害关系而不依法回避的，由财政部门给予警告，并处2000元以上2万元以下的罚款。

有《中华人民共和国政府采购法》第七十一条、第七十二条规定的违法行为之一，影响或者可能影响中标、成交结果的，依照下列4条规定处理。这4条规定分别是未确定中标或者成交供应商的，终止本次政府采购活动，重新开展政府采购活动；已确定中标或者成交供应商但尚未签订政府采购合同的，中标或者成交结果无效，从合格的中标或者成交候选人中另行确定中标或者成交供应商；没有合格的中标或者成交候选人的，重新开展政府采购活动。政府采购合同已签订但尚未履行的，撤销合同，从合格的中标或者成交候选人中另行确定中标或者成交供应商；没有合格的中标或者成交候选人的，重新开展政府采购活动。政府采购合同已经履行，给采购人、供应商造成损失的，由责任人承担赔偿责任。政府采购当事人有其他违反《中华人民共和国政府采购法》或者《中华人民共和国政府采购法实施条例》规定的行为，经改正后仍然影响或者可能影响中标、成交结果或者依法被认定为中标、成交无效的，依照前述规定处理。

供应商有下列6种情形之一的，依照《中华人民共和国政府采购法》第七十七条第一款的规定追究法律责任。这6种情形分别是向评标委员会、竞争性谈判小组或者询价小组成员行贿或者提供其他不正当利益；中标或者成交后无正当理由拒不与采购人签订政府采购合同；未按照采购文件确定的事项签订政府采购合同；将政府采购合同转包；提供假冒伪劣产品；擅自变更、中止或者终止政府采购合同。供应商有前述第1项规定情形的，中标、成交无效。评审阶段资格发生变化，供应商未依照《中华人民共和国政府采购法实施条例》第二十一条的规定通知采购人和采购代理机构的,处采购金额5‰的罚款,列入不良行为记录名单,中标、成交无效。

供应商捏造事实、提供虚假材料或者以非法手段取得证明材料进行投诉的,由财政部门列入不良行为记录名单,禁止其1~3年内参加政府采购活动。

有下列7种情形之一的,属于恶意串通,对供应商依照《中华人民共和国政府采购法》第七十七条第一款的规定追究法律责任,对采购人、采购代理机构及其工作人员依照《中华人民共和国政府采购法》第七十二条的规定追究法律责任。这7种情形分别是供应商直接或者间接从采购人或者采购代理机构处获得其他供应商的相关情况并修改其投标文件或者响应文件;供应商按照采购人或者采购代理机构的授意撤换、修改投标文件或者响应文件;供应商之间协商报价、技术方案等投标文件或者响应文件的实质性内容;属于同一集团、协会、商会等组织成员的供应商按照该组织要求协同参加政府采购活动;供应商之间事先约定由某一特定供应商中标、成交;供应商之间商定部分供应商放弃参加政府采购活动或者放弃中标、成交;供应商与采购人或者采购代理机构之间、供应商相互之间,为谋求特定供应商中标、成交或者排斥其他供应商的其他串通行为。

政府采购评审专家未按照采购文件规定的评审程序、评审方法和评审标准进行独立评审或者泄露评审文件、评审情况的,由财政部门给予警告,并处2000元以上2万元以下的罚款;影响中标、成交结果的,处2万元以上5万元以下的罚款,禁止其参加政府采购评审活动。政府采购评审专家与供应商存在利害关系未回避的,处2万元以上5万元以下的罚款,禁止其参加政府采购评审活动。政府采购评审专家收受采购人、采购代理机构、供应商贿赂或者获取其他不正当利益,构成犯罪的,依法追究刑事责任;尚不构成犯罪的,处2万元以上5万元以下的罚款,禁止其参加政府采购评审活动。政府采购评审专家有上述违法行为的,其评审意见无效,不得获取评审费;有违法所得的,没收违法所得;给他人造成损失的,依法承担民事责任。

政府采购当事人违反《中华人民共和国政府采购法》和《中华人民共和国政府采购法实施条例》的规定,给他人造成损失的,依法承担民事责任。

财政部门在履行政府采购监督管理职责中违反《中华人民共和国政府采购法》和《中华人民共和国政府采购法实施条例》的规定,滥用职权、玩忽职守、徇私舞弊的,对直接负责的主管人员和其他直接责任人员依法给予处分;直接负责的主管人员和其他直接责任人员构成犯罪的,依法追究刑事责任。

财政管理实行省直接管理的县级人民政府可以根据需要并报经省级人民政府批准,行使《中华人民共和国政府采购法》和《中华人民共和国政府采购法实施条例》规定的设区的市级人民政府批准变更采购方式的职权。

1.2 我国对招标投标工作的基本要求

政府采购招标投标活动应规范。工程类政府采购在《中华人民共和国招标投标法》中有详细的规定,工程建设项目是指工程以及与工程建设有关的货物、服务;工程是指建设工程,包括建筑物和构筑物的新建、改建、扩建及其相关的装修、拆除、修缮等;与工程建设有关的货物是指构成工程不可分割的组成部分,且为实现工程基本功能所必需的设备、材料等;与工程建设有关的服务是指为完成工程所需的勘察、设计、监理等服务。我国规定,依法必须进行招标的工程建设项目的具体范围和规模标准由国务院发展改革部门会同国务院有关部门制定并报国务院批准后公布施行。

国务院发展改革部门指导和协调全国招标投标工作，对国家重大建设项目的工程招标投标活动实施监督检查。国务院工业和信息化、住房城乡建设、交通运输、铁道、水利、商务等部门，按照规定的职责分工对有关招标投标活动实施监督。县级以上地方人民政府发展改革部门指导和协调本行政区域的招标投标工作。县级以上地方人民政府有关部门按照规定的职责分工，对招标投标活动实施监督，依法查处招标投标活动中的违法行为。县级以上地方人民政府对其所属部门有关招标投标活动的监督职责分工另有规定的，依照其规定。财政部门依法对实行招标投标的政府采购工程建设项目的预算执行情况和政府采购政策执行情况实施监督。监察机关依法对与招标投标活动有关的监察对象实施监察。

设区的市级以上地方人民政府可以根据实际需要，建立统一规范的招标投标交易场所，为招标投标活动提供服务。招标投标交易场所不得与行政监督部门存在隶属关系，不得以营利为目的。国家鼓励利用信息网络进行电子招标投标，禁止国家工作人员以任何方式非法干涉招标投标活动。

1.2.1 招标的相关规定

按照国家有关规定需要履行项目审批、核准手续的依法必须进行招标的项目，其招标范围、招标方式、招标组织形式应当报项目审批、核准部门审批、核准。项目审批、核准部门应当及时将审批、核准确定的招标范围、招标方式、招标组织形式通报有关行政监督部门。

国有资金占控股或者主导地位的依法必须进行招标的项目，应当公开招标；但有下列2种情形之一的，可以邀请招标。这2种情形分别是技术复杂、有特殊要求或者受自然环境限制，只有少量潜在投标人可供选择；采用公开招标方式的费用占项目合同金额的比例过大。有前述第2项所列情形，属于《中华人民共和国招标投标法实施条例》第七条规定的项目，由项目审批、核准部门在审批、核准项目时作出认定；其他项目由招标人申请有关行政监督部门作出认定。

除《中华人民共和国招标投标法》第六十六条规定的可以不进行招标的特殊情况外，有下列5种情形之一的，可以不进行招标。这5种情形分别是需要采用不可替代的专利或者专有技术；采购人依法能够自行建设、生产或者提供；已通过招标方式选定的特许经营项目投资人依法能够自行建设、生产或者提供；需要向原中标人采购工程、货物或者服务，否则将影响施工或者功能配套要求；国家规定的其他特殊情形。招标人为适用前述规定弄虚作假的，属于《中华人民共和国招标投标法》第四条规定的规避招标。

《中华人民共和国招标投标法》第十二条第二款规定的招标人具有编制招标文件和组织评标能力，是指招标人具有与招标项目规模和复杂程度相适应的技术、经济等方面的专业人员。

招标代理机构的资格依照法律和国务院的规定由有关部门认定。国务院住房城乡建设、商务、发展改革、工业和信息化等部门，按照规定的职责分工对招标代理机构依法实施监督管理。招标代理机构应当拥有一定数量的取得招标职业资格的专业人员。取得招标职业资格的具体办法由国务院人力资源社会保障部门会同国务院发展改革部门制定。

招标代理机构在其资格许可和招标人委托的范围内开展招标代理业务，任何单位和个人不得非法干涉。招标代理机构代理招标业务，应当遵守《中华人民共和国招标投标法》和

《中华人民共和国招标投标法实施条例》关于招标人的规定。招标代理机构不得在所代理的招标项目中投标或者代理投标，也不得为所代理的招标项目的投标人提供咨询。招标代理机构不得涂改、出租、出借、转让资格证书。招标人应当与被委托的招标代理机构签订书面委托合同，合同约定的收费标准应当符合国家有关规定。

公开招标的项目应当依照《中华人民共和国招标投标法》和《中华人民共和国招标投标法实施条例》的规定发布招标公告、编制招标文件。招标人采用资格预审办法对潜在投标人进行资格审查的，应当发布资格预审公告、编制资格预审文件。依法必须进行招标的项目的资格预审公告和招标公告，应当在国务院发展改革部门依法指定的媒介发布。在不同媒介发布的同一招标项目的资格预审公告或者招标公告的内容应当一致。指定媒介发布依法必须进行招标的项目的境内资格预审公告、招标公告，不得收取费用。编制依法必须进行招标的项目的资格预审文件和招标文件，应当使用国务院发展改革部门会同有关行政监督部门制定的标准文本。

招标人应当按照资格预审公告、招标公告或者投标邀请书规定的时间、地点发售资格预审文件或者招标文件。资格预审文件或者招标文件的发售期不得少于 5 日。招标人发售资格预审文件、招标文件收取的费用应当限于补偿印刷、邮寄的成本支出，不得以营利为目的。

招标人应当合理确定提交资格预审申请文件的时间。依法必须进行招标的项目提交资格预审申请文件的时间，自资格预审文件停止发售之日起不得少于 5 日。

资格预审应当按照资格预审文件载明的标准和方法进行。国有资金占控股或者主导地位的依法必须进行招标的项目，招标人应当组建资格审查委员会审查资格预审申请文件。资格审查委员会及其成员应当遵守《中华人民共和国招标投标法》和《中华人民共和国招标投标法实施条例》有关评标委员会及其成员的规定。

资格预审结束后，招标人应当及时向资格预审申请人发出资格预审结果通知书。未通过资格预审的申请人不具有投标资格。通过资格预审的申请人少于 3 个的，应当重新招标。

招标人采用资格后审办法对投标人进行资格审查的，应当在开标后由评标委员会按照招标文件规定的标准和方法对投标人的资格进行审查。

招标人可以对已发出的资格预审文件或者招标文件进行必要的澄清或者修改。澄清或者修改的内容可能影响资格预审申请文件或者投标文件编制的，招标人应当在提交资格预审申请文件截止时间至少 3 日前，或者投标截止时间至少 15 日前，以书面形式通知所有获取资格预审文件或者招标文件的潜在投标人；不足 3 日或者 15 日的，招标人应当顺延提交资格预审申请文件或者投标文件的截止时间。

潜在投标人或者其他利害关系人对资格预审文件有异议的，应当在提交资格预审申请文件截止时间 2 日前提出；对招标文件有异议的，应当在投标截止时间 10 日前提出。招标人应当自收到异议之日起 3 日内作出答复；作出答复前，应当暂停招标投标活动。

招标人编制的资格预审文件、招标文件的内容违反法律、行政法规的强制性规定，违反公开、公平、公正和诚实信用原则，影响资格预审结果或者潜在投标人投标的，依法必须进行招标的项目的招标人应当在修改资格预审文件或者招标文件后重新招标。

招标人对招标项目划分标段的，应当遵守《中华人民共和国招标投标法》的有关规定，不得利用划分标段限制或者排斥潜在投标人。依法必须进行招标的项目的招标人不得利用划分标段规避招标。

招标人应当在招标文件中载明投标有效期，投标有效期从提交投标文件的截止之日起算。招标人在招标文件中要求投标人提交投标保证金的，投标保证金不得超过招标项目估算价的2%，投标保证金有效期应当与投标有效期一致。依法必须进行招标的项目的境内投标单位，以现金或者支票形式提交的投标保证金应当从其基本账户转出。招标人不得挪用投标保证金。

招标人可以自行决定是否编制标底。一个招标项目只能有一个标底，且必须保密。接受委托编制标底的中介机构不得参加受托编制标底项目的投标，也不得为该项目的投标人编制投标文件或者提供咨询。招标人设有最高投标限价的，应当在招标文件中明确最高投标限价或者最高投标限价的计算方法。招标人不得规定最低投标限价，也不得组织单个或者部分潜在投标人踏勘项目现场。

招标人可以依法对工程以及与工程建设有关的货物、服务全部或者部分实行总承包招标。以暂估价形式包括在总承包范围内的工程、货物、服务属于依法必须进行招标的项目范围且达到国家规定规模标准的，应当依法进行招标。前述所称暂估价，是指总承包招标时不能确定价格而由招标人在招标文件中暂时估定的工程、货物、服务的金额。

对技术复杂或者无法精确拟定技术规格的项目，招标人可以分两个阶段进行招标。第一阶段，投标人按照招标公告或者投标邀请书的要求提交不带报价的技术建议，招标人根据投标人提交的技术建议确定技术标准和要求，编制招标文件。第二阶段，招标人向在第一阶段提交技术建议的投标人提供招标文件，投标人按照招标文件的要求提交包括最终技术方案和投标报价在内的投标文件。招标人要求投标人提交投标保证金的，应当在第二阶段提出。

招标人终止招标的，应当及时发布公告，或者以书面形式通知被邀请的或者已经获取资格预审文件、招标文件的潜在投标人。已经发售资格预审文件、招标文件或者已经收取投标保证金的，招标人应当及时退还所收取的资格预审文件、招标文件的费用，以及所收取的投标保证金及银行同期存款利息。

招标人不得以不合理的条件限制、排斥潜在投标人或者投标人。招标人有下列7种行为之一的，属于以不合理条件限制、排斥潜在投标人或者投标人。这7种行为分别是就同一招标项目向潜在投标人或者投标人提供有差别的项目信息；设定的资格、技术、商务条件与招标项目的具体特点和实际需要不相适应或者与合同履行无关；依法必须进行招标的项目以特定行政区域或者特定行业的业绩、奖项作为加分条件或者中标条件；对潜在投标人或者投标人采取不同的资格审查或者评标标准；限定或者指定特定的专利、商标、品牌、原产地或者供应商；依法必须进行招标的项目非法限定潜在投标人或者投标人的所有制形式或者组织形式；以其他不合理条件限制、排斥潜在投标人或者投标人。

1.2.2 投标的相关规定

投标人参加依法必须进行招标的项目的投标，不受地区或者部门的限制，任何单位和个人不得非法干涉。

与招标人存在利害关系可能影响招标公正性的法人、其他组织或者个人，不得参加投标。单位负责人为同一人或者存在控股、管理关系的不同单位，不得参加同一标段投标或者未划分标段的同一招标项目投标。违反前述2项规定的，相关投标均无效。

投标人撤回已提交的投标文件，应当在投标截止时间前书面通知招标人。招标人已收取投标保证金的，应当自收到投标人书面撤回通知之日起5日内退还。投标截止后投标人撤销投标文件的，招标人可以不退还投标保证金。

未通过资格预审的申请人提交的投标文件，以及逾期送达或者未按照招标文件要求密封的投标文件，招标人应当拒收。招标人应当如实记载投标文件的送达时间和密封情况，并存档备查。

招标人应当在资格预审公告、招标公告或者投标邀请书中载明是否接受联合体投标。招标人接受联合体投标并进行资格预审的，联合体应当在提交资格预审申请文件前组成。资格预审后联合体增减、更换成员的，其投标无效。联合体各方在同一招标项目中以自己名义单独投标或者参加其他联合体投标的，相关投标均无效。

投标人发生合并、分立、破产等重大变化的，应当及时书面告知招标人。投标人不再具备资格预审文件、招标文件规定的资格条件或者其投标影响招标公正性的，其投标无效。

禁止投标人相互串通投标。有下列 5 种情形之一的，属于投标人相互串通投标。这 5 种情形分别是投标人之间协商投标报价等投标文件的实质性内容；投标人之间约定中标人；投标人之间约定部分投标人放弃投标或者中标；属于同一集团、协会、商会等组织成员的投标人按照该组织要求协同投标；投标人之间为谋取中标或者排斥特定投标人而采取的其他联合行动。

有下列 6 种情形之一的，视为投标人相互串通投标。这 6 种情形分别是不同投标人的投标文件由同一单位或者个人编制；不同投标人委托同一单位或者个人办理投标事宜；不同投标人的投标文件载明的项目管理成员为同一人；不同投标人的投标文件异常一致或者投标报价呈规律性差异；不同投标人的投标文件相互混装；不同投标人的投标保证金从同一单位或者个人的账户转出。

禁止招标人与投标人串通投标。有下列 6 种情形之一的，属于招标人与投标人串通投标。这 6 种情形分别是招标人在开标前开启投标文件并将有关信息泄露给其他投标人；招标人直接或者间接向投标人泄露标底、评标委员会成员等信息；招标人明示或者暗示投标人压低或者抬高投标报价；招标人授意投标人撤换、修改投标文件；招标人明示或者暗示投标人为特定投标人中标提供方便；招标人与投标人为谋求特定投标人中标而采取的其他串通行为。

使用通过受让或者租借等方式获取的资格、资质证书投标的，属于《中华人民共和国招标投标法》第三十三条规定的以他人名义投标。投标人有下列 5 种情形之一的，属于《中华人民共和国招标投标法》第三十三条规定的以其他方式弄虚作假的行为。这 5 种情形分别是使用伪造、变造的许可证件；提供虚假的财务状况或者业绩；提供虚假的项目负责人或者主要技术人员简历、劳动关系证明；提供虚假的信用状况；其他弄虚作假的行为。

提交资格预审申请文件的申请人应当遵守《中华人民共和国招标投标法》和《中华人民共和国招标投标法实施条例》有关投标人的规定。

1.2.3 开标、评标和中标的相关规定

招标人应当按照招标文件规定的时间、地点开标。投标人少于 3 个的，不得开标；招标人应当重新招标。投标人对开标有异议的，应当在开标现场提出，招标人应当当场作出答复，并制作记录。

国家实行统一的评标专家专业分类标准和管理办法。具体标准和办法由国务院发展改革部门会同国务院有关部门制定。省级人民政府和国务院有关部门应当组建综合评标专家库。

除《中华人民共和国招标投标法》第三十七条第三款规定的特殊招标项目外，依法必须

进行招标的项目，其评标委员会的专家成员应当从评标专家库内相关专业的专家名单中以随机抽取方式确定。任何单位和个人不得以明示、暗示等任何方式指定或者变相指定参加评标委员会的专家成员。依法必须进行招标的项目的招标人非因《中华人民共和国招标投标法》和《中华人民共和国招标投标法实施条例》规定的事由，不得更换依法确定的评标委员会成员。更换评标委员会的专家成员应当依照前款规定进行。评标委员会成员与投标人有利害关系的，应当主动回避。有关行政监督部门应当按照规定的职责分工，对评标委员会成员的确定方式、评标专家的抽取和评标活动进行监督。行政监督部门的工作人员不得担任本部门负责监督项目的评标委员会成员。《中华人民共和国招标投标法》第三十七条第三款所称特殊招标项目，是指技术复杂、专业性强或者国家有特殊要求，采取随机抽取方式确定的专家难以保证胜任评标工作的项目。

招标人应当向评标委员会提供评标所必需的信息，但不得明示或者暗示其倾向或者排斥特定投标人。招标人应当根据项目规模和技术复杂程度等因素合理确定评标时间。超过 1/3 的评标委员会成员认为评标时间不够的，招标人应当适当延长。在评标过程中，评标委员会成员有回避事由、擅离职守或者因健康等原因不能继续评标的，应当及时更换。被更换的评标委员会成员作出的评审结论无效，由更换后的评标委员会成员重新进行评审。

评标委员会成员应当依照《中华人民共和国招标投标法》和《中华人民共和国招标投标法实施条例》的规定，按照招标文件规定的评标标准和方法，客观、公正地对投标文件提出评审意见。招标文件没有规定的评标标准和方法不得作为评标的依据。评标委员会成员不得私下接触投标人，不得收受投标人给予的财物或者其他好处，不得向招标人征询确定中标人的意向，不得接受任何单位或者个人明示或者暗示提出的倾向或者排斥特定投标人的要求，不得有其他不客观、不公正履行职务的行为。

招标项目设有标底的，招标人应当在开标时公布。标底只能作为评标的参考，不得以投标报价是否接近标底作为中标条件，也不得以投标报价超过标底上下浮动范围作为否决投标的条件。

有下列 7 种情形之一的，评标委员会应当否决其投标。这 7 种情形分别是投标文件未经投标单位盖章和单位负责人签字；投标联合体没有提交共同投标协议；投标人不符合国家或者招标文件规定的资格条件；同一投标人提交两个以上不同的投标文件或者投标报价，但招标文件要求提交备选投标的除外；投标报价低于成本或者高于招标文件设定的最高投标限价；投标文件没有对招标文件的实质性要求和条件作出响应；投标人有串通投标、弄虚作假、行贿等违法行为。

投标文件中有含义不明确的内容、明显文字或者计算错误，评标委员会认为需要投标人作出必要澄清、说明的，应当书面通知该投标人。投标人的澄清、说明应当采用书面形式，并不得超出投标文件的范围或者改变投标文件的实质性内容。评标委员会不得暗示或者诱导投标人作出澄清、说明，不得接受投标人主动提出的澄清、说明。

评标完成后，评标委员会应当向招标人提交书面评标报告和中标候选人名单。中标候选人应当不超过 3 个，并标明排序。评标报告应当由评标委员会全体成员签字。对评标结果有不同意见的评标委员会成员应当以书面形式说明其不同意见和理由，评标报告应当注明该不同意见。评标委员会成员拒绝在评标报告上签字又不书面说明其不同意见和理由的，视为同意评标结果。

依法必须进行招标的项目，招标人应当自收到评标报告之日起 3 日内公示中标候选人，公示期不得少于 3 日。投标人或者其他利害关系人对依法必须进行招标的项目的评标结果有异议的，应当在中标候选人公示期间提出。招标人应当自收到异议之日起 3 日内作出答复；作出答复前，应当暂停招标投标活动。

国有资金占控股或者主导地位的依法必须进行招标的项目，招标人应当确定排名第一的中标候选人为中标人。排名第一的中标候选人放弃中标、因不可抗力不能履行合同、不按照招标文件要求提交履约保证金，或者被查实存在影响中标结果的违法行为等情形，不符合中标条件的，招标人可以按照评标委员会提出的中标候选人名单排序依次确定其他中标候选人为中标人，也可以重新招标。

中标候选人的经营、财务状况发生较大变化或者存在违法行为，招标人认为可能影响其履约能力的，应当在发出中标通知书前由原评标委员会按照招标文件规定的标准和方法审查确认。

招标人和中标人应当依照《中华人民共和国招标投标法》和《中华人民共和国招标投标法实施条例》的规定签订书面合同，合同的标的、价款、质量、履行期限等主要条款应当与招标文件和中标人的投标文件的内容一致。招标人和中标人不得再行订立背离合同实质性内容的其他协议。招标人最迟应当在书面合同签订后 5 日内向中标人和未中标的投标人退还投标保证金及银行同期存款利息。

招标文件要求中标人提交履约保证金的，中标人应当按照招标文件的要求提交。履约保证金不得超过中标合同金额的 10％。

中标人应当按照合同约定履行义务，完成中标项目。中标人不得向他人转让中标项目，也不得将中标项目肢解后分别向他人转让。中标人按照合同约定或者经招标人同意，可以将中标项目的部分非主体、非关键性工作分包给他人完成。接受分包的人应当具备相应的资格条件，并不得再次分包。中标人应当就分包项目对招标人负责，接受分包的人就分包项目承担连带责任。

1.2.4 投诉与处理的相关规定

投标人或者其他利害关系人认为招标投标活动不符合法律、行政法规规定的，可以自知道或者应当知道之日起 10 日内向有关行政监督部门投诉。投诉应当有明确的请求和必要的证明材料。就《中华人民共和国招标投标法实施条例》第二十二条、第四十四条、第五十四条规定事项投诉的，应当先向招标人提出异议，异议答复期间不计算在前款规定的期限内。

投诉人就同一事项向两个以上有权受理的行政监督部门投诉的，由最先收到投诉的行政监督部门负责处理。行政监督部门应当自收到投诉之日起 3 个工作日内决定是否受理投诉，并自受理投诉之日起 30 个工作日内作出书面处理决定；需要检验、检测、鉴定、专家评审的，所需时间不计算在内。投诉人捏造事实、伪造材料或者以非法手段取得证明材料进行投诉的，行政监督部门应当予以驳回。

行政监督部门处理投诉，有权查阅、复制有关文件、资料，调查有关情况，相关单位和人员应当予以配合。必要时，行政监督部门可以责令暂停招标投标活动。行政监督部门的工作人员对监督检查过程中知悉的国家秘密、商业秘密，应当依法予以保密。

1.2.5 相关的法律责任

招标人有下列 2 种限制或者排斥潜在投标人行为之一的，由有关行政监督部门依照《中华人民共和国招标投标法》第五十一条的规定处罚。这2种行为分别是依法应当公开招标的项目不按照规定在指定媒介发布资格预审公告或者招标公告；在不同媒介发布的同一招标项目的资格预审公告或者招标公告的内容不一致，影响潜在投标人申请资格预审或者投标。依法必须进行招标的项目的招标人不按照规定发布资格预审公告或者招标公告，构成规避招标的，依照《中华人民共和国招标投标法》第四十九条的规定处罚。

招标人有下列4种情形之一的，由有关行政监督部门责令改正，可以处10万元以下的罚款。这4种情形分别是依法应当公开招标而采用邀请招标；招标文件、资格预审文件的发售、澄清、修改的时限，或者确定的提交资格预审申请文件、投标文件的时限不符合《中华人民共和国招标投标法》和《中华人民共和国招标投标法实施条例》的规定；接受未通过资格预审的单位或者个人参加投标；接受应当拒收的投标文件。招标人有前述第1项、第3项、第4项所列行为之一的，对单位直接负责的主管人员和其他直接责任人员依法给予处分。

招标代理机构在所代理的招标项目中投标、代理投标或者向该项目投标人提供咨询的，接受委托编制标底的中介机构参加受托编制标底项目的投标或者为该项目的投标人编制投标文件、提供咨询的，依照《中华人民共和国招标投标法》第五十条的规定追究法律责任。

招标人超过《中华人民共和国招标投标法实施条例》规定的比例收取投标保证金、履约保证金或者不按照规定退还投标保证金及银行同期存款利息的，由有关行政监督部门责令改正，可以处5万元以下的罚款；给他人造成损失的，依法承担赔偿责任。

投标人相互串通投标或者与招标人串通投标的，投标人向招标人或者评标委员会成员行贿谋取中标的，中标无效；构成犯罪的，依法追究刑事责任；尚不构成犯罪的，依照《中华人民共和国招标投标法》第五十三条的规定处罚。投标人未中标的，对单位的罚款金额按照招标项目合同金额依照《中华人民共和国招标投标法》规定的比例计算。

投标人有下列4种行为之一的，属于《中华人民共和国招标投标法》第五十三条规定的情节严重行为，由有关行政监督部门取消其1年至2年内参加依法必须进行招标的项目的投标资格。这4种行为分别是以行贿谋取中标；3年内2次以上串通投标；串通投标行为损害招标人、其他投标人或者国家、集体、公民的合法利益，造成直接经济损失30万元以上；其他串通投标情节严重的行为。投标人自前述第2款规定的处罚执行期限届满之日起3年内又有该款所列违法行为之一的，或者串通投标、以行贿谋取中标情节特别严重的，由工商行政管理机关吊销营业执照。法律、行政法规对串通投标报价行为的处罚另有规定的，依照其规定。

投标人以他人名义投标或者以其他方式弄虚作假骗取中标的，中标无效；构成犯罪的，依法追究刑事责任；尚不构成犯罪的，依照《中华人民共和国招标投标法》第五十四条的规定处罚。依法必须进行招标的项目的投标人未中标的，对单位的罚款金额按照招标项目合同金额依照《中华人民共和国招标投标法》规定的比例计算。

投标人有下列4种行为之一的，属于《中华人民共和国招标投标法》第五十四条规定的情节严重行为，由有关行政监督部门取消其1年至3年内参加依法必须进行招标的项目的投标资格。这4种行为分别是伪造、变造资格、资质证书或者其他许可证件骗取中标；3年内2次以上使用他人名义投标；弄虚作假骗取中标，给招标人造成直接经济损失30万元以上；其他弄虚作假骗取中标情节严重的行为。投标人自前述第2款规定的处罚执行期限届满之日起3年内又有该款所列违法行为之一的，或者弄虚作假骗取中标情节特别严重的，由工商行政管理机关吊销营业执照。

出让或者出租资格、资质证书供他人投标的，依照法律、行政法规的规定给予行政处罚；构成犯罪的，依法追究刑事责任。

依法必须进行招标的项目的招标人不按照规定组建评标委员会，或者确定、更换评标委员会成员违反《中华人民共和国招标投标法》和《中华人民共和国招标投标法实施条例》规定的，由有关行政监督部门责令改正，可以处10万元以下的罚款，对单位直接负责的主管人员和其他直接责任人员依法给予处分；违法确定或者更换的评标委员会成员作出的评审结论无效，依法重新进行评审。国家工作人员以任何方式非法干涉选取评标委员会成员的，依照《中华人民共和国招标投标法实施条例》第八十一条的规定追究法律责任。

评标委员会成员有下列8种行为之一的，由有关行政监督部门责令改正；情节严重的，禁止其在一定期限内参加依法必须进行招标的项目的评标；情节特别严重的，取消其担任评标委员会成员的资格。这8种行为分别是应当回避而不回避；擅离职守；不按照招标文件规定的评标标准和方法评标；私下接触投标人；向招标人征询确定中标人的意向或者接受任何单位或者个人明示或者暗示提出的倾向或者排斥特定投标人的要求；对依法应当否决的投标不提出否决意见；暗示或者诱导投标人作出澄清、说明或者接受投标人主动提出的澄清、说明；其他不客观、不公正履行职务的行为。

评标委员会成员收受投标人的财物或者其他好处的，没收收受的财物，处3000元以上5万元以下的罚款，取消其担任评标委员会成员的资格，不得再参加依法必须进行招标的项目的评标；构成犯罪的，依法追究刑事责任。

依法必须进行招标的项目的招标人有下列5种情形之一的，由有关行政监督部门责令改正，可以处中标项目金额10‰以下的罚款；给他人造成损失的，依法承担赔偿责任；对单位直接负责的主管人员和其他直接责任人员依法给予处分。这5种情形分别是无正当理由不发出中标通知书；不按照规定确定中标人；中标通知书发出后无正当理由改变中标结果；无正当理由不与中标人订立合同；在订立合同时向中标人提出附加条件。

中标人无正当理由不与招标人订立合同，在签订合同时向招标人提出附加条件，或者不按照招标文件要求提交履约保证金的，取消其中标资格，投标保证金不予退还。对依法必须进行招标的项目的中标人，由有关行政监督部门责令改正，可以处中标项目金额10‰以下的罚款。

招标人和中标人不按照招标文件和中标人的投标文件订立合同，合同的主要条款与招标文件、中标人的投标文件的内容不一致，或者招标人、中标人订立背离合同实质性内容的协议的，由有关行政监督部门责令改正，可以处中标项目金额5‰以上10‰以下的罚款。

中标人将中标项目转让给他人的，将中标项目肢解后分别转让给他人的，违反《中华人民共和国招标投标法》和《中华人民共和国招标投标法实施条例》规定将中标项目的部分主体、关键性工作分包给他人的，或者分包人再次分包的，转让、分包无效，处转让、分包项目金额5‰以上10‰以下的罚款；有违法所得的，并处没收违法所得；可以责令停业整顿；情节严重的，由工商行政管理机关吊销营业执照。

投标人或者其他利害关系人捏造事实、伪造材料或者以非法手段取得证明材料进行投诉，给他人造成损失的，依法承担赔偿责任。招标人不按照规定对异议作出答复，继续进行招标投标活动的，由有关行政监督部门责令改正，拒不改正或者不能改正并影响中标结果的，依照《中华人民共和国招标投标法实施条例》第八十二条的规定处理。

取得招标职业资格的专业人员违反国家有关规定办理招标业务的，责令改正，给予警告；情节严重的，暂停一定期限内从事招标业务；情节特别严重的，取消招标职业资格。

国家建立招标投标信用制度。有关行政监督部门应当依法公告对招标人、招标代理机构、投标人、评标委员会成员等当事人违法行为的行政处理决定。

项目审批、核准部门不依法审批、核准项目招标范围、招标方式、招标组织形式的，对单位直接负责的主管人员和其他直接责任人员依法给予处分。有关行政监督部门不依法履行职责，对违反《中华人民共和国招标投标法》和《中华人民共和国招标投标法实施条例》规定的行为不依法查处，或者不按照规定处理投诉、不依法公告对招标投标当事人违法行为的行政处理决定的，对直接负责的主管人员和其他直接责任人员依法给予处分。项目审批、核准部门和有关行政监督部门的工作人员徇私舞弊、滥用职权、玩忽职守，构成犯罪的，依法追究刑事责任。

国家工作人员利用职务便利，以直接或者间接、明示或者暗示等任何方式非法干涉招标投标活动，有下列3种情形之一的，依法给予记过或者记大过处分；情节严重的，依法给予降级或者撤职处分；情节特别严重的，依法给予开除处分；构成犯罪的，依法追究刑事责任。这3种情形分别是要求对依法必须进行招标的项目不招标，或者要求对依法应当公开招标的项目不公开招标；要求评标委员会成员或者招标人以其指定的投标人作为中标候选人或者中标人，或者以其他方式非法干涉评标活动，影响中标结果；以其他方式非法干涉招标投标活动。

依法必须进行招标的项目的招标投标活动违反《中华人民共和国招标投标法》和《中华人民共和国招标投标法实施条例》的规定，对中标结果造成实质性影响，且不能采取补救措施予以纠正的，招标、投标、中标无效，应当依法重新招标或者评标。

招标投标协会应按照依法制定的章程开展活动，加强行业自律和服务。政府采购的法律、行政法规对政府采购货物、服务的招标投标另有规定的，依照其规定。

1.3 我国政府采购合同编制应遵循的通行规则

1.3.1 宏观原则

政府采购合同应保护合同当事人的合法权益、维护社会经济秩序、促进社会主义现代化建设。合同是平等主体的自然人、法人、其他组织之间设立、变更、终止民事权利义务关系的协议，婚姻、收养、监护等有关身份关系的协议适用其他法律的规定。合同当事人的法律地位平等，一方不得将自己的意志强加给另一方。当事人依法享有自愿订立合同的权利，任何单位和个人不得非法干预。当事人应当遵循公平原则确定各方的权利和义务。当事人行使权利、履行义务应当遵循诚实信用原则。当事人订立、履行合同，应当遵守法律、行政法规，尊重社会公德，不得扰乱社会经济秩序、损害社会公共利益。依法成立的合同，对当事人具有法律约束力。当事人应当按照约定履行自己的义务，不得擅自变更或者解除合同。依法成立的合同，受法律保护。

1.3.2 合同订立的基本原则

当事人订立合同应当具有相应的民事权利能力和民事行为能力，当事人依法可以委托代理人订立合同。当事人订立合同，有书面形式、口头形式和其他形式。法律、行政法规规定采用书面形式的应当采用书面形式；当事人约定采用书面形式的应当采用书面形式。书面形式是指合同书、信件和数据电文（包括电报、电传、传真、电子数据交换和电子邮件）等可以有形地表现所载内容的形式。

合同的内容由当事人约定，一般应包括以下 8 方面条款，即当事人的名称或者姓名和住所；标的；数量；质量；价款或者报酬；履行期限、地点和方式；违约责任；解决争议的方法。当事人可以参照各类合同的示范文本订立合同。当事人订立合同，采取要约、承诺方式。

要约是希望和他人订立合同的意思表示。要约应当符合下列 2 条规定，即内容具体确定；表明经受要约人承诺，要约人即受该意思表示约束。要约邀请是希望他人向自己发出要约的意思表示；寄送的价目表、拍卖公告、招标公告、招股说明书、商业广告等为要约邀请；商业广告的内容符合要约规定的视为要约。要约到达受要约人时生效；采用数据电文形式订立合同，收件人指定特定系统接收数据电文的，该数据电文进入该特定系统的时间视为到达时间；未指定特定系统的，该数据电文进入收件人的任何系统的首次时间视为到达时间。要约可以撤回，撤回要约的通知应当在要约到达受要约人之前或者与要约同时到达受要约人。要约可以撤销，撤销要约的通知应当在受要约人发出承诺通知之前到达受要约人。有下列 2 种情形之一的要约不得撤销，即要约人确定了承诺期限或者以其他形式明示要约不可撤销；受要约人有理由认为要约是不可撤销的并已经为履行合同做了准备工作。有下列 4 种情形之一的要约失效，即拒绝要约的通知到达要约人；要约人依法撤销要约；承诺期限届满，受要约人未作出承诺；受要约人对要约的内容作出实质性变更。

承诺是受要约人同意要约的意思表示。承诺应当以通知的方式作出，但根据交易习惯或者要约表明可以通过行为作出承诺的除外。承诺应当在要约确定的期限内到达要约人。要约没有确定承诺期限的，承诺应当依照下列 2 条规定到达，即要约以对话方式作出的应当即时作出承诺，但当事人另有约定的除外；要约以非对话方式作出的，承诺应当在合理期限内到达。要约以信件或者电报作出的，承诺期限自信件载明的日期或者电报交发之日开始计算；信件未载明日期的，自投寄该信件的邮戳日期开始计算。要约以电话、传真等快速通信方式作出的，承诺期限自要约到达受要约人时开始计算。承诺生效时合同成立。承诺通知到达要约人时生效；承诺不需要通知的，根据交易习惯或者要约的要求作出承诺的行为时生效；采用数据电文形式订立合同的，承诺到达的时间适用前述相关规定。承诺可以撤回，撤回承诺的通知应当在承诺通知到达要约人之前或者与承诺通知同时到达要约人。受要约人超过承诺期限发出承诺的，除要约人及时通知受要约人该承诺有效的以外，为新要约。受要约人在承诺期限内发出承诺，按照通常情形能够及时到达要约人，但因其他原因承诺到达要约人时超过承诺期限的，除要约人及时通知受要约人因承诺超过期限不接受该承诺的以外，该承诺有效。承诺的内容应当与要约的内容一致；受要约人对要约的内容作出实质性变更的为新要约；有关合同标的、数量、质量、价款或者报酬、履行期限、履行地点和方式、违约责任和解决争议方法等的变更是对要约内容的实质性变更。承诺对要约的内容作出非实质性变更的，除要约人及时表示反对或者要约表明承诺不得对要约的内容作出任何变更的以外，该承诺有效，合同的内容以承诺的内容为准。

当事人采用合同书形式订立合同的，自双方当事人签字或者盖章时合同成立。当事人采用信件、数据电文等形式订立合同的，可以在合同成立之前要求签订确认书，签订确认书时合同成立。承诺生效的地点为合同成立的地点；采用数据电文形式订立合同的收件人的主营业地为合同成立的地点；没有主营业地的其经常居住地为合同成立的地点；当事人另有约定的按照其约定。当事人采用合同书形式订立合同的，双方当事人签字或者盖章的地点为合同成立的地点。

法律、行政法规规定或者当事人约定采用书面形式订立合同，当事人未采用书面形式但一方已经履行主要义务，对方接受的，该合同成立。采用合同书形式订立合同，在签字或者盖章之前，当事人一方已经履行主要义务，对方接受的，该合同成立。国家根据需要下达指令性任务或者国家订货任务的，有关法人、其他组织之间应当依照有关法律、行政法规规定的权利和义务订立合同。

采用格式条款订立合同的，提供格式条款的一方应当遵循公平原则确定当事人之间的权利和义务，并采取合理的方式提请对方注意免除或者限制其责任的条款，按照对方的要求，对该条款予以说明。格式条款是当事人为了重复使用而预先拟定，并在订立合同时未与对方协商的条款。格式条款具有违规情形的，或者提供格式条款一方免除其责任、加重对方责任、排除对方主要权利的，该条款无效。对格式条款的理解发生争议的，应当按照通常理解予以解释；对格式条款有两种以上解释的，应当作出不利于提供格式条款一方的解释；格式条款和非格式条款不一致的，应当采用非格式条款。

当事人在订立合同过程中有下列 3 种情形之一，给对方造成损失的，应当承担损害赔偿责任。这 3 种情形分别是假借订立合同，恶意进行磋商；故意隐瞒与订立合同有关的重要事实或者提供虚假情况；有其他违背诚实信用原则的行为。

当事人在订立合同过程中知悉的商业秘密，无论合同是否成立，都不得泄露或者不正当地使用。泄露或者不正当地使用该商业秘密给对方造成损失的，应当承担损害赔偿责任。

1.3.3 合同的效力规定

依法成立的合同自成立时生效，法律、行政法规规定应当办理批准、登记等手续生效的，依照其规定。

当事人对合同的效力可以约定附条件；附生效条件的合同自条件成就时生效；附解除条件的合同自条件成就时失效；当事人为自己的利益不正当地阻止条件成就的视为条件已成就；不正当地促成条件成就的视为条件不成就。当事人对合同的效力可以约定附期限；附生效期限的合同，自期限届至时生效；附终止期限的合同，自期限届满时失效。

限制民事行为能力人订立的合同，经法定代理人追认后，该合同有效，但纯获利益的合同或者与其年龄、智力、精神健康状况相适应而订立的合同，不必经法定代理人追认。相对人可以催告法定代理人在一个月内予以追认。法定代理人未作表示的，视为拒绝追认。合同被追认之前，善意相对人有撤销的权利。撤销应当以通知的方式作出。

行为人没有代理权、超越代理权或者代理权终止后以被代理人名义订立的合同，未经被代理人追认，对被代理人不发生效力，由行为人承担责任。相对人可以催告被代理人在一个月内予以追认。被代理人未作表示的，视为拒绝追认。合同被追认之前，善意相对人有撤销的权利。撤销应当以通知的方式作出。

行为人没有代理权、超越代理权或者代理权终止后以被代理人名义订立合同，相对人有理由相信行为人有代理权的，该代理行为有效。法人或者其他组织的法定代表人、负责人超越权限订立的合同，除相对人知道或者应当知道其超越权限的以外，该代表行为有效。无处分权的人处分他人财产，经权利人追认或者无处分权的人订立合同后取得处分权的，该合同有效。

有下列5种情形之一的合同无效，即一方以欺诈、胁迫的手段订立合同，损害国家利益；恶意串通，损害国家、集体或者第三人利益；以合法形式掩盖非法目的；损害社会公共利益；违反法律、行政法规的强制性规定。合同中的下列2类免责条款无效，即造成对方人身伤害的；因故意或者重大过失造成对方财产损失的。

下列2类合同当事人一方有权请求人民法院或者仲裁机构变更或者撤销，即因重大误解订立的；在订立合同时显失公平的。一方以欺诈、胁迫的手段或者乘人之危，使对方在违背真实意思的情况下订立的合同，受损害方有权请求人民法院或者仲裁机构变更或者撤销。当事人请求变更的，人民法院或者仲裁机构不得撤销。

有下列2种情形之一的，撤销权消灭，即具有撤销权的当事人自知道或者应当知道撤销事由之日起一年内没有行使撤销权；具有撤销权的当事人知道撤销事由后明确表示或者以自己的行为放弃撤销权。

无效的合同或者被撤销的合同自始没有法律约束力。合同部分无效，不影响其他部分效力的，其他部分仍然有效。合同无效、被撤销或者终止的，不影响合同中独立存在的有关解决争议方法的条款的效力。合同无效或者被撤销后，因该合同取得的财产应当予以返还；不能返还或者没有必要返还的应当折价补偿；有过错的一方应当赔偿对方因此所受到的损失，双方都有过错的应当各自承担相应的责任。当事人恶意串通，损害国家、集体或者第三人利益的，因此取得的财产收归国家所有或者返还集体、第三人。

1.3.4 合同的履行规定

当事人应当按照约定全面履行自己的义务。当事人应当遵循诚实信用原则，根据合同的性质、目的和交易习惯履行通知、协助、保密等义务。合同生效后，当事人就质量、价款或者报酬、履行地点等内容没有约定或者约定不明确的，可以协议补充；不能达成补充协议的，按照合同有关条款或者交易习惯确定。

当事人就有关合同内容约定不明确，依照相关规定仍不能确定的适用下列7条规定。这7条规定分别是质量要求不明确的，按照国家标准、行业标准履行；没有国家标准、行业标准的，按照通常标准或者符合合同目的的特定标准履行；价款或者报酬不明确的，按照订立合同时履行地的市场价格履行，依法应当执行政府定价或者政府指导价的，按照规定履行；履行地点不明确，给付货币的在接受货币一方所在地履行，交付不动产的在不动产所在地履行，其他标的在履行义务一方所在地履行；履行期限不明确的，债务人可以随时履行，债权人也可以随时要求履行，但应当给对方必要的准备时间；履行方式不明确的，按照有利于实现合同目的的方式履行；履行费用的负担不明确的，由履行义务一方负担。

执行政府定价或者政府指导价的，在合同约定的交付期限内政府价格调整时，按照交付时的价格计价。逾期交付标的物的，遇价格上涨时，按照原价格执行；价格下降时，按照新价格执行。逾期提取标的物或者逾期付款的，遇价格上涨时，按照新价格执行；价格下降时，按照原价格执行。

当事人约定由债务人向第三人履行债务的，债务人未向第三人履行债务或者履行债务不符合约定，应当向债权人承担违约责任。当事人约定由第三人向债权人履行债务的，第三人不履行债务或者履行债务不符合约定，债务人应当向债权人承担违约责任。当事人互负债务、没有先后履行顺序的应当同时履行；一方在对方履行之前有权拒绝其履行要求；一方在对方履行债务不符合约定时有权拒绝其相应的履行要求。当事人互负债务，有先后履行顺序，先履行一方未履行的，后履行一方有权拒绝其履行要求；先履行一方履行债务不符合约定的，后履行一方有权拒绝其相应的履行要求。

应当先履行债务的当事人，有确切证据证明对方有下列 4 种情形之一的，可以中止履行。这 4 种情形分别是经营状况严重恶化；转移财产、抽逃资金，以逃避债务；丧失商业信誉；有丧失或者可能丧失履行债务能力的其他情形。当事人没有确切证据中止履行的，应当承担违约责任。当事人依照前述规定中止履行的应当及时通知对方，对方提供适当担保时应当恢复履行；中止履行后，对方在合理期限内未恢复履行能力并且未提供适当担保的，中止履行的一方可以解除合同。

债权人分立、合并或者变更住所没有通知债务人，致使履行债务发生困难的，债务人可以中止履行或者将标的物提存。债权人可以拒绝债务人提前履行债务，但提前履行不损害债权人利益的除外，债务人提前履行债务给债权人增加的费用由债务人负担。债权人可以拒绝债务人部分履行债务，但部分履行不损害债权人利益的除外，债务人部分履行债务给债权人增加的费用由债务人负担。

因债务人怠于行使其到期债权，对债权人造成损害的，债权人可以向人民法院请求以自己的名义代位行使债务人的债权，但该债权专属于债务人自身的除外。代位权的行使范围以债权人的债权为限。债权人行使代位权的必要费用，由债务人负担。

因债务人放弃其到期债权或者无偿转让财产，对债权人造成损害的，债权人可以请求人民法院撤销债务人的行为。债务人以明显不合理的低价转让财产，对债权人造成损害，并且受让人知道该情形的，债权人也可以请求人民法院撤销债务人的行为。撤销权的行使范围以债权人的债权为限。债权人行使撤销权的必要费用，由债务人负担。

撤销权自债权人知道或者应当知道撤销事由之日起一年内行使，自债务人的行为发生之日起 5 年内没有行使撤销权的该撤销权消灭。合同生效后，当事人不得因姓名、名称的变更或者法定代表人、负责人、承办人的变动而不履行合同义务。

1.3.5 合同的变更和转让规定

当事人协商一致可以变更合同；法律、行政法规规定变更合同应当办理批准、登记等手续的，依照其规定。当事人对合同变更的内容约定不明确的，推定为未变更。

债权人可以将合同的权利全部或者部分转让给第三人，但有下列 3 种情形之一的除外，即根据合同性质不得转让；按照当事人约定不得转让；依照法律规定不得转让。

债权人转让权利的应当通知债务人，未经通知则该转让对债务人不发生效力，债权人转让权利的通知不得撤销（但经受让人同意的除外）。债权人转让权利的，受让人取得与债权有关的从权利，但该从权利专属于债权人自身的除外。债务人接到债权转让通知后，债务人对让与人的抗辩，可以向受让人主张。债务人接到债权转让通知时，债务人对让与人享有债权，并且债务人的债权先于转让的债权到期或者同时到期的，债务人可以向受让人主张抵销。债务人将合同的义务全部或者部分转移给第三人的，应当经债权人同意。债务人转移义务的，新债务人可以主张原债务人对债权人的抗辩。债务人转移义务的，新债务人应当承担与主债务有关的从债务，但该从债务专属于原债务人自身的除外。法律、行政法规规定转让权利或者转移义务应当办理批准、登记等手续的，依照其规定。当事人一方经对方同意，可以将自己在合同中的权利和义务一并转让给第三人。权利和义务一并转让的适用相关法律规定。

当事人订立合同后合并的，由合并后的法人或者其他组织行使合同权利，履行合同义务。当事人订立合同后分立的，除债权人和债务人另有约定的以外，由分立的法人或者其他组织对合同的权利和义务享有连带债权，承担连带债务。

1.3.6 合同的权利义务终止规定

有下列 7 种情形之一的，合同的权利义务终止。这 7 种情形分别是债务已经按照约定履行；合同解除；债务相互抵销；债务人依法将标的物提存；债权人免除债务；债权债务同归于一人；法律规定或者当事人约定终止的其他情形。

合同的权利义务终止后，当事人应当遵循诚实信用原则，根据交易习惯履行通知、协助、保密等义务。当事人协商一致可以解除合同，当事人可以约定一方解除合同的条件，解除合同的条件成就时解除权人可以解除合同。

有下列 5 种情形之一的，当事人可以解除合同。这 5 种情形分别是因不可抗力致使不能实现合同目的；在履行期限届满之前，当事人一方明确表示或者以自己的行为表明不履行主要债务；当事人一方迟延履行主要债务，经催告后在合理期限内仍未履行；当事人一方迟延履行债务或者有其他违约行为致使不能实现合同目的；法律规定的其他情形。

法律规定或者当事人约定解除权行使期限，期限届满当事人不行使的，该权利消灭。法律没有规定或者当事人没有约定解除权行使期限，经对方催告后在合理期限内不行使的，该权利消灭。

当事人一方依照相关规定主张解除合同的应当通知对方。合同自通知到达对方时解除。对方有异议的，可以请求人民法院或者仲裁机构确认解除合同的效力。法律、行政法规规定解除合同应当办理批准、登记等手续的，依照其规定。

合同解除后，尚未履行的，终止履行；已经履行的，根据履行情况和合同性质，当事人可以要求恢复原状、采取其他补救措施，并有权要求赔偿损失。合同的权利义务终止，不影响合同中结算和清理条款的效力。

当事人互负到期债务，该债务的标的物种类、品质相同的，任何一方可以将自己的债务与对方的债务抵销，但依照法律规定或者按照合同性质不得抵销的除外。当事人主张抵销的，应当通知对方。通知自到达对方时生效。抵销不得附条件或者附期限。当事人互负债务，标的物种类、品质不相同的，经双方协商一致，也可以抵销。

有下列 4 种情形之一，难以履行债务的，债务人可以将标的物提存。这 4 种情形分别是债权人无正当理由拒绝受领；债权人下落不明；债权人死亡未确定继承人或者丧失民事行为能力未确定监护人；法律规定的其他情形。标的物不适于提存或者提存费用过高的，债务人依法可以拍卖或者变卖标的物，提存所得价款。标的物提存后，除债权人下落不明的以外，债务人应当及时通知债权人或者债权人的继承人、监护人。标的物提存后，毁损、灭失的风险由债权人承担；提存期间，标的物的孳息归债权人所有；提存费用由债权人负担。

债权人可以随时领取提存物，但债权人对债务人负有到期债务的，在债权人未履行债务或者提供担保之前，提存部门根据债务人的要求应当拒绝其领取提存物。债权人领取提存物的权利，自提存之日起 5 年内不行使而消灭，提存物扣除提存费用后归国家所有。

债权人免除债务人部分或者全部债务的，合同的权利义务部分或者全部终止。债权和债务同归于一人的，合同的权利义务终止，但涉及第三人利益的除外。

1.3.7 违约责任规定

当事人一方不履行合同义务或者履行合同义务不符合约定的，应当承担继续履行、采取补救措施或者赔偿损失等违约责任。当事人一方明确表示或者以自己的行为表明不履行合同义务的，对方可以在履行期限届满之前要求其承担违约责任。当事人一方未支付价款或者报酬的，对方可以要求其支付价款或者报酬。

当事人一方不履行非金钱债务或者履行非金钱债务不符合约定的，对方可以要求履行，但有下列3种情形之一的除外，即法律上或者事实上不能履行；债务的标的不适于强制履行或者履行费用过高；债权人在合理期限内未要求履行。

质量不符合约定的，应当按照当事人的约定承担违约责任。对违约责任没有约定或者约定不明确，依照《中华人民共和国合同法》第六十一条的规定仍不能确定的，受损害方根据标的的性质以及损失的大小，可以合理选择要求对方承担修理、更换、重作、退货、减少价款或者报酬等违约责任。

当事人一方不履行合同义务或者履行合同义务不符合约定的，在履行义务或者采取补救措施后，对方还有其他损失的应当赔偿损失。

当事人一方不履行合同义务或者履行合同义务不符合约定，给对方造成损失的，损失赔偿额应当相当于因违约所造成的损失，包括合同履行后可以获得的利益，但不得超过违反合同一方订立合同时预见到或者应当预见到的因违反合同可能造成的损失。经营者对消费者提供商品或者服务有欺诈行为的，依照《中华人民共和国消费者权益保护法》的规定承担损害赔偿责任。

当事人可以约定一方违约时应当根据违约情况向对方支付一定数额的违约金，也可以约定因违约产生的损失赔偿额的计算方法。约定的违约金低于造成的损失的，当事人可以请求人民法院或者仲裁机构予以增加；约定的违约金过分高于造成的损失的，当事人可以请求人民法院或者仲裁机构予以适当减少。当事人就迟延履行约定违约金的，违约方支付违约金后，还应当履行债务。

当事人可以依照《中华人民共和国担保法》约定一方向对方给付定金作为债权的担保。债务人履行债务后，定金应当抵作价款或者收回。给付定金的一方不履行约定的债务的，无权要求返还定金；收受定金的一方不履行约定的债务的，应当双倍返还定金。

当事人既约定违约金，又约定定金的，一方违约时，对方可以选择适用违约金或者定金条款。

因不可抗力不能履行合同的，根据不可抗力的影响，部分或者全部免除责任，但法律另有规定的除外。当事人迟延履行后发生不可抗力的，不能免除责任。《中华人民共和国合同法》所称不可抗力，是指不能预见、不能避免并不能克服的客观情况。

当事人一方因不可抗力不能履行合同的，应及时通知对方，以减轻可能给对方造成的损失，并应当在合理期限内提供证明。当事人一方违约后，对方应当采取适当措施防止损失的扩大；没有采取适当措施致使损失扩大的，不得就扩大的损失要求赔偿；当事人因防止损失扩大而支出的合理费用由违约方承担。

当事人双方都违反合同的，应当各自承担相应的责任。当事人一方因第三人的原因造成违约的，应当向对方承担违约责任；当事人一方和第三人之间的纠纷，依照法律规定或者按照约定解决。因当事人一方的违约行为，侵害对方人身、财产权益的，受损害方有权选择依照《中华人民共和国合同法》要求其承担违约责任或者依照其他法律要求其承担侵权责任。

1.3.8 合同的其他规定

其他法律对合同另有规定的，依照其规定。相关法律没有明文规定的合同适用本章1.1的规定，并可以参照其他法律最相类似的规定。当事人对合同条款的理解有争议的，应当按照合同所使用的词句、合同的有关条款、合同的目的、交易习惯以及诚实信用原则，确定该条款的真实意思。合同文本采用两种以上文字订立并约定具有同等效力的，对各文本使用的词句推定具有相同含义。各文本使用的词句不一致的，应当根据合同的目的予以解释。

涉外合同的当事人可以选择处理合同争议所适用的法律，但法律另有规定的除外。涉外合同的当事人没有选择的，适用与合同有最密切联系的国家的法律。在中华人民共和国境内履行的中外合资经营企业合同、中外合作经营企业合同、中外合作勘探开发自然资源合同，适用中华人民共和国法律。

工商行政管理部门和其他有关行政主管部门在各自的职权范围内，依照法律、行政法规的规定，对利用合同危害国家利益、社会公共利益的违法行为，负责监督处理；构成犯罪的，依法追究刑事责任。

当事人可以通过和解或者调解解决合同争议。当事人不愿和解、调解或者和解、调解不成的，可以根据仲裁协议向仲裁机构申请仲裁。涉外合同的当事人可以根据仲裁协议向中国仲裁机构或者其他仲裁机构申请仲裁。当事人没有订立仲裁协议或者仲裁协议无效的，可以向人民法院起诉。当事人应当履行发生法律效力的判决、仲裁裁决、调解书；拒不履行的，对方可以请求人民法院执行。

因国际货物买卖合同和技术进出口合同争议提起诉讼或者申请仲裁的期限为四年，自当事人知道或者应当知道其权利受到侵害之日起计算。因其他合同争议提起诉讼或者申请仲裁的期限，依照有关法律的规定。

1.3.9 政府采购可能涉及的其他合同

(1) 买卖合同

买卖合同是出卖人转移标的物的所有权于买受人，买受人支付价款的合同。买卖合同的内容除依照《中华人民共和国合同法》第十二条的规定以外，还可以包括包装方式、检验标准和方法、结算方式、合同使用的文字及其效力等条款。出卖的标的物应当属于出卖人所有或者出卖人有权处分，法律、行政法规禁止或者限制转让的标的物，依照其规定。标的物的所有权自标的物交付时起转移，但法律另有规定或者当事人另有约定的除外。当事人可以在买卖合同中约定买受人未履行支付价款或者其他义务的，标的物的所有权属于出卖人。出卖人应当履行向买受人交付标的物或者交付提取标的物的单证，并转移标的物所有权的义务。出卖人应当按照约定或者交易习惯向买受人交付提取标的物单证以外的有关单证和资料。出卖具有知识产权的计算机软件等标的物的，除法律另有规定或者当事人另有约定的以外，该标的物的知识产权不属于买受人。出卖人应当按照约定的期限交付标的物，约定交付期间的出卖人可以在该交付期间内的任何时间交付。当事人没有约定标的物的交付期限或者约定不明确的，适用《中华人民共和国合同法》第六十一条、第六十二条第四项的规定。标的物在订立合同之前已为买受人占有的，合同生效的时间为交付时间。

出卖人应当按照约定的地点交付标的物。当事人没有约定交付地点或者约定不明确，依照《中华人民共和国合同法》第六十一条的规定仍不能确定的，适用下列2条规定，即标的物需要运输的，出卖人应当将标的物交付给第一承运人以运交给买受人；标的物不需要运输，出卖人和买受人订立合同时知道标的物在某一地点的出卖人应当在该地点交付标的物，不知道标的物在某一地点的应当在出卖人订立合同时的营业地交付标的物。

标的物毁损、灭失的风险，在标的物交付之前由出卖人承担，交付之后由买受人承担，但法律另有规定或者当事人另有约定的除外。因买受人的原因致使标的物不能按照约定的期限交付的，买受人应当自违反约定之日起承担标的物毁损、灭失的风险。出卖人出卖交由承运人运输的在途标的物，除当事人另有约定的以外，毁损、灭失的风险自合同成立时起由买受人承担。当事人没有约定交付地点或者约定不明确，依照《中华人民共和国合同法》第一百四十一条第二款第一项的规定标的物需要运输的，出卖人将标的物交付给第一承运人后，标的物毁损、灭失的风险由买受人承担。出卖人按照约定或者依照《中华人民共和国合同法》第一百四十一条第二款第二项的规定将标的物置于交付地点，买受人违反约定没有收取的，标的物毁损、灭失风险自违反约定之日起由买受人承担。出卖人按照约定未交付有关标的物的单证和资料的，不影响标的物毁损、灭失风险的转移。因标的物质量不符合质量要求，致使不能实现合同目的的，买受人可以拒绝接受标的物或者解除合同。买受人拒绝接受标的物或者解除合同的，标的物毁损、灭失的风险由出卖人承担。标的物毁损、灭失的风险由买受人承担的，不影响因出卖人履行债务不符合约定，买受人要求其承担违约责任的权利。

出卖人就交付的标的物，负有保证第三人不得向买受人主张任何权利的义务，但法律另有规定的除外。买受人订立合同时知道或者应当知道第三人对买卖的标的物享有权利的，出卖人不承担《中华人民共和国合同法》第一百五十条规定的义务。买受人有确切证据证明第三人可能就标的物主张权利的，可以中止支付相应的价款，但出卖人提供适当担保的除外。出卖人应当按照约定的质量要求交付标的物；出卖人提供有关标的物质量说明的，交付的标的物应当符合该说明的质量要求。

当事人对标的物的质量要求没有约定或者约定不明确，依照《中华人民共和国合同法》第六十一条的规定仍不能确定的，适用《中华人民共和国合同法》第六十二条第一项的规定。出卖人交付的标的物不符合质量要求的，买受人可以依照《中华人民共和国合同法》第一百一十一条的规定要求承担违约责任。

出卖人应当按照约定的包装方式交付标的物。对包装方式没有约定或者约定不明确，依照《中华人民共和国合同法》第六十一条的规定仍不能确定的，应当按照通用的方式包装，没有通用方式的，应当采取足以保护标的物的包装方式。

买受人收到标的物时应当在约定的检验期间内检验；没有约定检验期间的应当及时检验。当事人约定检验期间的，买受人应当在检验期间内将标的物的数量或者质量不符合约定的情形通知出卖人；买受人怠于通知的，视为标的物的数量或者质量符合约定；当事人没有约定检验期间的，买受人应当在发现或者应当发现标的物的数量或者质量不符合约定的合理期间内通知出卖人；买受人在合理期间内未通知或者自标的物收到之日起两年内未通知出卖人的，视为标的物的数量或者质量符合约定，但对标的物有质量保证期的，适用质量保证期，不适用该两年的规定；出卖人知道或者应当知道提供的标的物不符合约定的，买受人不受前两款规定的通知时间的限制。

买受人应当按照约定的数额支付价款；对价款没有约定或者约定不明确的，适用《中华人民共和国合同法》第六十一条、第六十二条第二项的规定。买受人应当按照约定的地点支付价款；对支付地点没有约定或者约定不明确，依照《中华人民共和国合同法》第六十一条的规定仍不能确定的，买受人应当在出卖人的营业地支付，但约定支付价款以交付标的物或者交付提取标的物单证为条件的，在交付标的物或者交付提取标的物单证的所在地支付。

买受人应当按照约定的时间支付价款。对支付时间没有约定或者约定不明确，依照《中华人民共和国合同法》第六十一条的规定仍不能确定的，买受人应当在收到标的物或者提取标的物单证的同时支付。

出卖人多交标的物的，买受人可以接收或者拒绝接收多交的部分；买受人接收多交部分的按照合同的价格支付价款，买受人拒绝接收多交部分的应当及时通知出卖人。标的物在交付之前产生的孳息归出卖人所有，交付之后产生的孳息归买受人所有。

因标的物的主物不符合约定而解除合同的，解除合同的效力及于从物；因标的物的从物不符合约定被解除的，解除的效力不及于主物。标的物为数物，其中一物不符合约定的，买受人可以就该物解除，但该物与他物分离使标的物的价值显受损害的，当事人可以就数物解除合同。

出卖人分批交付标的物的，对其中一批标的物不交付或者交付不符合约定，致使该批标的物不能实现合同目的，买受人可以就该批标的物解除。出卖人不交付其中一批标的物或者交付不符合约定，致使今后其他各批标的物的交付不能实现合同目的的，买受人可以就该批以及今后其他各批标的物解除。买受人如果就其中一批标的物解除，该批标的物与其他各批标的物相互依存的，可以就已经交付和未交付的各批标的物解除。

分期付款的买受人未支付到期价款的金额达到全部价款的五分之一的，出卖人可以要求买受人支付全部价款或者解除合同；出卖人解除合同的，可以向买受人要求支付该标的物的使用费。凭样品买卖的当事人应当封存样品，并可以对样品质量予以说明；出卖人交付的标的物应当与样品及其说明的质量相同。凭样品买卖的买受人不知道样品有隐蔽瑕疵的，即使交付的标的物与样品相同，出卖人交付的标的物的质量仍然应当符合同种物的通常标准。

试用买卖的当事人可以约定标的物的试用期间；对试用期间没有约定或者约定不明确，依照《中华人民共和国合同法》第六十一条的规定仍不能确定的，由出卖人确定。试用买卖的买受人在试用期内可以购买标的物，也可以拒绝购买；试用期间届满，买受人对是否购买标的物未作表示的，视为购买。

招标投标买卖的当事人的权利和义务以及招标投标程序等，依照有关法律、行政法规的规定。拍卖的当事人的权利和义务以及拍卖程序等，依照有关法律、行政法规的规定。法律对其他有偿合同有规定的，依照其规定；没有规定的，参照买卖合同的有关规定。当事人约定易货交易，转移标的物的所有权的，参照买卖合同的有关规定。

（2）供用电/水/气/热力合同

供用电合同是供电人向用电人供电，用电人支付电费的合同。供用电合同的内容包括供电的方式、质量、时间，用电容量、地址、性质，计量方式，电价、电费的结算方式，供用电设施的维护责任等条款。供用电合同的履行地点，按照当事人约定；当事人没有约定或者约定不明确的，供电设施的产权分界处为履行地点。供电人应当按照国家规定的供电质量标准和约定安全供电；供电人未按照国家规定的供电质量标准和约定安全供电，造成用电人损失的，应当承担损害赔偿责任。供电人因供电设施计划检修、临时检修、依法限电或者用电人违法用电等原因，需要中断供电时，应当按照国家有关规定事先通知用电人；未事先通知用电人中断供电，造成用电人损失的，应当承担损害赔偿责任。因自然灾害等原因断电，供电人应当按照国家有关规定及时抢修；未及时抢修，造成用电人损失的，应当承担损害赔偿责任。用电人应当按照国家有关规定和当事人的约定及时交付电费；用电人逾期不交付电费的，应当按照约定支付违约金；经催告用电人在合理期限内仍不交付电费和违约金的，供电人可以按照国家规定的程序中止供电。用电人应当按照国家有关规定和当事人的约定安全用电；用电人未按照国家有关规定和当事人的约定安全用电，造成供电人损失的，应当承担损害赔偿责任。

供用水、供用气、供用热力合同，参照供用电合同的有关规定。

（3）赠予合同

赠予合同是赠予人将自己的财产无偿给予受赠人，受赠人表示接受赠予的合同。赠予人在赠予财产的权利转移之前可以撤销赠予；具有救灾、扶贫等社会公益、道德义务性质的赠予合同或者经过公证的赠予合同，不适用前款规定。赠予的财产依法需要办理登记等手续的，应当办理有关手续。具有救灾、扶贫等社会公益、道德义务性质的赠予合同或者经过公证的赠予合同，赠予人不交付赠予的财产的，受赠人可以要求交付。因赠予人故意或者重大过失致使赠予的财产毁损、灭失的，赠予人应当承担损害赔偿责任。赠予可以附义务；赠予附义务的，受赠人应当按照约定履行义务。

赠予的财产有瑕疵的，赠予人不承担责任；附义务的赠予，赠予的财产有瑕疵的，赠予人在附义务的限度内承担与出卖人相同的责任；赠予人故意不告知瑕疵或者保证无瑕疵，造成受赠人损失的，应当承担损害赔偿责任。

受赠人有下列3种情形之一的，赠予人可以撤销赠予。这3种情形分别是严重侵害赠予人或者赠予人的近亲属；对赠予人有扶养义务而不履行；不履行赠予合同约定的义务。赠予人的撤销权，自知道或者应当知道撤销原因之日起一年内行使。

因受赠人的违法行为致使赠予人死亡或者丧失民事行为能力的，赠予人的继承人或者法定代理人可以撤销赠予；赠予人的继承人或者法定代理人的撤销权，自知道或者应当知道撤销原因之日起六个月内行使。撤销权人撤销赠予的，可以向受赠人要求返还赠予的财产。赠予人的经济状况显著恶化，严重影响其生产经营或者家庭生活的，可以不再履行赠予义务。

（4）借款合同

借款合同是借款人向贷款人借款，到期返还借款并支付利息的合同。借款合同采用书面形式，但自然人之间借款另有约定的除外；借款合同的内容包括借款种类、币种、用途、数额、利率、期限和还款方式等条款。订立借款合同，贷款人可以要求借款人提供担保；担保依照《中华人民共和国担保法》的规定。订立借款合同，借款人应当按照贷款人的要求提供与借款有关的业务活动和财务状况的真实情况。借款的利息不得预先在本金中扣除；利息预先在本金中扣除的，应当按照实际借款数额返还借款并计算利息。贷款人未按照约定的日期、数额提供借款，造成借款人损失的，应当赔偿损失；借款人未按照约定的日期、数额收取借款的，应当按照约定的日期、数额支付利息。贷款人按照约定可以检查、监督借款的使用情况；借款人应当按照约定向贷款人定期提供有关财务会计报表等资料。借款人未按照约定的借款用途使用借款的，贷款人可以停止发放借款、提前收回借款或者解除合同。办理贷款业务的金融机构贷款的利率，应当按照中国人民银行规定的贷款利率的上下限确定。

借款人应当按照约定的期限支付利息。对支付利息的期限没有约定或者约定不明确，依照《中华人民共和国合同法》第六十一条的规定仍不能确定，借款期间不满一年的，应当在返还借款时一并支付；借款期间一年以上的，应当在每届满一年时支付，剩余期间不满一年的，应当在返还借款时一并支付。

借款人应当按照约定的期限返还借款。对借款期限没有约定或者约定不明确，依照《中华人民共和国合同法》第六十一条的规定仍不能确定的，借款人可以随时返还；贷款人可以催告借款人在合理期限内返还。借款人未按照约定的期限返还借款的，应当按照约定或者国家有关规定支付逾期利息。借款人提前偿还借款的，除当事人另有约定的以外，应当按照实际借款的期间计算利息。借款人可以在还款期限届满之前向贷款人申请展期；贷款人同意的，可以展期。

自然人之间的借款合同，自贷款人提供借款时生效。自然人之间的借款合同对支付利息没有约定或者约定不明确的，视为不支付利息。自然人之间的借款合同约定支付利息的，借款的利率不得违反国家有关限制借款利率的规定。

(5) 租赁合同

租赁合同是出租人将租赁物交付承租人使用、收益，承租人支付租金的合同。租赁合同的内容包括租赁物的名称、数量、用途、租赁期限、租金及其支付期限和方式、租赁物维修等条款。租赁期限不得超过 20 年；超过 20 年的，超过部分无效；租赁期间届满，当事人可以续订租赁合同，但约定的租赁期限自续订之日起不得超过 20 年。租赁期限六个月以上的，应当采用书面形式；当事人未采用书面形式的，视为不定期租赁。出租人应当按照约定将租赁物交付承租人，并在租赁期间保持租赁物符合约定的用途。

承租人应当按照约定的方法使用租赁物；对租赁物的使用方法没有约定或者约定不明确，依照《中华人民共和国合同法》第六十一条的规定仍不能确定的，应当按照租赁物的性质使用。承租人按照约定的方法或者租赁物的性质使用租赁物，致使租赁物受到损耗的，不承担损害赔偿责任。承租人未按照约定的方法或者租赁物的性质使用租赁物，致使租赁物受到损失的，出租人可以解除合同并要求赔偿损失。出租人应当履行租赁物的维修义务，但当事人另有约定的除外。

承租人在租赁物需要维修时可以要求出租人在合理期限内维修；出租人未履行维修义务的，承租人可以自行维修，维修费用由出租人负担；因维修租赁物影响承租人使用的，应当相应减少租金或者延长租期。承租人应当妥善保管租赁物，因保管不善造成租赁物毁损、灭失的，应当承担损害赔偿责任。

承租人经出租人同意，可以对租赁物进行改善或者增设他物；承租人未经出租人同意，对租赁物进行改善或者增设他物的，出租人可以要求承租人恢复原状或者赔偿损失。

承租人经出租人同意，可以将租赁物转租给第三人；承租人转租的，承租人与出租人之间的租赁合同继续有效，第三人对租赁物造成损失的，承租人应当赔偿损失；承租人未经出租人同意转租的，出租人可以解除合同。在租赁期间因占有、使用租赁物获得的收益，归承租人所有，但当事人另有约定的除外。

承租人应当按照约定的期限支付租金。对支付期限没有约定或者约定不明确，依照《中华人民共和国合同法》第六十一条的规定仍不能确定，租赁期间不满一年的，应当在租赁期间届满时支付；租赁期间一年以上的，应当在每届满一年时支付，剩余期间不满一年的，应当在租赁期间届满时支付。

承租人无正当理由未支付或者迟延支付租金的，出租人可以要求承租人在合理期限内支付；承租人逾期不支付的，出租人可以解除合同。因第三人主张权利，致使承租人不能对租赁物使用、收益的，承租人可以要求减少租金或者不支付租金；第三人主张权利的，承租人应当及时通知出租人。

租赁物在租赁期间发生所有权变动的，不影响租赁合同的效力。出租人出卖租赁房屋的，应当在出卖之前的合理期限内通知承租人，承租人享有以同等条件优先购买的权利。因不可归责于承租人的事由，致使租赁物部分或者全部毁损、灭失的，承租人可以要求减少租金或者不支付租金；因租赁物部分或者全部毁损、灭失，致使不能实现合同目的的，承租人可以解除合同。

当事人对租赁期限没有约定或者约定不明确，依照《中华人民共和国合同法》第六十一条的规定仍不能确定的，视为不定期租赁；当事人可以随时解除合同，但出租人解除合同应当在合理期限之前通知承租人。租赁物危及承租人的安全或者健康的，即使承租人订立合同时明知该租赁物质量不合格，承租人仍然可以随时解除合同。承租人在房屋租赁期间死亡的，与其生前共同居住的人可以按照原租赁合同租赁该房屋。租赁期间届满，承租人应当返还租赁物；返还的租赁物应当符合按照约定或者租赁物的性质使用后的状态。租赁期间届满，承租人继续使用租赁物，出租人没有提出异议的，原租赁合同继续有效，但租赁期限为不定期。

(6) 融资租赁合同

融资租赁合同是出租人根据承租人对出卖人、租赁物的选择，向出卖人购买租赁物，提供给承租人使用，承租人支付租金的合同。融资租赁合同的内容包括租赁物名称、数量、规格、技术性能、检验方法、租赁期限、租金构成及其支付期限和方式、币种、租赁期间届满租赁物的归属等条款。融资租赁合同应当采用书面形式。

出租人根据承租人对出卖人、租赁物的选择订立的买卖合同，出卖人应当按照约定向承租人交付标的物，承租人享有与受领标的物有关的买受人的权利。出租人、出卖人、承租人可以约定，出卖人不履行买卖合同义务的，由承租人行使索赔的权利；承租人行使索赔权利的，出租人应当协助。出租人根据承租人对出卖人、租赁物的选择订立的买卖合同，未经承租人同意，出租人不得变更与承租人有关的合同内容。出租人享有租赁物的所有权；承租人破产的，租赁物不属于破产财产。融资租赁合同的租金，除当事人另有约定的以外，应当根据购买租赁物的大部分或者全部成本以及出租人的合理利润确定。

租赁物不符合约定或者不符合使用目的的，出租人不承担责任，但承租人依赖出租人的技能确定租赁物或者出租人干预选择租赁物的除外。出租人应当保证承租人对租赁物的占有和使用。承租人占有租赁物期间，租赁物造成第三人的人身伤害或者财产损害的，出租人不承担责任。承租人应当妥善保管、使用租赁物，并履行占有租赁物期间的维修义务。

承租人应当按照约定支付租金，经催告后在合理期限内仍不支付租金的，出租人可以要求支付全部租金，也可以解除合同、收回租赁物。

当事人约定租赁期间届满租赁物归承租人所有，承租人已经支付大部分租金，但无力支付剩余租金，出租人因此解除合同收回租赁物的，收回的租赁物的价值超过承租人欠付的租金以及其他费用的，承租人可以要求部分返还。

出租人和承租人可以约定租赁期间届满租赁物的归属。对租赁物的归属没有约定或者约定不明确，依照《中华人民共和国合同法》第六十一条的规定仍不能确定的，租赁物的所有权归出租人。

(7) 承揽合同

承揽合同是承揽人按照定作人的要求完成工作,交付工作成果,定作人给付报酬的合同。承揽包括加工、定作、修理、复制、测试、检验等工作。承揽合同的内容包括承揽的标的、数量、质量、报酬、承揽方式、材料的提供、履行期限、验收标准和方法等条款。

承揽人应当以自己的设备、技术和劳力,完成主要工作,但当事人另有约定的除外。承揽人将其承揽的主要工作交由第三人完成的,应当就该第三人完成的工作成果向定作人负责;未经定作人同意的,定作人也可以解除合同。

承揽人可以将其承揽的辅助工作交由第三人完成;承揽人将其承揽的辅助工作交由第三人完成的,应当就该第三人完成的工作成果向定作人负责。承揽人提供材料的,承揽人应当按照约定选用材料,并接受定作人检验。定作人提供材料的,定作人应当按照约定提供材料。承揽人对定作人提供的材料,应当及时检验,发现不符合约定时,应当及时通知定作人更换、补齐或者采取其他补救措施;承揽人不得擅自更换定作人提供的材料,不得更换不需要修理的零部件。

承揽人发现定作人提供的图纸或者技术要求不合理的,应当及时通知定作人;因定作人怠于答复等原因造成承揽人损失的,应当赔偿损失。定作人中途变更承揽工作的要求,造成承揽人损失的,应当赔偿损失。

承揽工作需要定作人协助的,定作人有协助的义务。定作人不履行协助义务致使承揽工作不能完成的,承揽人可以催告定作人在合理期限内履行义务,并可以顺延履行期限;定作人逾期不履行的,承揽人可以解除合同。

承揽人在工作期间,应当接受定作人必要的监督检验;定作人不得因监督检验妨碍承揽人的正常工作。承揽人完成工作的,应当向定作人交付工作成果,并提交必要的技术资料和有关质量证明,定作人应当验收该工作成果。承揽人交付的工作成果不符合质量要求的,定作人可以要求承揽人承担修理、重作、减少报酬、赔偿损失等违约责任。

定作人应当按照约定的期限支付报酬。对支付报酬的期限没有约定或者约定不明确,依照《中华人民共和国合同法》第六十一条的规定仍不能确定的,定作人应当在承揽人交付工作成果时支付;工作成果部分交付的,定作人应当相应支付。定作人未向承揽人支付报酬或者材料费等价款的,承揽人对完成的工作成果享有留置权,但当事人另有约定的除外。

承揽人应当妥善保管定作人提供的材料以及完成的工作成果,因保管不善造成毁损、灭失的,应当承担损害赔偿责任。承揽人应当按照定作人的要求保守秘密,未经定作人许可,不得留存复制品或者技术资料。共同承揽人对定作人承担连带责任,但当事人另有约定的除外。定作人可以随时解除承揽合同,造成承揽人损失的,应当赔偿损失。

(8) 建设工程合同

建设工程合同是承包人进行工程建设,发包人支付价款的合同。建设工程合同包括工程勘察、设计、施工合同,应当采用书面形式。建设工程的招标投标活动应当依照有关法律的规定公开、公平、公正进行。

发包人可以与总承包人订立建设工程合同,也可以分别与勘察人、设计人、施工人订立勘察、设计、施工承包合同。发包人不得将应当由一个承包人完成的建设工程肢解成若干部分发包给几个承包人。总承包人或者勘察、设计、施工承包人经发包人同意,可以将自己承包的部分工作交由第三人完成。第三人就其完成的工作成果与总承包人或者勘察、设计、施工承包人向发包人承担连带责任。承包人不得将其承包的全部建设工程转包给第三人或者将其承包的全部建设工程肢解以后以分包的名义分别转包给第三人。禁止承包人将工程分包给不具备相应资质条件的单位；禁止分包单位将其承包的工程再分包。建设工程主体结构的施工必须由承包人自行完成。

国家重大建设工程合同，应当按照国家规定的程序和国家批准的投资计划、可行性研究报告等文件订立。勘察、设计合同的内容包括提交有关基础资料和文件（包括概预算）的期限、质量要求、费用以及其他协作条件等条款。

施工合同的内容包括工程范围、建设工期、中间交工工程的开工和竣工时间、工程质量、工程造价、技术资料交付时间、材料和设备供应责任、拨款和结算、竣工验收、质量保修范围和质量保证期、双方相互协作等条款。建设工程实行监理的，发包人应当与监理人采用书面形式订立委托监理合同；发包人与监理人的权利和义务以及法律责任，应当依照《中华人民共和国合同法》委托合同以及其他有关法律、行政法规的规定。发包人在不妨碍承包人正常作业的情况下，可以随时对作业进度、质量进行检查。隐蔽工程在隐蔽以前，承包人应当通知发包人检查；发包人没有及时检查的，承包人可以顺延工程日期，并有权要求赔偿停工、窝工等损失。

建设工程竣工后，发包人应当根据施工图纸及说明书、国家颁发的施工验收规范和质量检验标准及时进行验收。验收合格的，发包人应当按照约定支付价款，并接收该建设工程。建设工程竣工经验收合格后，方可交付使用；未经验收或者验收不合格的，不得交付使用。

勘察、设计的质量不符合要求或者未按照期限提交勘察、设计文件拖延工期，造成发包人损失的，勘察人、设计人应当继续完善勘察、设计，减收或者免收勘察、设计费并赔偿损失。因施工人的原因致使建设工程质量不符合约定的，发包人有权要求施工人在合理期限内无偿修理或者返工、改建；经过修理或者返工、改建后，造成逾期交付的，施工人应当承担违约责任。因承包人的原因致使建设工程在合理使用期限内造成人身和财产损害的，承包人应当承担损害赔偿责任。

发包人未按照约定的时间和要求提供原材料、设备、场地、资金、技术资料的，承包人可以顺延工程日期，并有权要求赔偿停工、窝工等损失。因发包人的原因致使工程中途停建、缓建的，发包人应当采取措施弥补或者减少损失，赔偿承包人因此造成的停工、窝工、倒运、机械设备调迁、材料和构件积压等损失和实际费用。因发包人变更计划，提供的资料不准确，或者未按照期限提供必需的勘察、设计工作条件而造成勘察、设计的返工、停工或者修改设计，发包人应当按照勘察人、设计人实际消耗的工作量增付费用。

发包人未按照约定支付价款的，承包人可以催告发包人在合理期限内支付价款。发包人逾期不支付的，除按照建设工程的性质不宜折价、拍卖的以外，承包人可以与发包人协议将该工程折价，也可以申请人民法院将该工程依法拍卖。建设工程的价款就该工程折价或者拍卖的价款优先受偿。

其他未尽事宜适用承揽合同的有关规定。

(9) 运输合同

① 总体要求。运输合同是承运人将旅客或者货物从起运地点运输到约定地点，旅客、托运人或者收货人支付票款或者运输费用的合同。从事公共运输的承运人不得拒绝旅客、托运人通常、合理的运输要求。承运人应当在约定期间或者合理期间内将旅客、货物安全运输到约定地点。承运人应当按照约定的或者通常的运输路线将旅客、货物运输到约定地点。旅客、托运人或者收货人应当支付票款或者运输费用；承运人未按照约定路线或者通常路线运

输增加票款或者运输费用的，旅客、托运人或者收货人可以拒绝支付增加部分的票款或者运输费用。

② 客运合同。客运合同自承运人向旅客交付客票时成立，但当事人另有约定或者另有交易习惯的除外。旅客应当持有效客票乘运；旅客无票乘运、超程乘运、越级乘运或者持失效客票乘运的，应当补交票款，承运人可以按照规定加收票款；旅客不交付票款的，承运人可以拒绝运输。旅客因自己的原因不能按照客票记载的时间乘坐的，应当在约定的时间内办理退票或者变更手续；逾期办理的，承运人可以不退票款，并不再承担运输义务。旅客在运输中应当按照约定的限量携带行李；超过限量携带行李的，应当办理托运手续。

旅客不得随身携带或者在行李中夹带易燃、易爆、有毒、有腐蚀性、有放射性以及有可能危及运输工具上人身和财产安全的危险物品或者其他违禁物品。旅客违反前款规定的，承运人可以将违禁物品卸下、销毁或者送交有关部门。旅客坚持携带或者夹带违禁物品的，承运人应当拒绝运输。

承运人应当向旅客及时告知有关不能正常运输的重要事由和安全运输应当注意的事项。承运人应当按照客票载明的时间和班次运输旅客；承运人迟延运输的，应当根据旅客的要求安排改乘其他班次或者退票。承运人擅自变更运输工具而降低服务标准的，应当根据旅客的要求退票或者减收票款；提高服务标准的，不应当加收票款。承运人在运输过程中应当尽力救助患有急病、分娩、遇险的旅客。

承运人应当对运输过程中旅客的伤亡承担损害赔偿责任，但伤亡是旅客自身健康原因造成的或者承运人证明伤亡是旅客故意、重大过失造成的除外。前款规定适用于按照规定免票、持优待票或者经承运人许可搭乘的无票旅客。

在运输过程中旅客自带物品毁损、灭失，承运人有过错的，应当承担损害赔偿责任。旅客托运的行李毁损、灭失的，适用货物运输的有关规定。

③ 货运合同。托运人办理货物运输，应当向承运人准确表明收货人的名称或者姓名或者凭指示的收货人，货物的名称、性质、重量、数量，收货地点等有关货物运输的必要情况。因托运人申报不实或者遗漏重要情况，造成承运人损失的，托运人应当承担损害赔偿责任。

货物运输需要办理审批、检验等手续的，托运人应当将办理完有关手续的文件提交承运人。托运人应当按照约定的方式包装货物；对包装方式没有约定或者约定不明确的，适用《中华人民共和国合同法》第一百五十六条的规定；托运人违反前款规定的，承运人可以拒绝运输。

托运人托运易燃、易爆、有毒、有腐蚀性、有放射性等危险物品的，应当按照国家有关危险物品运输的规定对危险物品妥善包装，作出危险物标志和标签，并将有关危险物品的名称、性质和防范措施的书面材料提交承运人。托运人违反前款规定的，承运人可以拒绝运输，也可以采取相应措施以避免损失的发生，因此产生的费用由托运人承担。

在承运人将货物交付收货人之前，托运人可以要求承运人中止运输、返还货物、变更到达地或者将货物交给其他收货人，但应当赔偿承运人因此受到的损失。货物运输到达后，承运人知道收货人的，应当及时通知收货人，收货人应当及时提货；收货人逾期提货的，应当向承运人支付保管费等费用。

收货人提货时应当按照约定的期限检验货物。对检验货物的期限没有约定或者约定不明确，依照《中华人民共和国合同法》第六十一条的规定仍不能确定的，应当在合理期限内检验货物。收货人在约定的期限或者合理期限内对货物的数量、毁损等未提出异议的，视为承运人已经按照运输单证的记载交付初步证据。

承运人对运输过程中货物的毁损、灭失承担损害赔偿责任，但承运人证明货物的毁损、灭失是因不可抗力、货物本身的自然性质或者合理损耗以及托运人、收货人的过错造成的，不承担损害赔偿责任。货物的毁损、灭失的赔偿额，当事人有约定的，按照其约定；没有约定或者约定不明确，依照《中华人民共和国合同法》第六十一条的规定仍不能确定的，按照交付或者应当交付时货物到达地的市场价格计算；法律、行政法规对赔偿额的计算方法和赔偿限额另有规定的，依照其规定。

两个以上承运人以同一运输方式联运的，与托运人订立合同的承运人应当对全程运输承担责任；损失发生在某一运输区段的，与托运人订立合同的承运人和该区段的承运人承担连带责任。货物在运输过程中因不可抗力灭失，未收取运费的，承运人不得要求支付运费；已收取运费的，托运人可以要求返还。托运人或者收货人不支付运费、保管费以及其他运输费用的，承运人对相应的运输货物享有留置权，但当事人另有约定的除外。收货人不明或者收货人无正当理由拒绝受领货物的，依照《中华人民共和国合同法》第一百零一条的规定，承运人可以提存货物。

④ 多式联运合同。多式联运经营人负责履行或者组织履行多式联运合同，对全程运输享有承运人的权利，承担承运人的义务。多式联运经营人可以与参加多式联运的各区段承运人就多式联运合同的各区段运输约定相互之间的责任，但该约定不影响多式联运经营人对全程运输承担的义务。多式联运经营人收到托运人交付的货物时，应当签发多式联运单据；按照托运人的要求，多式联运单据可以是可转让单据，也可以是不可转让单据。因托运人托运货物时的过错造成多式联运经营人损失的，即使托运人已经转让多式联运单据，托运人仍然应当承担损害赔偿责任。

货物的毁损、灭失发生于多式联运的某一运输区段的，多式联运经营人的赔偿责任和责任限额，适用调整该区段运输方式的有关法律规定。货物毁损、灭失发生的运输区段不能确定的，依照前述规定承担损害赔偿责任。

(10) 技术合同

① 总体要求。技术合同是当事人就技术开发、转让、咨询或者服务订立的确立相互之间权利和义务的合同。订立技术合同，应当有利于科学技术的进步，加速科学技术成果的转化、应用和推广。

技术合同的内容由当事人约定，一般应包括以下11方面的条款，即项目名称；标的的内容、范围和要求；履行的计划、进度、期限、地点、地域和方式；技术情报和资料的保密；风险责任的承担；技术成果的归属和收益的分成办法；验收标准和方法；价款、报酬或者使用费及其支付方式；违约金或者损失赔偿的计算方法；解决争议的方法；名词和术语的解释。与履行合同有关的技术背景资料、可行性论证和技术评价报告、项目任务书和计划书、技术标准、技术规范、原始设计和工艺文件以及其他技术文档应按照当事人的约定可以作为合同的组成部分。技术合同涉及专利的，应当注明发明创造的名称、专利申请人和专利权人、申请日期、申请号、专利号以及专利权的有效期限。

技术合同价款、报酬或者使用费的支付方式由当事人约定，可以采取一次总算、一次总付或者一次总算、分期支付，也可以采取提成支付或者提成支付附加预付入门费的方式。约定提成支付的，可以按照产品价格、实施专利和使用技术秘密后新增的产值、利润或者产品销售额的一定比例提成，也可以按照约定的其他方式计算。提成支付的比例可以采取固定比例、逐年递增比例或者逐年递减比例。约定提成支付的，当事人应当在合同中约定查阅有关会计账目的办法。

职务技术成果的使用权、转让权属于法人或者其他组织的，法人或者其他组织可以就该项职务技术成果订立技术合同。法人或者其他组织应当从使用和转让该项职务技术成果所取得的收益中提取一定比例，对完成该项职务技术成果的个人给予奖励或者报酬。法人或者其他组织订立技术合同转让职务技术成果时，职务技术成果的完成人享有以同等条件优先受让的权利。职务技术成果是执行法人或者其他组织的工作任务，或者主要是利用法人或者其他组织的物质技术条件所完成的技术成果。

非职务技术成果的使用权、转让权属于完成技术成果的个人，完成技术成果的个人可以就该项非职务技术成果订立技术合同。

完成技术成果的个人有在相关技术成果文件上写明自己是技术成果完成者的权利和取得荣誉证书、奖励的权利。非法垄断技术、妨碍技术进步或者侵害他人技术成果的技术合同无效。

② 技术开发合同。技术开发合同是指当事人之间就新技术、新产品、新工艺或者新材料及其系统的研究开发所订立的合同。技术开发合同包括委托开发合同和合作开发合同，应当采用书面形式。当事人之间就具有产业应用价值的科技成果实施转化订立的合同，参照技术开发合同的规定。

委托开发合同的委托人应当按照约定支付研究开发经费和报酬；提供技术资料、原始数据；完成协作事项；接受研究开发成果。委托开发合同的研究开发人应当按照约定制订和实施研究开发计划；合理使用研究开发经费；按期完成研究开发工作，交付研究开发成果，提供有关的技术资料和必要的技术指导，帮助委托人掌握研究开发成果。委托人违反约定造成研究开发工作停滞、延误或者失败的，应当承担违约责任。研究开发人违反约定造成研究开发工作停滞、延误或者失败的，应当承担违约责任。

合作开发合同的当事人应当按照约定进行投资，包括以技术进行投资；分工参与研究开发工作；协作配合研究开发工作。合作开发合同的当事人违反约定造成研究开发工作停滞、延误或者失败的，应当承担违约责任。

因作为技术开发合同标的的技术已经由他人公开，致使技术开发合同的履行没有意义的，当事人可以解除合同。在技术开发合同履行过程中，因出现无法克服的技术困难，致使研究开发失败或者部分失败的，该风险责任由当事人约定；没有约定或者约定不明确，依照《中华人民共和国合同法》第六十一条的规定仍不能确定的，风险责任由当事人合理分担；当事人一方发现前款规定的可能致使研究开发失败或者部分失败的情形时，应当及时通知另一方并采取适当措施减少损失；没有及时通知并采取适当措施，致使损失扩大的，应当就扩大的损失承担责任。

委托开发完成的发明创造，除当事人另有约定的以外，申请专利的权利属于研究开发人；研究开发人取得专利权的，委托人可以免费实施该专利；研究开发人转让专利申请权的，委托人享有以同等条件优先受让的权利。

合作开发完成的发明创造，除当事人另有约定的以外，申请专利的权利属于合作开发的当事人共有。当事人一方转让其共有的专利申请权的，其他各方享有以同等条件优先受让的权利。合作开发的当事人一方声明放弃其共有的专利申请权的，可以由另一方单独申请或者由其他各方共同申请。申请人取得专利权的，放弃专利申请权的一方可以免费实施该专利。合作开发的当事人一方不同意申请专利的，另一方或者其他各方不得申请专利。

委托开发或者合作开发完成的技术秘密成果的使用权、转让权以及利益的分配办法，由当事人约定。没有约定或者约定不明确，依照《中华人民共和国合同法》第六十一条的规定仍不能确定的，当事人均有使用和转让的权利，但委托开发的研究开发人不得在向委托人交付研究开发成果之前，将研究开发成果转让给第三人。

③ 技术转让合同。技术转让合同包括专利权转让、专利申请权转让、技术秘密转让、专利实施许可合同，应当采用书面形式。技术转让合同可以约定让与人和受让人实施专利或者使用技术秘密的范围，但不得限制技术竞争和技术发展。专利实施许可合同只在该专利权的存续期间内有效；专利权有效期限届满或者专利权被宣布无效的，专利权人不得就该专利与他人订立专利实施许可合同。专利实施许可合同的让与人应当按照约定许可受让人实施专利，交付实施专利有关的技术资料，提供必要的技术指导。专利实施许可合同的受让人应当按照约定实施专利，不得许可约定以外的第三人实施该专利；并按照约定支付使用费。技术秘密转让合同的让与人应当按照约定提供技术资料，进行技术指导，保证技术的实用性、可靠性，承担保密义务。技术秘密转让合同的受让人应当按照约定使用技术，支付使用费，承担保密义务。

技术转让合同的让与人应当保证自己是所提供的技术的合法拥有者，并保证所提供的技术完整、无误、有效，能够达到约定的目标。技术转让合同的受让人应当按照约定的范围和期限，对让与人提供的技术中尚未公开的秘密部分，承担保密义务。

让与人未按照约定转让技术的，应当返还部分或者全部使用费，并应当承担违约责任；实施专利或者使用技术秘密超越约定的范围的，违反约定擅自许可第三人实施该项专利或者使用该项技术秘密的，应当停止违约行为，承担违约责任；违反约定的保密义务的，应当承担违约责任。

受让人未按照约定支付使用费的，应当补交使用费并按照约定支付违约金；不补交使用费或者支付违约金的，应当停止实施专利或者使用技术秘密，交还技术资料，承担违约责任；实施专利或者使用技术秘密超越约定的范围的，未经让与人同意擅自许可第三人实施该专利或者使用该技术秘密的，应当停止违约行为，承担违约责任；违反约定的保密义务的，应当承担违约责任。

受让人按照约定实施专利、使用技术秘密侵害他人合法权益的，由让与人承担责任，但当事人另有约定的除外。当事人可以按照互利的原则，在技术转让合同中约定实施专利、使用技术秘密后续改进的技术成果的分享办法；没有约定或者约定不明确，依照《中华人民共和国合同法》第六十一条的规定仍不能确定的，一方后续改进的技术成果，其他各方无权分享。法律、行政法规对技术进出口合同或者专利、专利申请合同另有规定的，依照其规定。

④ 技术咨询合同和技术服务合同。技术咨询合同包括就特定技术项目提供可行性论证、技术预测、专题技术调查、分析评价报告等合同。技术服务合同是指当事人一方以技术知识为另一方解决特定技术问题所订立的合同，不包括建设工程合同和承揽合同。技术咨询合同的委托人应当按照约定阐明咨询的问题，提供技术背景材料及有关技术资料、数据；接受受托人的工作成果，支付报酬。技术咨询合同的受托人应当按照约定的期限完成咨询报告或者解答问题；提出的咨询报告应当达到约定的要求。

技术咨询合同的委托人未按照约定提供必要的资料和数据，影响工作进度和质量，不接受或者逾期接受工作成果的，支付的报酬不得追回，未支付的报酬应当支付。技术咨询合同的受托人未按期提出咨询报告或者提出的咨询报告不符合约定的，应当承担减收或者免收报酬等违约责任。技术咨询合同的委托人按照受托人符合约定要求的咨询报告和意见作出决策所造成的损失，由委托人承担，但当事人另有约定的除外。

技术服务合同的委托人应当按照约定提供工作条件，完成配合事项；接受工作成果并支付报酬。技术服务合同的受托人应当按照约定完成服务项目，解决技术问题，保证工作质量，并传授解决技术问题的知识。

技术服务合同的委托人不履行合同义务或者履行合同义务不符合约定，影响工作进度和质量，不接受或者逾期接受工作成果的，支付的报酬不得追回，未支付的报酬应当支付。技术服务合同的受托人未按照合同约定完成服务工作的，应当承担免收报酬等违约责任。

在技术咨询合同、技术服务合同履行过程中，受托人利用委托人提供的技术资料和工作条件完成的新的技术成果，属于受托人。委托人利用受托人的工作成果完成的新的技术成果，属于委托人。当事人另有约定的，按照其约定。

法律、行政法规对技术中介合同、技术培训合同另有规定的，依照其规定。

(11) 保管合同

保管合同是保管人保管寄存人交付的保管物，并返还该物的合同。寄存人应当按照约定向保管人支付保管费；当事人对保管费没有约定或者约定不明确，依照《中华人民共和国合同法》第六十一条的规定仍不能确定的，保管是无偿的。保管合同自保管物交付时成立，但当事人另有约定的除外。寄存人向保管人交付保管物的，保管人应当给付保管凭证，但另有交易习惯的除外。保管人应当妥善保管保管物；当事人可以约定保管场所或者方法；除紧急情况或者为了维护寄存人利益的以外，不得擅自改变保管场所或者方法。

寄存人交付的保管物有瑕疵或者按照保管物的性质需要采取特殊保管措施的，寄存人应当将有关情况告知保管人。寄存人未告知，致使保管物受损失的，保管人不承担损害赔偿责任；保管人因此受损失的，除保管人知道或者应当知道并且未采取补救措施的以外，寄存人应当承担损害赔偿责任。

保管人不得将保管物转交第三人保管，但当事人另有约定的除外；保管人违反前款规定，将保管物转交第三人保管，对保管物造成损失的，应当承担损害赔偿责任。保管人不得使用或者许可第三人使用保管物，但当事人另有约定的除外。第三人对保管物主张权利的，除依法对保管物采取保全或者执行的以外，保管人应当履行向寄存人返还保管物的义务；第三人对保管人提起诉讼或者对保管物申请扣押的，保管人应当及时通知寄存人。保管期间，因保管人保管不善造成保管物毁损、灭失的，保管人应当承担损害赔偿责任，但保管是无偿的，保管人证明自己没有重大过失的，不承担损害赔偿责任。

寄存人寄存货币、有价证券或者其他贵重物品的，应当向保管人声明，由保管人验收或者封存；寄存人未声明的，该物品毁损、灭失后，保管人可以按照一般物品予以赔偿。

寄存人可以随时领取保管物。当事人对保管期间没有约定或者约定不明确的，保管人可以随时要求寄存人领取保管物；约定保管期间的，保管人无特别事由，不得要求寄存人提前领取保管物。

保管期间届满或者寄存人提前领取保管物的，保管人应当将原物及其孳息归还寄存人。保管人保管货币的，可以返还相同种类、数量的货币；保管其他可替代物的，可以按照约定返还相同种类、品质、数量的物品。有偿的保管合同，寄存人应当按照约定的期限向保管人支付保管费；当事人对支付期限没有约定或者约定不明确，依照《中华人民共和国合同法》第六十一条的规定仍不能确定的，应当在领取保管物的同时支付。寄存人未按照约定支付保管费以及其他费用的，保管人对保管物享有留置权，但当事人另有约定的除外。

(12) 仓储合同

仓储合同是保管人储存存货人交付的仓储物，存货人支付仓储费的合同。仓储合同自成立时生效。

储存易燃、易爆、有毒、有腐蚀性、有放射性等危险物品或者易变质物品，存货人应当说明该物品的性质，提供有关资料。存货人违反前款规定的，保管人可以拒收仓储物，也可以采取相应措施以避免损失的发生，因此产生的费用由存货人承担。保管人储存易燃、易爆、有毒、有腐蚀性、有放射性等危险物品的，应当具备相应的保管条件。

保管人应当按照约定对入库仓储物进行验收。保管人验收时发现入库仓储物与约定不符合的，应当及时通知存货人；保管人验收后，发生仓储物的品种、数量、质量不符合约定的，保管人应当承担损害赔偿责任。

存货人交付仓储物的，保管人应当给付仓单。保管人应当在仓单上签字或者盖章。仓单应包括下列8方面事项，即存货人的名称或者姓名、住所；仓储物的品种、数量、质量、包装、件数和标记；仓储物的损耗标准；储存场所；储存期间；仓储费；仓储物已经办理保险的，其保险金额、期间以及保险人的名称；填发人、填发地和填发日期。

仓单是提取仓储物的凭证；存货人或者仓单持有人在仓单上背书并经保管人签字或者盖章的，可以转让提取仓储物的权利。保管人根据存货人或者仓单持有人的要求，应当同意其检查仓储物或者提取样品。保管人对入库仓储物发现有变质或者其他损坏的，应当及时通知存货人或者仓单持有人。

保管人对入库仓储物发现有变质或者其他损坏，危及其他仓储物的安全和正常保管的，应当催告存货人或者仓单持有人作出必要的处置。因情况紧急，保管人可以作出必要的处置，但事后应当将该情况及时通知存货人或者仓单持有人。

当事人对储存期间没有约定或者约定不明确的，存货人或者仓单持有人可以随时提取仓储物，保管人也可以随时要求存货人或者仓单持有人提取仓储物，但应当给予必要的准备时间。储存期间届满，存货人或者仓单持有人应当凭仓单提取仓储物；存货人或者仓单持有人逾期提取的应当加收仓储费，提前提取的不减收仓储费。

储存期间届满，存货人或者仓单持有人不提取仓储物的，保管人可以催告其在合理期限内提取，逾期不提取的，保管人可以提存仓储物。储存期间，因保管人保管不善造成仓储物毁损、灭失的，保管人应当承担损害赔偿责任；因仓储物的性质、包装不符合约定或者超过有效储存期造成仓储物变质、损坏的，保管人不承担损害赔偿责任。

其他未尽事宜适用保管合同的有关规定。

(13) 委托合同

委托合同是委托人和受托人约定，由受托人处理委托人事务的合同。委托人可以特别委托受托人处理一项或者数项事务，也可以概括委托受托人处理一切事务。委托人应当预付处理委托事务的费用；受托人为处理委托事务垫付的必要费用，委托人应当偿还该费用及其利息。

受托人应当按照委托人的指示处理委托事务。需要变更委托人指示的，应当经委托人同意；因情况紧急，难以和委托人取得联系的，受托人应当妥善处理委托事务，但事后应当将该情况及时报告委托人。

受托人应当亲自处理委托事务。经委托人同意,受托人可以转委托。转委托经同意的,委托人可以就委托事务直接指示转委托的第三人,受托人仅就第三人的选任及其对第三人的指示承担责任。转委托未经同意的,受托人应当对转委托的第三人的行为承担责任,但在紧急情况下受托人为维护委托人的利益需要转委托的除外。

受托人应当按照委托人的要求,报告委托事务的处理情况;委托合同终止时,受托人应当报告委托事务的结果。受托人以自己的名义,在委托人的授权范围内与第三人订立的合同,第三人在订立合同时知道受托人与委托人之间的代理关系的,该合同直接约束委托人和第三人,但有确切证据证明该合同只约束受托人和第三人的除外。

受托人以自己的名义与第三人订立合同时,第三人不知道受托人与委托人之间的代理关系的,受托人因第三人的原因对委托人不履行义务,受托人应当向委托人披露第三人,委托人因此可以行使受托人对第三人的权利,但第三人与受托人订立合同时如果知道该委托人就不会订立合同的除外。受托人因委托人的原因对第三人不履行义务,受托人应当向第三人披露委托人,第三人因此可以选择受托人或者委托人作为相对人主张其权利,但第三人不得变更选定的相对人。委托人行使受托人对第三人的权利的,第三人可以向委托人主张其对受托人的抗辩。第三人选定委托人作为其相对人的,委托人可以向第三人主张其对受托人的抗辩以及受托人对第三人的抗辩。

受托人处理委托事务取得的财产,应当转交给委托人。受托人完成委托事务的,委托人应当向其支付报酬;因不可归责于受托人的事由,委托合同解除或者委托事务不能完成的,委托人应当向受托人支付相应的报酬;当事人另有约定的,按照其约定。有偿的委托合同,因受托人的过错给委托人造成损失的,委托人可以要求赔偿损失;无偿的委托合同,因受托人的故意或者重大过失给委托人造成损失的,委托人可以要求赔偿损失;受托人超越权限给委托人造成损失的,应当赔偿损失。

受托人处理委托事务时,因不可归责于自己的事由受到损失的,可以向委托人要求赔偿损失。委托人经受托人同意,可以在受托人之外委托第三人处理委托事务;因此给受托人造成损失的,受托人可以向委托人要求赔偿损失。两个以上的受托人共同处理委托事务的,对委托人承担连带责任。委托人或者受托人可以随时解除委托合同;因解除合同给对方造成损失的,除不可归责于该当事人的事由以外,应当赔偿损失。委托人或者受托人死亡、丧失民事行为能力或者破产的,委托合同终止,但当事人另有约定或者根据委托事务的性质不宜终止的除外。

因委托人死亡、丧失民事行为能力或者破产,致使委托合同终止将损害委托人利益的,在委托人的继承人、法定代理人或者清算组织承受委托事务之前,受托人应当继续处理委托事务。因受托人死亡、丧失民事行为能力或者破产,致使委托合同终止的,受托人的继承人、法定代理人或者清算组织应当及时通知委托人;因委托合同终止将损害委托人利益的,在委托人作出善后处理之前,受托人的继承人、法定代理人或者清算组织应当采取必要措施。

(14) 行纪合同

行纪合同是行纪人以自己的名义为委托人从事贸易活动,委托人支付报酬的合同。行纪人处理委托事务支出的费用,由行纪人负担,但当事人另有约定的除外。行纪人占有委托物的,应当妥善保管委托物。委托物交付给行纪人时有瑕疵或者容易腐烂、变质的,经委托人同意，行纪人可以处分该物；和委托人不能及时取得联系的，行纪人可以合理处分。

行纪人低于委托人指定的价格卖出或者高于委托人指定的价格买入的，应当经委托人同意。未经委托人同意，行纪人补偿其差额的，该买卖对委托人发生效力。行纪人高于委托人指定的价格卖出或者低于委托人指定的价格买入的，可以按照约定增加报酬。没有约定或者约定不明确，依照《中华人民共和国合同法》第六十一条的规定仍不能确定的，该利益属于委托人。委托人对价格有特别指示的，行纪人不得违背该指示卖出或者买入。

行纪人卖出或者买入具有市场定价的商品，除委托人有相反的意思表示的以外，行纪人自己可以作为买受人或者出卖人。行纪人有前款规定情形的，仍然可以要求委托人支付报酬。

行纪人按照约定买入委托物，委托人应当及时受领。经行纪人催告，委托人无正当理由拒绝受领的，行纪人依照《中华人民共和国合同法》第一百零一条的规定可以提存委托物。委托物不能卖出或者委托人撤回出卖，经行纪人催告，委托人不取回或者不处分该物的，行纪人依照《中华人民共和国合同法》第一百零一条的规定可以提存委托物。

行纪人与第三人订立合同的，行纪人对该合同直接享有权利、承担义务；第三人不履行义务致使委托人受到损害的，行纪人应当承担损害赔偿责任，但行纪人与委托人另有约定的除外。行纪人完成或者部分完成委托事务的，委托人应当向其支付相应的报酬；委托人逾期不支付报酬的，行纪人对委托物享有留置权，但当事人另有约定的除外。

其他未尽事宜适用委托合同的有关规定。

(15) 居间合同

居间合同是居间人向委托人报告订立合同的机会或者提供订立合同的媒介服务，委托人支付报酬的合同。居间人应当就有关订立合同的事项向委托人如实报告；居间人故意隐瞒与订立合同有关的重要事实或者提供虚假情况，损害委托人利益的，不得要求支付报酬并应当承担损害赔偿责任。居间人促成合同成立的，委托人应当按照约定支付报酬；对居间人的报酬没有约定或者约定不明确，依照《中华人民共和国合同法》第六十一条的规定仍不能确定的，根据居间人的劳务合理确定；因居间人提供订立合同的媒介服务而促成合同成立的，由该合同的当事人平均负担居间人的报酬；居间人促成合同成立的，居间活动的费用由居间人负担。居间人未促成合同成立的，不得要求支付报酬，但可以要求委托人支付从事居间活动支出的必要费用。

1.4 我国政府采购合同编制的宏观要求

1.4.1 总体原则

政府采购合同应规范，应保护政府采购合同当事人的合法权益，应维护国家利益和社会公共利益，应遵守《中华人民共和国政府采购法》《中华人民共和国招标投标法》《中华人民共和国合同法》以及其他相关法律、法规、规章的规定。政府采购合同是指采购人与中标、成交供应商之间设立、变更、终止权利义务关系的协议。采购人是指依法进行政府采购的国家机关、事业单位和团体组织。中标、成交供应商是指通过法定政府采购程序取得政府采购项目合同签订资格的供应商。政府采购合同适用合同法，但政府采购法律、法规对政府采购合同另有规定的应当遵守其规定。各级国家机关、事业单位和团体组织与中标、成交供应商之间政府采购合同的签订、履行、变更、解除等行为应遵守相关规定。

1.4.2 合同的签订与生效规定

采购人应当与中标、成交供应商就政府采购项目签订政府采购合同。采购人可以委托其采购代理机构代理其与中标、成交供应商签订政府采购合同。采购代理机构代理采购人签订政府采购合同的，应当提交采购人的授权委托书。采购人的授权委托书应当作为政府采购合同的附件。采购人未委托其采购代理机构代理其与中标、成交供应商签订政府采购合同的，采购代理机构应当遵循诚实信用原则，履行必要的协助、告知等义务。

政府采购合同应当采用合同书或者数据电文形式。采用数据电文形式的应当按照《中华人民共和国电子签名法》和政府采购文件的要求进行电子签名并进行电子存档，当事人约定电子签名需要电子认证的应按照其约定。

采购人与中标、成交供应商应当在中标、成交通知书发出之日起30日内按照政府采购文件确定的事项签订政府采购合同。政府采购合同不得对政府采购文件作出实质性修改。采购人不得向中标、成交供应商提出任何不合理的要求作为签订政府采购合同的条件，不得与中标、成交供应商签订背离合同实质性内容的其他协议。

政府采购合同主要条款应当包括以下11方面内容，即采购人的名称、住所和联系方式；供应商的名称或者姓名、住所和联系方式；采购标的；采购数量；中标、成交金额；质量或者服务要求；履行期限、地点和方式；验收标准和方式；资金结算和支付办法；违约责任；解决争议的方法。省级以上财政部门已经制定政府采购合同标准文本的，采购人和中标、成交供应商应当按照标准文本签订政府采购合同。

政府采购中标、成交通知书发出后，因不可抗力造成采购人与中标、成交供应商未能在法定期限内签订政府采购合同的，经双方当事人协商可以在不可抗力影响消除之后的合理时间签订政府采购合同，但延期不能实现采购目的的除外。双方当事人按照有关规定延期签订政府采购合同的，应当告知同级人民政府财政部门。

采购人或者其委托的采购代理机构应当在政府采购合同签订之日起2个工作日内将政府采购合同在省级以上人民政府财政部门指定的媒体上公告，但政府采购合同中涉及国家秘密、商业秘密的内容除外。采购人应当自政府采购合同签订之日起7个工作日内，将政府采购合同副本报同级人民政府财政部门和有关部门备案。

当事人采用合同书形式签订政府采购合同的，自双方当事人签字或者盖章时政府采购合同成立。当事人采用数据电文形式签订政府采购合同的，自双方当事人完成电子签名或者电子认证时政府采购合同成立。当事人约定在政府采购合同成立之前签订确认书的，签订确认书时政府采购合同成立。

依法成立的政府采购合同，自成立时生效。法律、行政法规规定应当办理批准、登记等手续生效的，依照其规定。

1.4.3 合同的履行以及变更和解除规定

采购人和中标、成交供应商应当按照政府采购合同的约定全面履行自己的义务。采购人和中标、成交供应商应当遵循诚实信用原则，根据政府采购合同的性质、目的和交易习惯履行通知、协助和保密等义务。中标、成交供应商不得向他人转让中标、成交项目，也不得将中标、成交项目肢解后分别向他人转让。采购人不得同意中标、成交供应商将中标、成交项目全部或者部分向他人转让。

当事人签订合同后合并的，由合并后的法人或者其他组织行使合同权利，履行合同义务。当事人签订合同后分立的，由分立的法人或者其他组织对合同的权利和义务享有连带债权，承担连带债务，但法律、法规另有规定的除外。采购人签订合同后合并或者分立，采购任务取消的，采购人应当解除合同。采购人解除合同对供应商造成损失的，应当承担相应的法律责任。

中标、成交供应商不得将政府采购合同转包给其他供应商履行。采购人不得同意中标、成交供应商将政府采购合同转包给其他供应商履行。经采购人同意，中标、成交供应商可以依法采取分包方式履行合同，但项目的主体、关键性工作不得分包。接受分包的供应商应当具备相应的资格条件，并不得再次分包。政府采购合同分包履行的，中标、成交供应商应当就采购项目和分包项目对采购人负责，分包供应商就分包项目承担连带责任。

政府采购合同履行中，采购人需要追加与合同标的相同的货物、工程或者服务的，在不改变合同其他条款的前提下，可以与中标、成交供应商协商签订补充合同，但所有补充合同的采购金额不得超过原合同采购金额的10%。

政府采购合同的双方当事人不得擅自变更、中止或者终止合同。政府采购合同继续履行将损害国家利益和社会公共利益的，双方当事人应当变更、中止或者终止合同。有过错的一方应当承担赔偿责任，双方都有过错的各自承担相应的责任。除前述的追加之外，有下列5种情形之一的，当事人协商一致可以变更合同。这5种情形分别是发生不可预见的紧急情况，继续按照原合同履行不能实现采购目的，又不能从其他供应商处采购；因采购人的过错导致不能实现采购目的，重新采购费用和违约金、违约损失赔偿金额占合同金额比例过大，但违背社会公共利益的除外；属于合同主要条款确定的事项，但变更不改变合同实质性内容；合同主要条款以外的内容；法律、法规规定可以变更合同的其他情形。当事人协商一致变更合同的应当报同级财政部门备案。

有下列6种情形之一的，采购人可以解除合同。这6种情形分别是因不可抗力致使不能实现合同目的；在履行期限届满之前，中标、成交供应商明确表示或者以自己的行为表示不履行主要义务；中标、成交供应商迟延履行主要义务，经催告后在合理期限内仍未履行；中标、成交供应商迟延履行义务或者有其他违约行为致使不能实现合同目的；中标、成交供应商转包，或者未经采购人同意采取分包方式履行合同；法律、法规规定的其他情形。采购人解除合同的，应当报同级财政部门备案。因中标、成交供应商的原因导致合同解除，给采购人造成损失的，采购人应当依法追究中标、成交供应商的赔偿责任。

采购人或者其委托的采购代理机构应当组织对供应商履约的验收，大型或者复杂的政府采购项目应当邀请国家认可的质量检测机构参加验收工作，验收方成员应当在验收书上签字并承担相应的法律责任。采购人或者其委托的采购代理机构应当按照政府采购合同规定的技术、服务、安全标准组织对供应商履约情况进行验收并出具验收书，验收书应当包括每一项技术、服务、安全标准的执行情况。采购人或者其委托的采购代理机构可以邀请参加项目采购活动的其他供应商参与对中标、成交供应商的履约验收。政府向社会公众提供的公共服务项目，采购人或者其委托的采购代理机构应当邀请服务对象参与验收并出具意见，验收结果应当向社会公告。中标、成交供应商应当按照合同约定通知采购人或者采购人委托的采购代理机构对其提供的货物、工程或者服务进行验收。中标、成交供应商应当提供货物、工程或者服务的技术资料、合格证明以及验收所必须具备的其他材料，协助采购人或者其委托的采购代理机构开展验收。验收应当遵循以下 4 步程序。

① 制定验收方案。采购人或者其委托的采购代理机构应当制定验收方案。验收方案应当包括采购人名称以及项目联系人、联系方式，采购代理机构名称以及项目联系人、联系方式，项目基本情况、验收组织主体、验收小组组建方式、验收方法、验收流程、验收指标和标准等要素。验收组织主体应当按照采购文件确定的技术指标或者服务要求确定验收指标和标准。

② 成立验收小组。验收小组负责实施具体的验收活动。验收小组应当由 5 人以上单数组成，相关专业人员人数不得少于验收小组人员总数的 2/3。采购人可以邀请其他单位的相关专业人员参加验收小组。受采购人委托组织采购活动的采购代理机构工作人员不得参加所代理项目的验收小组。评审专家不得参加所评审采购项目的验收小组。验收小组可以推选一名组长，主持验收小组的工作。

③ 验收。验收小组应当按照验收方案独立开展验收。在验收过程中，验收小组成员不得擅自公开验收信息。验收小组可以对验收方案进行必要的修改。验收小组对验收方案作出实质性修改的，应当报经原验收方案批准主体同意。

④ 出具验收报告。验收结束后，验收小组应当出具验收报告。验收报告应当根据验收方案制作，并经验收小组全体成员签字。验收小组成员对验收报告载明的结论有异议的，应当在验收报告上签署不同意见并说明理由，否则视为同意验收结论。

标准定制的货物和通用的服务采购项目可以采用抽检方式进行验收。建设工程项目，采购人在不妨碍中标、成交供应商正常作业的情况下，可以随时对作业进度、质量进行检查。隐蔽工程在隐蔽以前，中标、成交供应商应当通知采购人检查，采购人应当及时检查；采购人没有及时检查的，中标、成交供应商可以顺延工程日期，并有权要求赔偿停工、窝工等损失。建设工程竣工后，采购人应当根据施工图纸及说明书、国家颁发的施工验收规范和质量检验标准及时进行验收。

符合下列 3 种情形之一的采购项目，采购人可以适用简易程序进行验收。这 3 种情形分别是采购金额小、功能简单且属于标准定制的货物采购项目；采购金额小、需求单一且属于通用的服务采购项目；采购金额小且适合采用简易程序的其他采购项目。其中，第一种情形规定的可以适用简易程序验收的采购金额标准，由采购人参照本级实际执行的政府采购限额标准和公开招标数额标准确定。

采购人按照简易程序组织验收的，可以指定 2～3 名相关专业人员，按照事先制定的简易程序验收报告标准格式，在中标、成交供应商交付货物、工程或者提供服务时进行验收。验收过程中产生的费用应当由采购人承担。采购人应当按照政府采购合同约定，及时向中标、成交供应商支付采购资金。

有下列 5 种情形的，采购人不得支付采购资金。这 5 种情形分别是采购项目未经验收；采购项目验收不合格；采购项目验收部分不合格，且影响整体功能；合同履行中未按照政府采购法的相关规定订立补充合同进行追加的部分；合同履行中未办理采购手续追加采购超过合同金额 10% 的部分。合同约定根据项目实施进度按比例支付采购资金的项目，采购人应当按照合同约定分期验收，验收合格的，支付相应的采购资金，但项目结束时验收不合格的，应当向中标、成交供应商追回已支付的采购资金。

1.4.4　违约责任与争议处理原则

当事人不履行或者履行合同义务不符合约定的，应当按照合同的约定或者法律、法规的规定承担违约责任。采购文件要求中标、成交供应商提交履约保证金的，应当对履约保证金的数额占采购合同金额的比例、履约保证金提交的具体形式作出规定。采购文件规定的履约保证金的数额占采购合同金额的比例不得超过10%。采购文件规定的履约保证金的具体形式，是指支票、汇票、本票或者金融机构、担保机构出具的保函等非现金形式。履约保证金由采购人或者由受采购人委托办理采购事宜的采购代理机构收取、管理和退还，不得挪作他用。

当事人可以通过和解或者调解解决合同争议。当事人不愿和解、调解或者和解、调解不成，可以依法向仲裁机构申请仲裁，或者向人民法院起诉。合同争议导致或者可能导致采购人利益损失的，当事人不愿和解、调解或者和解、调解不成，采购人应当根据《中华人民共和国合同法》第一百二十八条的规定向仲裁机构申请仲裁，或者向人民法院起诉。

当事人可以向办理采购事宜的采购代理机构申请调解。当事人向采购代理机构申请调解的，采购代理机构应当进行调解。采购代理机构调解适用有关财政部门调解的规定。

当事人可以向同级财政部门申请调解。当事人向财政部门申请调解的，财政部门应当调解。财政部门应当按照政府采购的法律、法规和规章进行调解。向财政部门申请调解合同争议应当同时符合下列3个条件，即申请人必须是与本案有直接利害关系的当事人；有明确的被申请人、具体的调解请求和事实根据；属于政府采购合同争议。以下3类调解申请财政部门不予受理，即已向人民法院起诉的；已向仲裁机构申请仲裁的；一方要求调解而另一方不愿意调解的。

申请合同争议调解应当向同级财政部门或者采购代理机构提交书面调解申请、合同副本以及其他必要材料。当事人应当对自己的主张提供证据。一方当事人不愿意继续调解的应当终止调解。

合同争议涉及第三人的应当通知第三人参加；调解结果涉及第三人利益的应当征得第三人同意，第三人不同意的则应终止调解。调解成立的，双方当事人应当签订调解协议。调解协议不得改变合同的实质性内容，但另有规定的除外。当事人不履行调解协议的，财政部门或者采购代理机构应当告知当事人根据仲裁协议向仲裁机构申请仲裁，或者向人民法院起诉。

1.4.5　监督与检查规定

财政部门应当加强对政府采购合同签订、履行等活动的监督检查。监督检查的主要内容可概括为以下4个方面，即政府采购合同的签订、公开及备案情况；供应商的履约情况；采购人对供应商履约的验收和资金支付情况；与政府采购合同相关的其他情况。

财政部门可以委托专业机构协助监督检查；技术复杂、专业性强的项目，财政部门应当委托专业机构协助监督检查。财政部门可以定期或者不定期开展对供应商履约的专项检查。对协议供货采购、定点采购项目，以及政府向社会力量购买服务项目，财政部门应当定期或者不定期开展对供应商履约的专项检查。财政部门开展专项检查时可以邀请同级监察、审计、工商等监督部门参加；对政府向社会公众提供的公共服务项目开展专项检查时应当邀请服务对象的代表参加。财政部门对政府采购合同有关情况进行监督检查时，政府采购合同双方当事人应当如实反映情况，提供有关材料。

财政部门在监督检查过程中发现采购人或者其委托的采购代理机构有下列9种情形之一时，能够改正的应当责令改正，同时应依照政府采购的法律、法规、规章给予行政处罚；对直接负责的主管人员和其他直接责任人员应提请其行政主管部门或者有关机关给予处分，并予通报。这9种情形分别是中标、成交通知书发出后无正当理由不与中标、成交供应商签订采购合同；不按照政府采购文件确定的事项与中标、成交供应商签订采购合同，或者与中标、成交供应商另行订立背离合同实质性内容的协议；政府采购合同履行中追加与合同标的相同的货物、工程或者服务的采购金额超过原合同金额的10%；擅自变更、中止或者终止政府采购合同；未按照规定公告政府采购合同；未按照规定将政府采购合同副本报同级财政部门和有关部门备案；未按照规定组织对供应商履约情况进行验收；拒绝财政部门依法实施监督检查；法律、法规、规章规定的其他情形。

财政部门在监督检查过程中发现供应商有下列11种情形之一时，应依照政府采购的法律、法规、规章给予行政处罚，或者移送有关机关给予行政处罚。这11种情形分别是中标、成交后无正当理由不与采购人或者其委托的采购代理机构签订政府采购合同；不按照政府采购文件确定的事项与采购人或者其委托的采购代理机构签订政府采购合同，或者与采购人或者其委托的采购代理机构另行订立背离合同实质性内容的协议；将中标、成交项目转让给他人，或者将中标、成交项目肢解后分别转让给他人；在投标文件或者其他响应文件中未说明，且未经采购人同意，将中标或者成交项目分包给他人；违反政府采购的法律、法规、规章的规定将中标、成交项目的部分主体、关键性工作分包给他人的，或者分包人再次分包；将政府采购合同转包；提供假冒伪劣产品；拒绝履行合同义务；擅自变更、中止或者终止政府采购合同；拒绝财政部门监督检查或者提供虚假情况；政府采购的法律、法规、规章规定的其他情形。

财政部门在监督检查过程中发现采购人不依法追究中标、成交供应商的违约责任，导致或者可能导致国家利益和社会公共利益损失的，应当责令改正，情节严重的，依照有关法律、法规、规章给予处罚，或者提请有关机关给予处罚，对直接负责的主管人员和其他直接责任人员，提请其行政主管部门或者有关机关给予处分。集中采购机构应当对集中采购项目供应商的履约情况进行监督，建立健全对供应商履约情况的跟踪与反馈制度。采购人应当建立健全对供应商履约情况的评价制度，严格按照有关规定或者约定对供应商的履约情况实施评价。任何单位和个人对政府采购合同签订、履行过程中的违法行为，有权检举和控告，财政部门应当及时处理，或者及时移送有关机关处理。

1.5 我国政府采购招标应关注的拍卖问题

为了规范拍卖行为，维护拍卖秩序，保护拍卖活动各方当事人的合法权益，我国专门制定有《中华人民共和国拍卖法》。《中华人民共和国拍卖法》适用于中华人民共和国境内拍卖企业进行的拍卖活动。拍卖是指以公开竞价的形式，将特定物品或者财产权利转让给最高应价者的买卖方式。拍卖活动应当遵守有关法律、行政法规，遵循公开、公平、公正、诚实信用的原则。中华人民共和国国务院负责管理拍卖业的部门对全国拍卖业实施监督管理。省、自治区、直辖市的人民政府和设区的市的人民政府负责管理拍卖业的部门对本行政区域内的拍卖业实施监督管理。公安机关对拍卖业按照特种行业实施治安管理。

1.5.1 关于拍卖标的的问题

拍卖标的应当是委托人所有或者依法可以处分的物品或者财产权利。法律、行政法规禁止买卖的物品或者财产权利,不得作为拍卖标的。依照法律或者按照国务院规定需经审批才能转让的物品或者财产权利,在拍卖前,应当依法办理审批手续。委托拍卖的文物,在拍卖前,应当经拍卖人住所地的文物行政管理部门依法鉴定、许可。

国家行政机关依法没收的物品,充抵税款、罚款的物品和其他物品,按照国务院规定应当委托拍卖的,由财产所在地的省、自治区、直辖市的人民政府和设区的市的人民政府指定的拍卖人进行拍卖。拍卖由人民法院依法没收的物品,充抵罚金、罚款的物品以及无法返还的追回物品,适用以上规定。

1.5.2 关于拍卖当事人的问题

(1) 拍卖人

拍卖人是指依照本法和《中华人民共和国公司法》设立的从事拍卖活动的企业法人。拍卖企业可以在设区的市设立。设立拍卖企业必须经所在地的省、自治区、直辖市人民政府负责管理拍卖业的部门审核许可,并向工商行政管理部门申请登记,领取营业执照。

设立拍卖企业应当具备以下7方面条件,即有一百万元人民币以上的注册资本;有自己的名称、组织机构、住所和章程;有与从事拍卖业务相适应的拍卖师和其他工作人员;有符合本法和其他有关法律规定的拍卖业务规则;有公安机关颁发的特种行业许可证;符合国务院有关拍卖业发展的规定;法律、行政法规规定的其他条件。拍卖企业经营文物拍卖的,应当有一千万元人民币以上的注册资本,有具有文物拍卖专业知识的人员。

拍卖活动应当由拍卖师主持。拍卖师应当具备以下3方面条件,即具有高等院校专科以上学历和拍卖专业知识;在拍卖企业工作两年以上;品行良好。被开除公职或者吊销拍卖师资格证书未满5年的,或者因故意犯罪受过刑事处罚的,不得担任拍卖师。拍卖师资格考核,由拍卖行业协会统一组织;经考核合格的,由拍卖行业协会发给拍卖师资格证书。

拍卖行业协会是依法成立的社会团体法人,是拍卖业的自律性组织。拍卖行业协会依照《中华人民共和国拍卖法》并根据章程,对拍卖企业和拍卖师进行监督。

拍卖人有权要求委托人说明拍卖标的的来源和瑕疵;拍卖人应当向竞买人说明拍卖标的的瑕疵。拍卖人对委托人交付拍卖的物品负有保管义务。拍卖人接受委托后,未经委托人同意,不得委托其他拍卖人拍卖。委托人、买受人要求对其身份保密的,拍卖人应当为其保密。拍卖人及其工作人员不得以竞买人的身份参与自己组织的拍卖活动,并不得委托他人代为竞买。拍卖人不得在自己组织的拍卖活动中拍卖自己的物品或者财产权利。拍卖成交后,拍卖人应当按照约定向委托人交付拍卖标的的价款,并按照约定将拍卖标的移交给买受人。

(2) 委托人

委托人是指委托拍卖人拍卖物品或者财产权利的公民、法人或者其他组织。委托人可以自行办理委托拍卖手续,也可以由其代理人代为办理委托拍卖手续。委托人应当向拍卖人说明拍卖标的的来源和瑕疵。委托人有权确定拍卖标的的保留价并要求拍卖人保密。拍卖国有资产,依照法律或者按照国务院规定需要评估的,应当经依法设立的评估机构评估,并根据评估结果确定拍卖标的的保留价。

委托人在拍卖开始前可以撤回拍卖标的;委托人撤回拍卖标的的,应当向拍卖人支付约定的费用；未作约定的，应当向拍卖人支付为拍卖支出的合理费用。委托人不得参与竞买，也不得委托他人代为竞买。按照约定由委托人移交拍卖标的的，拍卖成交后，委托人应当将拍卖标的移交给买受人。

(3) 竞买人

竞买人是指参加竞购拍卖标的的公民、法人或者其他组织。法律、行政法规对拍卖标的的买卖条件有规定的，竞买人应当具备规定的条件。竞买人可以自行参加竞买，也可以委托其代理人参加竞买。竞买人有权了解拍卖标的的瑕疵，有权查验拍卖标的和查阅有关拍卖资料。竞买人一经应价，不得撤回，当其他竞买人有更高应价时，其应价即丧失约束力。竞买人之间、竞买人与拍卖人之间不得恶意串通，损害他人利益。

(4) 买受人

买受人是指以最高应价购得拍卖标的的竞买人。买受人应当按照约定支付拍卖标的的价款，未按照约定支付价款的，应当承担违约责任，或者由拍卖人征得委托人的同意，将拍卖标的再行拍卖；拍卖标的再行拍卖的，原买受人应当支付第一次拍卖中本人及委托人应当支付的佣金；再行拍卖的价款低于原拍卖价款的，原买受人应当补足差额。买受人未能按照约定取得拍卖标的的，有权要求拍卖人或者委托人承担违约责任；买受人未按照约定受领拍卖标的的，应当支付由此产生的保管费用。

1.5.3 拍卖程序

(1) 拍卖委托

委托人委托拍卖物品或者财产权利，应当提供身份证明和拍卖人要求提供的拍卖标的的所有权证明或者依法可以处分拍卖标的的证明及其他资料。拍卖人应当对委托人提供的有关文件、资料进行核实；拍卖人接受委托的，应当与委托人签订书面委托拍卖合同。拍卖人认为需要对拍卖标的进行鉴定的，可以进行鉴定；鉴定结论与委托拍卖合同载明的拍卖标的状况不相符的，拍卖人有权要求变更或者解除合同。

委托拍卖合同应当载明以下 9 方面事项，即委托人、拍卖人的姓名或者名称、住所；拍卖标的的名称、规格、数量、质量；委托人提出的保留价；拍卖的时间、地点；拍卖标的交付或者转移的时间、方式；佣金及其支付的方式、期限；价款的支付方式、期限；违约责任；双方约定的其他事项。

(2) 拍卖公告与展示

拍卖人应当于拍卖日 7 日前发布拍卖公告。拍卖公告应当载明以下 5 方面事项，即拍卖的时间、地点；拍卖标的；拍卖标的展示时间、地点；参与竞买应当办理的手续；需要公告的其他事项。拍卖公告应当通过报纸或者其他新闻媒介发布。拍卖人应当在拍卖前展示拍卖标的，并提供查看拍卖标的的条件及有关资料；拍卖标的的展示时间不得少于两日。

(3) 拍卖的实施

拍卖师应当于拍卖前宣布拍卖规则和注意事项。拍卖标的无保留价的，拍卖师应当在拍卖前予以说明。拍卖标的有保留价的，竞买人的最高应价未达到保留价时，该应价不发生效力，拍卖师应当停止拍卖标的的拍卖。竞买人的最高应价经拍卖师落槌或者以其他公开表示买定的方式确认后，拍卖成交。拍卖成交后，买受人和拍卖人应当签署成交确认书。拍卖人进行拍卖时应当制作拍卖笔录；拍卖笔录应当由拍卖师、记录人签名；拍卖成交的，还应当由买受人签名。

拍卖人应当妥善保管有关业务经营活动的完整账簿、拍卖笔录和其他有关资料。以上规定的账簿、拍卖笔录和其他有关资料的保管期限，自委托拍卖合同终止之日起计算，不得少于5年。

拍卖标的需要依法办理证照变更、产权过户手续的，委托人、买受人应当持拍卖人出具的成交证明和有关资料，向有关行政管理机关办理手续。

(4) 佣金

委托人、买受人可以与拍卖人约定佣金的比例；委托人、买受人与拍卖人对佣金比例未作约定，拍卖成交的，拍卖人可以向委托人、买受人各收取不超过拍卖成交价5%的佣金；收取佣金的比例按照同拍卖成交价成反比的原则确定。拍卖未成交的，拍卖人可以向委托人收取约定的费用；未作约定的，可以向委托人收取为拍卖支出的合理费用。

拍卖《中华人民共和国拍卖法》第九条规定的物品成交的，拍卖人可以向买受人收取不超过拍卖成交价5%的佣金；收取佣金的比例按照同拍卖成交价成反比的原则确定；拍卖未成交的，适用《中华人民共和国拍卖法》第五十六条第三款的规定。

1.5.4 相关的法律责任

委托人违反《中华人民共和国拍卖法》第六条的规定，委托拍卖其没有所有权或者依法不得处分的物品或者财产权利的，应当依法承担责任；拍卖人明知委托人对拍卖的物品或者财产权利没有所有权或者依法不得处分的，应当承担连带责任。

国家机关违反《中华人民共和国拍卖法》第九条的规定，将应当委托财产所在地的省、自治区、直辖市的人民政府或者设区的市的人民政府指定的拍卖人拍卖的物品擅自处理的，对负有直接责任的主管人员和其他直接责任人员依法给予行政处分，给国家造成损失的，还应当承担赔偿责任。

违反《中华人民共和国拍卖法》第十一条的规定，未经许可登记设立拍卖企业的，由工商行政管理部门予以取缔，没收违法所得，并可以处违法所得一倍以上五倍以下的罚款。

拍卖人、委托人违反《中华人民共和国拍卖法》第十八条第二款、第二十七条的规定，未说明拍卖标的的瑕疵，给买受人造成损害的，买受人有权向拍卖人要求赔偿；属于委托人责任的，拍卖人有权向委托人追偿；拍卖人、委托人在拍卖前声明不能保证拍卖标的的真伪或者品质的，不承担瑕疵担保责任；因拍卖标的存在瑕疵未声明的，请求赔偿的诉讼时效期间为一年，自当事人知道或者应当知道权利受到损害之日起计算；因拍卖标的存在缺陷造成人身、财产损害请求赔偿的诉讼时效期间，适用《中华人民共和国产品质量法》和其他法律的有关规定。

拍卖人及其工作人员违反《中华人民共和国拍卖法》第二十二条的规定，参与竞买或者委托他人代为竞买的，由工商行政管理部门对拍卖人给予警告，可以处拍卖佣金一倍以上五倍以下的罚款；情节严重的，吊销营业执照。

违反《中华人民共和国拍卖法》第二十三条的规定，拍卖人在自己组织的拍卖活动中拍卖自己的物品或者财产权利的，由工商行政管理部门没收拍卖所得。违反《中华人民共和国拍卖法》第三十条的规定，委托人参与竞买或者委托他人代为竞买的，工商行政管理部门可以对委托人处拍卖成交价30%以下的罚款。违反《中华人民共和国拍卖法》第三十七条的规定，竞买人之间、竞买人与拍卖人之间恶意串通，给他人造成损害的，拍卖无效，应当依法承担赔偿责任；由工商行政管理部门对参与恶意串通的竞买人处最高应价10%以上30%

以下的罚款，对参与恶意串通的拍卖人处最高应价10%以上50%以下的罚款。违反《中华人民共和国拍卖法》第四章第四节关于佣金比例的规定收取佣金的，拍卖人应当将超收部分返还委托人、买受人；物价管理部门可以对拍卖人处拍卖佣金一倍以上五倍以下的罚款。

外国人、外国企业和组织在中华人民共和国境内委托拍卖或者参加竞买的，适用《中华人民共和国拍卖法》。

1.6 我国政府采购招标应关注的担保问题

为促进资金融通和商品流通，保障债权的实现，发展社会主义市场经济，我国专门制定有《中华人民共和国担保法》。在借贷、买卖、货物运输、加工承揽等经济活动中，债权人需要以担保方式保障其债权实现的，可以依照《中华人民共和国担保法》的规定设定担保。《中华人民共和国担保法》规定的担保方式为保证、抵押、质押、留置和定金。担保活动应当遵循平等、自愿、公平、诚实信用的原则。第三人为债务人向债权人提供担保时，可以要求债务人提供反担保；反担保适用《中华人民共和国担保法》担保的规定。担保合同是主合同的从合同，主合同无效，担保合同则无效；担保合同另有约定的，按照约定；担保合同被确认无效后，债务人、担保人、债权人有过错的，应当根据其过错各自承担相应的民事责任。

1.6.1 保证

（1）保证和保证人

《中华人民共和国担保法》所称保证是指保证人和债权人约定，当债务人不履行债务时，保证人按照约定履行债务或者承担责任的行为。具有代为清偿债务能力的法人、其他组织或者公民，可以作保证人。国家机关不得为保证人，但经国务院批准为使用外国政府或者国际经济组织贷款进行转贷的除外。学校、幼儿园、医院等以公益为目的的事业单位、社会团体不得为保证人。企业法人的分支机构、职能部门不得为保证人；企业法人的分支机构有法人书面授权的，可以在授权范围内提供保证。

任何单位和个人不得强令银行等金融机构或者企业为他人提供保证；银行等金融机构或者企业对强令其为他人提供保证的行为，有权拒绝。

同一债务有两个以上保证人的，保证人应当按照保证合同约定的保证份额，承担保证责任；没有约定保证份额的，保证人承担连带责任，债权人可以要求任何一个保证人承担全部保证责任，保证人都负有担保全部债权实现的义务；已经承担保证责任的保证人，有权向债务人追偿，或者要求承担连带责任的其他保证人清偿其应当承担的份额。

（2）保证合同和保证方式

保证人与债权人应当以书面形式订立保证合同。保证人与债权人可以就单个主合同分别订立保证合同，也可以协议在最高债权额限度内就一定期间连续发生的借款合同或者某项商品交易合同订立一个保证合同。

保证合同应当包括以下6方面内容，即被保证的主债权种类、数额；债务人履行债务的期限；保证的方式；保证的期间；保证担保的范围；双方认为需要约定的其他事项。保证合同不完全具备前款规定内容的，可以补正。

保证的方式有2种，即一般保证、连带责任保证。当事人在保证合同中约定，债务人不能履行债务时，由保证人承担保证责任的为一般保证；一般保证的保证人在主合同纠纷未经审判或者仲裁，并就债务人财产依法强制执行仍不能履行债务前，对债权人可以拒绝承担保证责任。有下列3种情形之一的，保证人不得行使前款规定的权利。这3种情形分别是债务人住所变更，致使债权人要求其履行债务发生重大困难的；人民法院受理债务人破产案件，中止执行程序的；保证人以书面形式放弃前款规定的权利的。当事人在保证合同中约定保证人与债务人对债务承担连带责任的为连带责任保证；连带责任保证的债务人在主合同规定的债务履行期届满没有履行债务的，债权人可以要求债务人履行债务，也可以要求保证人在其保证范围内承担保证责任。

当事人对保证方式没有约定或者约定不明确的，按照连带责任保证承担保证责任。一般保证和连带责任保证的保证人享有债务人的抗辩权；债务人放弃对债务的抗辩权的，保证人仍有权抗辩；抗辩权是指债权人行使债权时，债务人根据法定事由，对抗债权人行使请求权的权利。

(3) 保证责任

保证担保的范围包括主债权及利息、违约金、损害赔偿金和实现债权的费用；保证合同另有约定的，按照约定；当事人对保证担保的范围没有约定或者约定不明确的，保证人应当对全部债务承担责任。保证期间，债权人依法将主债权转让给第三人的，保证人在原保证担保的范围内继续承担保证责任；保证合同另有约定的，按照约定。保证期间，债权人许可债务人转让债务的，应当取得保证人书面同意，保证人对未经其同意转让的债务，不再承担保证责任。债权人与债务人协议变更主合同的，应当取得保证人书面同意，未经保证人书面同意的，保证人不再承担保证责任；保证合同另有约定的，按照约定。

一般保证的保证人与债权人未约定保证期间的，保证期间为主债务履行期届满之日起六个月；在合同约定的保证期间和前款规定的保证期间，债权人未对债务人提起诉讼或者申请仲裁的，保证人免除保证责任；债权人已提起诉讼或者申请仲裁的，保证期间适用诉讼时效中断的规定。

连带责任保证的保证人与债权人未约定保证期间的，债权人有权自主债务履行期届满之日起六个月内要求保证人承担保证责任；在合同约定的保证期间和前款规定的保证期间，债权人未要求保证人承担保证责任的，保证人免除保证责任。

保证人依照《中华人民共和国担保法》第十四条的规定就连续发生的债权作保证，未约定保证期间的，保证人可以随时书面通知债权人终止保证合同，但保证人对于通知到债权人前所发生的债权，承担保证责任。同一债权既有保证又有物的担保的，保证人对物的担保以外的债权承担保证责任；债权人放弃物的担保的，保证人在债权人放弃权利的范围内免除保证责任。

企业法人的分支机构未经法人书面授权或者超出授权范围与债权人订立保证合同的，该合同无效或者超出授权范围的部分无效，债权人和企业法人有过错的，应当根据其过错各自承担相应的民事责任；债权人无过错的，由企业法人承担民事责任。

有下列2种情形之一的，保证人不承担民事责任。这2种情形分别是主合同当事人双方串通，骗取保证人提供保证的；主合同债权人采取欺诈、胁迫等手段，使保证人在违背真实意思的情况下提供保证的。

保证人承担保证责任后，有权向债务人追偿。人民法院受理债务人破产案件后，债权人未申报债权的，保证人可以参加破产财产分配，预先行使追偿权。

1.6.2 抵押

(1) 抵押和抵押物

《中华人民共和国担保法》所称抵押，是指债务人或者第三人不转移对《中华人民共和国担保法》第三十四条所列财产的占有，将该财产作为债权的担保；债务人不履行债务时，债权人有权依照《中华人民共和国担保法》的规定以该财产折价或者以拍卖、变卖该财产的价款优先受偿；前款规定的债务人或者第三人为抵押人，债权人为抵押权人，提供担保的财产为抵押物。

以下6类财产可以抵押，即抵押人所有的房屋和其他地上定着物；抵押人所有的机器、交通运输工具和其他财产；抵押人依法有权处分的国有土地使用权、房屋和其他地上定着物；抵押人依法有权处分的国有机器、交通运输工具和其他财产；抵押人依法承包并经发包方同意抵押的荒山、荒沟、荒丘、荒滩等荒地的土地使用权；依法可以抵押的其他财产。抵押人可以将前款所列财产一并抵押。

抵押人所担保的债权不得超出其抵押物的价值；财产抵押后，该财产的价值大于所担保债权的余额部分，可以再次抵押，但不得超出其余额部分。以依法取得的国有土地上的房屋抵押的，该房屋占用范围内的国有土地使用权同时抵押；以出让方式取得的国有土地使用权抵押的，应当将抵押时该国有土地上的房屋同时抵押；乡（镇）、村企业的土地使用权不得单独抵押；以乡（镇）、村企业的厂房等建筑物抵押的，其占用范围内的土地使用权同时抵押。

以下6类财产不得抵押，即土地所有权；耕地、宅基地、自留地、自留山等集体所有的土地使用权，但《中华人民共和国担保法》第三十四条第（五）项、第三十六条第三款规定的除外；学校、幼儿园、医院等以公益为目的的事业单位、社会团体的教育设施、医疗卫生设施和其他社会公益设施；所有权、使用权不明或者有争议的财产；依法被查封、扣押、监管的财产；依法不得抵押的其他财产。

(2) 抵押合同和抵押物登记

抵押人和抵押权人应当以书面形式订立抵押合同。

抵押合同应当包括以下5方面内容，即被担保的主债权种类、数额；债务人履行债务的期限；抵押物的名称、数量、质量、状况、所在地、所有权权属或者使用权权属；抵押担保的范围；当事人认为需要约定的其他事项。抵押合同不完全具备前款规定内容的，可以补正。

订立抵押合同时，抵押权人和抵押人在合同中不得约定在债务履行期届满抵押权人未受清偿时，抵押物的所有权转移为债权人所有。当事人以《中华人民共和国担保法》第四十二条规定的财产抵押的，应当办理抵押物登记，抵押合同自登记之日起生效。

办理抵押物登记的部门主要有以下5个，即以无地上定着物的土地使用权抵押的，为核发土地使用权证书的土地管理部门；以城市房地产或者乡（镇）、村企业的厂房等建筑物抵押的，为县级以上地方人民政府规定的部门；以林木抵押的，为县级以上林木主管部门；以航空器、船舶、车辆抵押的，为运输工具的登记部门；以企业的设备和其他动产抵押的，为财产所在地的工商行政管理部门。

当事人以其他财产抵押的，可以自愿办理抵押物登记，抵押合同自签订之日起生效；当事人未办理抵押物登记的，不得对抗第三人；当事人办理抵押物登记的，登记部门为抵押人所在地的公证部门。办理抵押物登记，应当向登记部门提供以下2方面文件或者其复印件，即主合同和抵押合同；抵押物的所有权或者使用权证书。登记部门登记的资料，应当允许查阅、抄录或者复印。

(3) 抵押的效力

抵押担保的范围包括主债权及利息、违约金、损害赔偿金和实现抵押权的费用；抵押合同另有约定的，按照约定。

债务履行期届满，债务人不履行债务致使抵押物被人民法院依法扣押的，自扣押之日起抵押权人有权收取由抵押物分离的天然孳息以及抵押人就抵押物可以收取的法定孳息；抵押权人未将扣押抵押物的事实通知应当清偿法定孳息的义务人的，抵押权的效力不及于该孳息；前款孳息应当先充抵收取孳息的费用。

抵押人将已出租的财产抵押的，应当书面告知承租人，原租赁合同继续有效。抵押期间，抵押人转让已办理登记的抵押物的，应当通知抵押权人并告知受让人转让物已经抵押的情况；抵押人未通知抵押权人或者未告知受让人的，转让行为无效；转让抵押物的价款明显低于其价值的，抵押权人可以要求抵押人提供相应的担保；抵押人不提供的，不得转让抵押物；抵押人转让抵押物所得的价款，应当向抵押权人提前清偿所担保的债权或者向与抵押权人约定的第三人提存；超过债权数额的部分，归抵押人所有，不足部分由债务人清偿。

抵押权不得与债权分离而单独转让或者作为其他债权的担保。抵押人的行为足以使抵押物价值减少的，抵押权人有权要求抵押人停止其行为；抵押物价值减少时，抵押权人有权要求抵押人恢复抵押物的价值，或者提供与减少的价值相当的担保；抵押人对抵押物价值减少无过错的，抵押权人只能在抵押人因损害而得到的赔偿范围内要求提供担保；抵押物价值未减少的部分，仍作为债权的担保。抵押权与其担保的债权同时存在，债权消灭的，抵押权也消灭。

(4) 抵押权的实现

债务履行期届满抵押权人未受清偿的，可以与抵押人协议以抵押物折价或者以拍卖、变卖该抵押物所得的价款受偿；协议不成的，抵押权人可以向人民法院提起诉讼；抵押物折价或者拍卖、变卖后，其价款超过债权数额的部分归抵押人所有，不足部分由债务人清偿。

同一财产向两个以上债权人抵押的，拍卖、变卖抵押物所得的价款按照以下2条规定清偿，即抵押合同以登记生效的按照抵押物登记的先后顺序清偿，顺序相同的按照债权比例清偿；抵押合同自签订之日起生效的、该抵押物已登记的按照前述第一项规定清偿，未登记的按照合同生效时间的先后顺序清偿，顺序相同的按照债权比例清偿。抵押物已登记的先于未登记的受偿。

城市房地产抵押合同签订后，土地上新增的房屋不属于抵押物；需要拍卖该抵押的房地产时，可以依法将该土地上新增的房屋与抵押物一同拍卖，但对拍卖新增房屋所得，抵押权人无权优先受偿；依照《中华人民共和国担保法》的规定以承包的荒地的土地使用权抵押的，或者以乡（镇）、村企业的厂房等建筑物占用范围内的土地使用权抵押的，在实现抵押权后，未经法定程序不得改变土地集体所有和土地用途。

拍卖划拨的国有土地使用权所得的价款，在依法缴纳相当于应缴纳的土地使用权出让金的款额后，抵押权人有优先受偿权。

为债务人抵押担保的第三人，在抵押权人实现抵押权后，有权向债务人追偿。抵押权因抵押物灭失而消灭；因灭失所得的赔偿金，应当作为抵押财产。

(5) 最高额抵押

《中华人民共和国担保法》所称最高额抵押，是指抵押人与抵押权人协议，在最高债权额限度内，以抵押物对一定期间内连续发生的债权作担保。借款合同可以附最高额抵押合同；债权人与债务人就某项商品在一定期间内连续发生交易而签订的合同，可以附最高额抵押合同。最高额抵押的主合同债权不得转让。最高额抵押除适用以上规定外，还适用《中华人民共和国担保法》的其他规定。

1.6.3 质押

(1) 动产质押

《中华人民共和国担保法》所称动产质押，是指债务人或者第三人将其动产移交债权人占有，将该动产作为债权的担保；债务人不履行债务时，债权人有权依照《中华人民共和国担保法》的规定以该动产折价或者以拍卖、变卖该动产的价款优先受偿；前款规定的债务人或者第三人为出质人，债权人为质权人，移交的动产为质物。

出质人和质权人应当以书面形式订立质押合同；质押合同自质物移交于质权人占有时生效。

质押合同应当包括以下 6 方面内容，即被担保的主债权种类、数额；债务人履行债务的期限；质物的名称、数量、质量、状况；质押担保的范围；质物移交的时间；当事人认为需要约定的其他事项。质押合同不完全具备前款规定内容的，可以补正。

出质人和质权人在合同中不得约定在债务履行期届满质权人未受清偿时，质物的所有权转移为质权人所有。质押担保的范围包括主债权及利息、违约金、损害赔偿金、质物保管费用和实现质权的费用；质押合同另有约定的，按照约定。质权人有权收取质物所生的孳息；质押合同另有约定的，按照约定；前款孳息应当先充抵收取孳息的费用。

质权人负有妥善保管质物的义务；因保管不善致使质物灭失或者毁损的，质权人应当承担民事责任；质权人不能妥善保管质物可能致使其灭失或者毁损的，出质人可以要求质权人提存质物，或者要求提前清偿债权而返还质物。

质物有损坏或者价值明显减少的可能，足以危害质权人权利的，质权人可以要求出质人提供相应的担保；出质人不提供的，质权人可以拍卖或者变卖质物，并与出质人协议将拍卖或者变卖所得的价款用于提前清偿所担保的债权或者向与出质人约定的第三人提存。

债务履行期届满债务人履行债务的，或者出质人提前清偿所担保的债权的，质权人应当返还质物；债务履行期届满质权人未受清偿的，可以与出质人协议以质物折价，也可以依法拍卖、变卖质物；质物折价或者拍卖、变卖后，其价款超过债权数额的部分归出质人所有，不足部分由债务人清偿。

为债务人质押担保的第三人，在质权人实现质权后，有权向债务人追偿。质权因质物灭失而消灭；因灭失所得的赔偿金，应当作为出质财产。质权与其担保的债权同时存在，债权消灭的，质权也消灭。

(2) 权利质押

以下 4 类权利可以质押，即汇票、支票、本票、债券、存款单、仓单、提单；依法可以转让的股份、股票；依法可以转让的商标专用权，专利权、著作权中的财产权；依法可以质押的其他权利。

以汇票、支票、本票、债券、存款单、仓单、提单出质的，应当在合同约定的期限内将权利凭证交付质权人；质押合同自权利凭证交付之日起生效。以载明兑现或者提货日期的汇票、支票、本票、债券、存款单、仓单、提单出质的，汇票、支票、本票、债券、存款单、仓单、提单兑现或者提货日期先于债务履行期的，质权人可以在债务履行期届满前兑现或者提货，并与出质人协议将兑现的价款或者提取的货物用于提前清偿所担保的债权或者向与出质人约定的第三人提存。以依法可以转让的股票出质的，出质人与质权人应当订立书面合同，并向证券登记机构办理出质登记；质押合同自登记之日起生效；股票出质后，不得转让，但经出质人与质权人协商同意的可以转让；出质人转让股票所得的价款应当向质权人提前清偿所担保的债权或者向与质权人约定的第三人提存；以有限责任公司的股份出质的，适用公司法股份转让的有关规定；质押合同自股份出质记载于股东名册之日起生效。以依法可以转让的商标专用权，专利权、著作权中的财产权出质的，出质人与质权人应当订立书面合同，并向其管理部门办理出质登记；质押合同自登记之日起生效。

《中华人民共和国担保法》第七十九条规定的权利出质后，出质人不得转让或者许可他人使用，但经出质人与质权人协商同意的可以转让或者许可他人使用；出质人所得的转让费、许可费应当向质权人提前清偿所担保的债权或者向与质权人约定的第三人提存。权利质押除适用以上规定外，还适用《中华人民共和国担保法》的其他相关规定。

1.6.4 留置

《中华人民共和国担保法》所称留置，是指依照《中华人民共和国担保法》第八十四条的规定，债权人按照合同约定占有债务人的动产，债务人不按照合同约定的期限履行债务的，债权人有权依照本法规定留置该财产，以该财产折价或者以拍卖、变卖该财产的价款优先受偿。

留置担保的范围包括主债权及利息、违约金、损害赔偿金、留置物保管费用和实现留置权的费用。因保管合同、运输合同、加工承揽合同发生的债权，债务人不履行债务的，债权人有留置权；法律规定可以留置的其他合同，适用前款规定；当事人可以在合同中约定不得留置的物。留置的财产为可分物的，留置物的价值应当相当于债务的金额。留置权人负有妥善保管留置物的义务；因保管不善致使留置物灭失或者毁损的，留置权人应当承担民事责任。

债权人与债务人应当在合同中约定，债权人留置财产后，债务人应当在不少于两个月的期限内履行债务；债权人与债务人在合同中未约定的，债权人留置债务人财产后，应当确定两个月以上的期限，通知债务人在该期限内履行债务；债务人逾期仍不履行的，债权人可以与债务人协议以留置物折价，也可以依法拍卖、变卖留置物；留置物折价或者拍卖、变卖后，其价款超过债权数额的部分归债务人所有，不足部分由债务人清偿。

留置权因以下2方面原因消灭，即债权消灭的；债务人另行提供担保并被债权人接受的。

1.6.5 定金

当事人可以约定一方向对方给付定金作为债权的担保；债务人履行债务后，定金应当抵作价款或者收回；给付定金的一方不履行约定债务的无权要求返还定金，收受定金的一方不履行约定债务的应当双倍返还定金。

定金应当以书面形式约定；当事人在定金合同中应当约定交付定金的期限；定金合同从

实际交付定金之日起生效。定金的数额由当事人约定，但不得超过主合同标的额的20%。《中华人民共和国担保法》所称不动产是指土地以及房屋、林木等地上定着物。《中华人民共和国担保法》所称动产是指不动产以外的物。《中华人民共和国担保法》所称保证合同、抵押合同、质押合同、定金合同可以是单独订立的书面合同，包括当事人之间的具有担保性质的信函、传真等，也可以是主合同中的担保条款。抵押物、质物、留置物折价或者变卖，应当参照市场价格。海商法等法律对担保有特别规定的，依照其规定。

第 2 章 货物类招标采购实务

2.1 多功能酶标仪采购招标公告

顺宁市政府采购中心受顺宁疾病控制中心委托，就多功能酶标仪项目及相关服务的采购进行公开招标，现邀请合格投标人参加投标。

本次招标的相关信息如下。

（1）招标项目名称：多功能酶标仪采购。

（2）招标项目编号：SNZCHW2018056。

（3）招标货物品名、数量：多功能酶标仪 1 套。

（4）合格的投标人：参加本次招标活动的投标人除应当符合《中华人民共和国政府采购法》第二十二条的规定外，还必须具备以下条件。

① 经国家工商行政管理机关注册的企业法人；

② 具有本次招标货物的供货、安装、售后服务等的相应资质；

③ 招标货物的生产厂家或生产厂家授权的经销商。

（5）投标人资格审查方式：资格后审。

（6）招标文件获取：投标人自行下载。

（7）招标文件售价：人民币 200 元。投标时现场交纳，售后不退。

（8）投标报名确认：潜在投标人如确定参加投标，请务必于 2018 年 4 月 1 日 11 时 00 分前将"报名投标确认函"（格式见招标文件第五部分"附件 1"），用 Word 格式打印提供有关信息，并用"招标项目号＋投标公司"作文件名保存成文件，通过电子邮箱发送至　　　，我方收到后一般在一个工作日内回复，提示报名成功。

如潜在投标人未按上述要求操作，将自行承担所产生的风险。

（9）投标报名时间截止后，如投标人少于 3 个，采购人可选择其他采购方式采购或重新组织招标，也可顺延本项目的投标报名时间、投标截止时间及开标时间并予公告。

（10）投标开始时间：2018 年 4 月 3 日 13 时 00 分。

（11）投标截止时间及开标时间：2018 年 4 月 3 日 13 时 30 分。

（12）投标与开标地点：顺宁市人民大厦 D1907 室。

与本次招标有关的事宜请按下列通信方式联系：

单位部门：顺宁市政府采购中心

联系地址：某省顺宁市人民中路1033号　邮政编码：

联系电话：　　　　传真：

Email：

联系人：姜先生、王女士

2.2　高精度光刻机采购招标公告

桦川市政府采购中心受桦川生产力培训中心委托，就高精度光刻机项目及相关服务的采购进行公开招标，现邀请合格投标人参加投标。

本次招标的相关信息如下。

（1）招标项目名称：高精度光刻机采购。

（2）招标项目编号：HCZCHW2018219。

（3）招标货物品名、数量：高精度光刻机1套。

（4）合格的投标人：参加本次招标活动的投标人除应当符合《中华人民共和国政府采购法》第二十二条的规定外，还必须具备以下条件。

① 经国家工商行政管理机关注册的企业法人；

② 具有本次招标货物的供货、安装、售后服务等的相应资质；

③ 招标货物的生产厂家或生产厂家授权的经销商。

（5）投标人资格审查方式：资格后审。

（6）招标文件获取：投标人自行下载。

（7）招标文件售价：人民币200元。投标时现场交纳，售后不退。

（8）投标报名确认：潜在投标人如确定参加投标，请务必于2018年6月21日11时00分前将"报名投标确认函"（格式见招标文件第五部分"附件1"），用Word格式打印提供有关信息，并用"招标项目号＋投标公司"作文件名保存成文件，通过电子邮箱发送至　　　　，我方收到后一般在一个工作日内回复，提示报名成功。

如潜在投标人未按上述要求操作，将自行承担所产生的风险。

（9）投标报名时间截止后，如投标人少于3个，采购人可选择其他采购方式采购或重新组织招标，也可顺延本项目的投标报名时间、投标截止时间及开标时间并予公告。

（10）投标开始时间：2018年6月23日9时00分。

（11）投标截止时间及开标时间：2018年6月23日9时30分。

（12）投标与开标地点：桦川市东风宾馆703室。

与本次招标有关的事宜请按下列通信方式联系：

单位部门：桦川市政府采购中心

联系地址：某省桦川市青山北路0481号　邮政编码：

联系电话：　　　　传真：

Email：

联系人：吉先生、林先生

2.3 定向运动器材采购招标公告

柳河市政府采购中心受柳河体育学校委托,就定向运动器材项目及相关服务的采购进行公开招标,现邀请合格投标人参加投标。

本次招标的相关信息如下:

(1) 招标项目名称:定向运动器材采购。

(2) 招标项目编号:LHZCHW2018211。

(3) 招标货物品名、数量:定向运动器材1批。

(4) 合格的投标人:参加本次招标活动的投标人除应当符合《中华人民共和国政府采购法》第二十二条的规定外,还必须具备以下条件。

① 经国家工商行政管理机关注册的企业法人;

② 具有本次招标货物的供货、安装、售后服务等的相应资质;

③ 招标货物的生产厂家或生产厂家授权的经销商。

(5) 投标人资格审查方式:资格后审。

(6) 招标文件获取:投标人自行下载。

(7) 招标文件售价:人民币200元。投标时现场交纳,售后不退。

(8) 投标报名确认:潜在投标人如确定参加投标,请务必于2018年3月19日11时00分前将"报名投标确认函"(格式见招标文件第五部分"附件1"),用Word格式打印提供有关信息,并用"招标项目号+投标公司"作文件名保存成文件,通过电子邮箱发送至   ,我方收到后一般在一个工作日内回复,提示报名成功。

如潜在投标人未按上述要求操作,将自行承担所产生的风险。

(9) 投标报名时间截止后,如投标人少于3个,采购人可选择其他采购方式采购或重新组织招标,也可顺延本项目的投标报名时间、投标截止时间及开标时间并予公告。

(10) 投标开始时间:2018年3月21日9时00分。

(11) 投标截止时间及开标时间:2018年3月21日9时30分。

(12) 投标与开标地点:柳河市冰江公寓E2133室。

与本次招标有关的事宜请按下列通信方式联系:

单位部门:柳河市政府采购中心

联系地址:某省柳河市中山路035号   邮政编码:

联系电话: 传真:

Email:

联系人:霍先生、周女士

2.4 燃气改造二期项目单一来源采购公示

(1) 项目概况

高庆学院三食堂调压箱更换、东南角燃气过桥管改造。

(2) 项目内容

项目内容见表2-4-1。

表 2-4-1　项目内容

申请单位	高庆学院		
项目名称	燃气改造二期		
项目编号	GQZCDY2018201		
项目内容	高庆学院三食堂调压箱更换、东南角燃气过桥管改造		
拟定供应商（名称、地址）	高庆华润燃气有限公司（地址：高庆市北京东路 890 号）		
参考报价	405166.09 元		
单一来源采购理由	因燃气改造的特殊性，考虑到施工安全、后期管网维护及国家相关要求，我处决定由高庆华润燃气有限公司进行施工		
论证专家	姓名	职称	工作单位
	李志伦	教授	高庆学院
	霍庆东	研究员	高庆学院
	郝爱民	教授级高工	高庆市政工程公司
	魏杰	高级工程师	高庆建设集团有限公司
	罗申生	研究员级高工	高庆市住房和城乡建设局
备注			

(3) 公示期

公示期：2018.6.21—2018.6.28

提示：任何单位、组织或个人对本项目采用单一来源方式如有异议，请在公示截止日期之前以书面的形式反馈我单位，非常感谢您的参与。

联系电话：　　　　　电子邮箱：

高庆市政府采购中心

2018 年 6 月 21 日

2.5　工作站采购招标文件

2.5.1　招标文件封面及目录

招标文件封面及目录见图 2-5-1。

招标文件

招标项目名称：工作站采购
招标项目编号：SHJDHW2018097

松花江市信息中心采购与招标管理办公室
2018年4月18日

目录

第一部分　投标邀请
第二部分　投标人须知
第三部分　招标货物及有关说明
第四部分　合同主要条款
第五部分　附件

图 2-5-1　招标文件封面及目录

2.5.2 第一部分 投标邀请

松花江市信息中心采购与招标管理办公室受中心委托,就工作站项目及相关服务的采购进行公开招标,现邀请合格投标人参加投标。

本次招标的相关信息如下。

(1) 招标项目名称:工作站采购。

(2) 招标项目编号:SHJDHW2018097。

(3) 招标货物品名、数量及技术规格:详见本招标文件"第三部分 招标货物及有关说明"。

(4) 合格的投标人:参加本次招标活动的投标人除应当符合《中华人民共和国政府采购法》第二十二条的规定外,还必须具备以下条件。

① 经国家工商行政管理机关注册的企业法人;

② 具有本次招标货物的供货、安装、售后服务等的相应资质;

③ 招标货物的生产厂家或生产厂家授权的经销商;

④ 必须为中央政府采购供货商。

(5) 投标人资格审查方式:资格后审。

(6) 招标文件获取:投标人自行下载。

(7) 招标文件售价:人民币200元。投标时现场交纳,售后不退。

(8) 投标报名确认:潜在投标人如确定参加投标,请务必于2018年4月26日11时00分前将"报名投标确认函"(格式见招标文件第五部分"附件1"),用Word格式打印提供有关信息,并用"招标项目号+投标公司"作文件名保存成文件,通过电子邮箱发送至   ,我方收到后一般在一个工作日内回复,提示报名成功。

如潜在投标人未按上述要求操作,将自行承担所产生的风险。

(9) 投标报名时间截止后,如投标人少于3个,采购人可选择其他采购方式采购或重新组织招标,也可顺延本项目的投标报名时间、投标截止时间及开标时间并予公告。

(10) 投标开始时间:2018年4月30日9时00分。

(11) 投标截止时间及开标时间:2018年4月30日9时30分。

(12) 投标与开标地点:松花江市信息中心办公楼D322室。

与本次招标有关的事宜请按下列通信方式联系:

单位部门:松花江市信息中心采购与招标管理办公室

联系地址:某省松花江市南京路099号 邮政编码:

联系电话: 传真:

Email:

联系人:赵先生、钱先生

2.5.3 第二部分 投标人须知

(1) 招标文件

1) 名词定义

本招标文件中的采购人、投标人、中标人分别指:

① 采购人指松花江市信息中心，亦称买方；
② 投标人指响应招标并具备相应资质的参与投标的生产厂家、经销商；
③ 中标人指最后中标的投标人，亦称卖方。
2) 招标文件的组成
本招标文件由下列部分组成：
① 投标邀请；
② 投标人须知；
③ 招标货物及有关说明；
④ 合同主要条款；
⑤ 附件目录及格式。
3) 招标文件的澄清
如投标人对招标文件的某些内容有疑问，应在投标截止时间5日前以书面形式传真通知采购人，采购人将予以书面答复。采购人认为有必要时，可将答复内容（包括疑问内容，但不包括疑问来源）在松花江市信息中心采购与招标信息网站上公开发布。
4) 招标文件的补充和修改
① 采购人有权在投标截止时间3日前对招标文件进行补充和修改，补充和修改的内容在松花江市信息中心采购与招标信息网站上公开发布。补充和修改的内容作为招标文件的组成部分，对投标人具有同等约束作用。
② 如招标文件的补充和修改对投标人准备投标的时间有影响，采购人有权决定推迟投标截止时间和开标时间。

(2) 投标文件

1) 投标文件的语言
① 投标文件及来往函件均应使用中文。
② 授权文件、产品说明书、样本等非中文材料，其中的要点应附有中文译文。
2) 投标文件的组成
投标人编写的投标文件包括以下部分：
① 目录索引；
② 投标函（格式见附件2）；
③ 投标报价总表（格式见附件3）；
④ 配置清单及分项报价表（格式见附件4）；
⑤ 技术规格响应/偏离表（格式见附件5）；
⑥ 商务条款响应/偏离表（格式见附件6）；
⑦ 售后服务承诺书或技术协议书；
⑧ 投标人资格证明文件；
⑨ 投标人2015年以来与本次招标货物相同产品的销售业绩；
⑩ 投标人上一年度企业财务报表；
⑪ 投标产品样本、技术资料等；
⑫ 投标人认为需要陈述的其他内容。
3) 投标人资格证明文件
① 营业执照副本（复印件加盖单位公章）；

② 法定代表人资格证明（格式见附件7）；

③ 法定代表人授权书（格式见附件8）；

④ 非生产厂家投标，需提供生产厂家出具的销售代理授权书和本项目的专项投标授权书（原版的专项投标授权证书无法及时到达，可以影印件代替，中标后补有效）。

4) 投标文件的形式及签署

① 投标人需提交投标文件正本1份、副本4份，并在投标文件的封面上明确标明投标文件正本和副本。如投标文件正本与副本有不同之处，以正本为准。

② 投标文件正本与副本均应使用A4纸打印，图表等可按同样规格的倍数扩展，且经被授权人签署。

③ 投标文件不应有涂改、增删之处，但如有错误必须修改时，修改处必须由原被授权人签署。

5) 投标文件的密封和标记

投标人应将投标文件用封套加以密封，在封口处粘贴密封条，盖骑缝公章，并在封套上标明：

① 收件人：松花江市信息中心采购与招标管理办公室

② 招标项目编号：

③ 招标项目名称：

④ 投标人名称：

⑤ 投标人地址：

⑥ 联系电话：

⑦ 开标之前不得启封。

没有按上述规定密封和标记的投标文件，采购人将不承担投标文件错放或提前开启的责任，由此造成提前开启的投标文件采购人将予以拒绝。

(3) 投标细则

1) 投标货物

投标货物必须是全新、未使用过的原装合格正品，完全符合招标文件规定的规格、性能和质量的要求，达到国家或行业规定的标准，属于国家强制认证的产品的必须通过认证。

2) 投标报价

① 投标总价应是完税后（免税进口货物除外）的用户地交货价，其中应包含运输、搬运、安装、调试、保修等全部费用。

② 国（境）内供货的货物以人民币报价；国（境）外供货的货物以美元或其他国际主要结算货币报价。

③ 价格条件：国（境）内供货的货物报松花江市信息中心指定地点的交货价；国（境）外供货的货物报CIP松花江、天津或北京免税交货价。

3) 投标文件的递交

① 投标人应仔细阅读招标文件的所有内容并作出实质性响应，同时按招标文件规定的要求和格式，提交完整的投标文件。

② 投标文件应在投标截止时间前送达指定地点，逾期送达或未送达指定地点以及未按招标文件要求密封的投标文件，采购人将拒收或退还投标人。

③ 采购人不接受传真及电子邮件投标。

4) 投标文件的修改和撤回
① 投标截止时间后不得修改投标文件。
② 投标截止时间前投标人可以撤回投标文件，但在投标截止时间后不允许撤回。
5) 分包投标
本次招标不可分包投标和中标。
6) 联合体投标
本次招标不接受联合体投标。
7) 投标有效期
从投标截止时间起，投标有效期为90天。

(4) 开标、评标
1) 采购人按规定的时间和地点开标，投标人可派代表参加。投标人未派代表参加开标的，视为默认开标结果。
2) 开标时，采购人将邀请投标人代表检查投标文件的密封情况，经确认无误后，由工作人员当众拆封，宣读投标人名称、投标价格、交货期等投标文件的主要内容。
3) 采购人组织用户代表和有关专家组成评标委员会进行评标。
4) 评标时若出现同一品牌的产品有多个供应商投标，在其他条件合格的前提下，选取报价最低的供应商进入评标，舍掉其他供应商。
5) 开标结束后，采购人组织对投标人的投标资格进行审查，评标委员会对投标人是否实质性响应招标文件要求进行符合性审查。
6) 对招标文件的实质性要求和条件作出响应的投标应该是与招标文件要求的全部条款、条件、指标和规格相符，没有重大偏离的投标。采购人和评委判定投标的响应性只根据投标本身的内容，而不寻求外部的证据，投标人不得通过修正或撤销不符合要求的偏离从而使其投标成为实质性响应的投标。

投标文件出现（但不限于）下列情况之一的，由评标委员会评审后作无效投标或废标处理：
① 超出经营范围投标的；
② 不具备招标文件规定的资格条件及未按招标文件规定的要求提供资格证明文件的；
③ 无法定代表人签字或盖章的，签字人无法定代表人有效授权的，应加盖投标人公章而未盖章的；
④ 投标有效期不足的；
⑤ 同一投标人提交两个及以上投标报价的；
⑥ 投标报价不合理，且明显低于成本的；
⑦ 重要技术指标和参数不满足招标要求的；
⑧ 重要内容或关键字迹模糊不清无法辨认的；
⑨ 其他未对招标文件实质性要求和条件作出响应的；
⑩ 不同投标人投标文件相互混装的；
⑪ 不同投标人投标文件中的项目相关人员出现同一人的；
⑫ 不同投标人的投标文件内容出现非正常一致的；
⑬ 故意哄抬价格或压价等其他恶意串通投标的；
⑭ 有损害采购人和用户利益的规定的。

7) 评标委员会认为有必要时，将要求投标人述标或对投标文件中某些内容作出澄清或说明，但不接受投标人主动提出的澄清和说明。

8) 评标委员会将从投标人的投标报价、产品质量、技术方案、售后服务、企业状况等经济、技术和商务及其他优惠条件等方面，依据评标方法，对所有投标文件进行综合评审。

(5) 评标方法及评分标准

1) 评标方法

① 本次招标采用综合评分法评标，即在最大限度地满足招标文件实质性要求的前提下，按照评分标准中规定的评分因素和评分细则进行综合评价、评分。

② 评标委员会各成员独立对每一份有效投标文件进行评价并对除报价以外的评分项目进行评分，报价得分由工作人员通过计算得出。

投标人得分＝$\sum$评委评价得分/评委人数＋报价得分

2) 评分标准

评分标准见表 2-5-1。

表 2-5-1 评分标准

评审因素		分值	评分细则
投标报价		40	满足招标文件要求且投标价格最低的投标报价为评标基准价，其价格分为满分，其他投标人的价格分按下列公式计算： 投标报价得分＝（评标基准价/投标报价）×40
技术	技术配置	15	完全满足招标文件配置要求得基准分 12 分；有实质性增项、确有实用价值且为用户所需，每项酌情加 0.5～1 分，最多加 3 分；有缺项但对使用无实质性影响，每项酌情减 0.5～1 分，减完为止
	技术指标	15	完全满足招标文件技术指标要求得基准分 12 分；有实质性正偏离每项酌情加 0.5～1 分，最多加 3 分；有实质性负偏离每项酌情减 0.5～1 分，减完为止
	性能及品质	8	对投标产品的品牌、系列、档次、产地、行业（或高校）占有率、影响力以及产品的先进性、可靠性、稳定性等方面进行综合评价，评价好得 6～8 分；评价较好得 4～5 分；评价一般得 2～3 分
服务	保修期	5	满足招标文件要求得 3 分；每延长 1 年加 1 分，最多加 2 分
	服务承诺	3	根据产品故障报修的响应时间、处理速度、定期巡检以及技术支持、软件升级、技术培训等服务承诺酌情评分
	收费情况	2	根据保修期结束后维修价格、配件及耗材价格等服务收费以及提供的优惠情况酌情评分
	用户评价	5	评价较好得 4～5 分；评价一般得 2～3 分；评价较差得 0～1 分；没有为学校用户做过服务或服务时间较短，暂时无法评价得 3 分
其他	信誉	1	根据投标人提供的相关评估机构出具的评估报告酌情评分
	业绩	2	根据投标人 2014 年以来与本次投标产品相同的同类产品销售情况酌情评分（以提供的销售合同复印件为准，每份 0.5 分，最多得 2 分）
	财务	2	根据企业上一年度、上一月份的财务报表所反映的财务状况酌情评分
投标文件		2	根据投标文件对招标文件的响应情况、表述清晰程度、规范性等酌情评分
合计		100	投标人最后得分保留 2 位小数

(6) 定标

1) 评标委员会按照得分高低顺序对投标人进行排列。得分相同的,按投标报价由低到高顺序排列。得分最高且排名第一的投标人将被推荐为中标候选人或者直接被确定为中标人。

2) 评标委员会认为所有投标报价均不合理或所有投标方案均不能满足采购人要求时,有权否决所有投标,评标委员会也没有义务必须接受最低报价的投标。

3) 出现下列情形之一的,应予废标:
① 发生影响招标公平、公正的违法、违规行为的;
② 因重大变故,采购任务取消的。

4) 对未中标的投标人,采购人不作未中标解释。

(7) 中标通知书及合同的签订

① 中标人确定后,采购人将通过学校招标网公示 3 天,公示期满无异议,即向中标人发出中标通知书。

② 中标人收到中标通知书后,应在 30 日内与采购人签订合同,过期视为放弃中标。

③ 本招标文件和中标人的投标文件包括中标人所作出的各种书面承诺将作为采购人与中标人双方签订合同的依据,并作为合同的附件与合同具有同等法律效力。

④ 如投标人中标后悔标,采购人将取消该投标人本次中标资格及今后 2 年内的投标资格。

(8) 其他

① 本次招标不收投标保证金。
② 本次招标不收中标服务费。
③ 投标人无论中标与否,采购人都不承担投标人参加投标的任何费用。

2.5.4 第三部分 招标货物及有关说明

(1) 货物需求一览表

货物需求一览表见表 2-5-2。

表 2-5-2 货物需求一览表

序号	设备名称	数量
01	工作站	50

(2) 主要用途

主要用于设计学院本科教学。

(3) 工作条件

① 电源:220V±10%,50Hz
② 温度:-10~40℃,相对湿度≤80%

(4) 配置及技术要求

配置及技术要求见表 2-5-3。

表 2-5-3 配置及技术要求

序号	指标与配置	技术要求
1	CPU	≥E3-1230V5

续表

序号	指标与配置	技术要求
	主板	英特尔≥C236 芯片组
2	硬盘	≥128GSSD+1T（SATA7,200Rpm）
3	内存	≥16GBDDR4 内存，DIMM 插槽≥4
4	显卡	≥P20005G 独立显卡，IPS 面板，接口：VGA、DVI、DP、HDMI（至少满足 2 个）
5	显示器	≥24 寸液晶（分辨率≥1920 1080）
6	主机电源	≥490W
	其他	原厂 USB 键鼠，DVDRW，集成千兆网卡
	耳机	漫步者（EDIFIER）K815（单独列明价格）
7	还原	标配硬件还原卡（单独列明价格）

说明：投标单位必须为中央政府采购供货商。

技术咨询：赵先生，联系电话：

2.5.5 第四部分 合同主要条款

(1) 交货期

合同生效后 15 天内。

(2) 交货地点

某省松花江市南京路 099 号松花江市信息中心指定地点。

(3) 付款方式

用户收到货物并验收合格后 15 个工作日内一次付款。

(4) 保修期及售后服务

① 验收合格后整机免费保修 3 年；提供 3 年原厂服务承诺；保修期自愿延长不限；

② 保修期内，因货物质量问题导致的各种故障的技术服务及维修所产生的一切费用由卖方负责承担；

③ 卖方应针对货物的特点对买方有关人员在货物的性能、原理、操作要领、维修和保养等各个方面进行免费现场培训。必要时卖方还应向买方提供免费培训名额 2 个，参加卖方举办的专门培训；

④ 售后服务承诺书中承诺的其他条款。

(5) 安装、调试及验收要求

① 货物到达买方指定地点后，卖方应在收到买方通知后一周内派遣合格的技术人员前往买方进行安装、调试，并在 3 天内完成货物的安装、调试工作；

② 验收测试所需要的材料、设备和测试样品等均由卖方负责提供；

③ 卖方应在规定的期限内完成安装、调试工作，如因卖方责任而造成安装、调试的延期，因延期而产生的所有费用由卖方负责承担；

④ 最终验收在买方使用现场进行，在货物达到验收标准，包括应满足中国安全标准和环境保护标准后，买卖双方共同签署验收合格报告；

⑤ 卖方人员在买方安装、调试期间所产生的一切费用由卖方承担。

(6) 其他

卖方相关人员在进入学校及安装现场后,应遵守国家相关法律法规和学校管理规定,做好安全防护措施,注意安全文明施工,施工范围内的一切安全责任由卖方负责承担。

2.5.6 第五部分 附件

附件1 报名投标确认函,见表2-5-4。
附件2 投标函,见表2-5-5。
附件3 投标报价总表,见表2-5-6。
附件4 配置清单及分项报价表,见表2-5-7。
附件5 技术规格响应/偏离表,见表2-5-8。
附件6 商务条款响应/偏离表,见表2-5-9。
附件7 法定代表人资格证明,见表2-5-10。
附件8 法定代表人授权书,见表2-5-11。

表2-5-4 附件1 报名投标确认函

报名投标确认函
松花江市信息中心采购与招标管理办公室:
我公司完全符合项目　　　　（项目编号　　　　）招标公告中对投标人资格条件的要求,自愿以本传真报名参加你单位的招标,并将按时参加投标。
我公司郑重声明:我公司与本招标项目及该项目相关人员之间均不存在可能影响招标公正性的任何利害关系。
投标相关信息:
投标项目名称:
招标项目编号:
投标人名称:
投标人的纳税人识别号:
经办人:
联系电话:
传真号码:
通信地址及邮编:
Email:
日　期:　　　　年　　月　　日
注:本报名投标确认函请报名单位用Word格式打印提供有关信息,并用"招标项目号＋投标公司名"作文件名保存成文件,通过电子邮箱发送至　　　　,我方收到后一般在一个工作日内回复,提示报名成功。本确认函不需装入投标文件中。

表2-5-5 附件2 投标函

投标函
松花江市信息中心采购与招标管理办公室:
我方经仔细阅读研究项目招标文件　　　　（项目编号　　　　）,已完全了解招标文件中的所有条款及要求,决定参加投标,同时作出如下承诺:

续表

1. 我方愿针对本次项目进行投标，投标文件中所有关于投标资格的文件、证明、陈述均是真实的、准确的。若有违背，我方愿意承担由此而产生的一切后果。

2. 我方在参加本招标项目前三年内在生产经营活动中没有重大违法记录。

3. 我方与本招标项目及该项目相关人员之间均不存在可能影响招标公正性的任何利害关系。

4. 我方愿按招标文件的一切要求，提供本项目的报价，报价见投标报价总表。

5. 我方接受招标文件的所有条款、条件和规定，放弃对招标文件提出质疑的权利。

6. 我方同意按照招标文件的要求提供所有资料、数据或信息。

7. 我方认可贵方有权决定中标人或否决所有投标，并理解最低报价只是中标的重要条件，贵方没有义务必须接受最低报价的投标。

8. 我方如中标，将保证遵守招标文件对投标人的所有要求和规定，履行自己在投标文件（含修改书）中承诺的全部责任和义务。

9. 本投标文件的有效期为投标截止日后 90 天内，如我方中标，有效期将延至合同有效期终止日为止。

10. 与本次招投标有关的事宜请按以下信息联系：

地址：　　　　　　邮政编码：
电话：　　　　　　传真：
Email：
投标人名称（公章）：
授权代表（签字或盖章）：
日期：

表 2-5-6　附件 3　投标报价总表

投标报价总表

招标项目名称：　　　　　　招标项目编号：

序号	货物名称	型号、规格	数量	生产商名称和国籍/地区	投标货币	投标总价	交货期	保修期	备注

投标人名称（章）：　　　　授权代表（签字或盖章）：　　　　日期：

表 2-5-7　附件 4　配置清单及分项报价表

配置清单及分项报价表

招标项目名称：　　　　　　招标项目编号：

序号	主机（部件、配件等）名称	型号、规格	数量	原产地和生产商名称	货币	单价	总价	备注
总计								

投标人名称（章）：　　　　授权代表（签字或盖章）：　　　　日期：

表 2-5-8　附件 5　技术规格响应/偏离表

技术规格响应/偏离表

招标项目名称：　　　　　　　　　　招标项目编号：

序号	招标文件条目号	招标规格	投标规格	响应/偏离	说明

投标人名称（章）：　　　　授权代表（签字或盖章）：
日期：　　　年　　月　　日

注：投标人应对照用户需求表中的技术规格，逐条核对所提供货物和服务是否作出了实质性的响应，有偏离的必须作出说明，对有具体参数要求的指标，投标人必须提供本次投标货物的具体参数值。

表 2-5-9　附件 6　商务条款响应/偏离表

商务条款响应/偏离表

招标项目名称：　　　　　　　　　　招标项目编号：

序号	招标文件条目号	招标规格	投标规格	响应/偏离	说明

投标人名称（章）：　　　　授权代表（签字或盖章）：
日期：　　　年　　月　　日

注：投标人应对照招标文件的商务条款，逐条核对是否作出了实质性的响应，有偏离的必须作出说明。

表 2-5-10　附件 7　法定代表人资格证明

法定代表人资格证明

松花江市信息中心采购与招标管理办公室：

姓名：　　　性别：　　　职务：　　　，系　　　（投标人名称）的法定代表人。
特此证明。

投标人名称（公章）：
日期：　　　年　　月　　日

　　　　　　　　　　　|法人代表身份证正反面复印件粘贴处|

表 2-5-11　附件 8　法定代表人授权书

法定代表人授权书
松花江市信息中心采购与招标管理办公室： 　　本授权书声明：注册于　　　　（国家或地区的名称）的　　　　（公司名称）的在下面签字的　　　　（法定代表人姓名）代表本公司授权在下面签字的　　　　（公司名称）的　　　　（被授权人的姓名），为本公司的合法代理人，参加松花江市信息中心　　　　（项目名称）、　　　　（项目编号）的投标，以本公司名义处理与之有关的一切事务。 　　本授权书于　　　年　　月　　日签字或盖章后生效。 　　法定代表人（签字或盖章）： 　　被授权人（签字）： 　　投标人名称（公章）： 　　日期：　　　年　　月　　日 　　　　　　　　　被授权人身份证正反面复印件粘贴处

2.6　多功能酶标仪采购招标文件

2.6.1　招标文件封面及目录

招标文件封面及目录见图 2-6-1。

```
招标文件

招标项目名称：多功能酶标仪采购
招标项目编号：SLZYHW2018331

松岭市疾病控制中心采购与招标管理办公室
2018年2月19日

目录
第一部分　投标邀请
第二部分　投标人须知
第三部分　招标货物及有关说明
第四部分　合同主要条款
第五部分　附件
```

图 2-6-1　招标文件封面及目录

2.6.2　第一部分　投标邀请

　　松岭市疾病控制中心采购与招标管理办公室受中心委托，就多功能酶标仪项目及相关服务的采购进行公开招标，现邀请合格投标人参加投标。

　　本次招标的相关信息如下。

　　（1）招标项目名称：多功能酶标仪采购。

(2) 招标项目编号：SLZYHW2018331。

(3) 招标货物品名、数量及技术规格：详见本招标文件"第三部分　招标货物及有关说明"。

(4) 合格的投标人：参加本次招标活动的投标人除应当符合《中华人民共和国政府采购法》第二十二条的规定外，还必须具备以下条件。

① 经国家工商行政管理机关注册的企业法人；

② 具有本次招标货物的供货、安装、售后服务等的相应资质；

③ 招标货物的生产厂家或生产厂家授权的经销商。

(5) 投标人资格审查方式：资格后审。

(6) 招标文件获取：投标人自行下载。

(7) 招标文件售价：人民币 200 元。投标时现场交纳，售后不退。

(8) 投标报名确认：潜在投标人如确定参加投标，请务必于 2018 年 6 月 21 日 11 时 00 分前将"报名投标确认函"（格式见招标文件第五部分"附件 1"），用 Word 格式打印提供有关信息，并用"招标项目号＋投标公司"作文件名保存成文件，通过电子邮箱发送至　　　　，我方收到后一般在一个工作日内回复，提示报名成功。

如潜在投标人未按上述要求操作，将自行承担所产生的风险。

(9) 投标报名时间截止后，如投标人少于 3 个，采购人可选择其他采购方式采购或重新组织招标，也可顺延本项目的投标报名时间、投标截止时间及开标时间并予公告。

(10) 投标开始时间：2018 年 6 月 23 日 13 时 00 分。

(11) 投标截止时间及开标时间：2018 年 6 月 23 日 13 时 30 分。

(12) 投标与开标地点：松岭市疾病控制中心后勤楼 519 室。

与本次招标有关的事宜请按下列通信方式联系：

单位部门：松岭市疾病控制中心采购与招标管理办公室

联系地址：某省松岭市南京西路 2188 号　　邮政编码：

联系电话：　　　　　传真：

Email：

联系人：胡先生、郑先生

2.6.3　第二部分　投标人须知

(1) 招标文件

1) 名词定义

本招标文件中的采购人、投标人、中标人分别指：

① 采购人指松岭市疾病控制中心，亦称买方；

② 投标人指响应招标并具备相应资质的参与投标的生产厂家、经销商；

③ 中标人指最后中标的投标人，亦称卖方。

2) 招标文件的组成

本招标文件由下列部分组成：

① 投标邀请；

② 投标人须知；

③ 招标货物及有关说明；

④ 合同主要条款；
⑤ 附件目录及格式。
3) 招标文件的澄清
如投标人对招标文件的某些内容有疑问，应在投标截止时间 5 日前以书面形式传真通知采购人，采购人将予以书面答复。采购人认为有必要时，可将答复内容（包括疑问内容，但不包括疑问来源）在松岭市疾病控制中心采购与招标信息网站上公开发布。
4) 招标文件的补充和修改
① 采购人有权在投标截止时间 3 日前对招标文件进行补充和修改，补充和修改的内容在松岭市疾病控制中心采购与招标信息网站上公开发布。补充和修改的内容作为招标文件的组成部分，对投标人具有同等约束作用。
② 如招标文件的补充和修改对投标人准备投标的时间有影响，采购人有权决定推迟投标截止时间和开标时间。

(2) 投标文件
1) 投标文件的语言
① 投标文件及来往函件均应使用中文。
② 授权文件、产品说明书、样本等非中文材料，其中的要点应附有中文译文。
2) 投标文件的组成
投标人编写的投标文件包括以下部分：
① 目录索引；
② 投标函（格式见附件 2）；
③ 投标报价总表（格式见附件 3）；
④ 配置清单及分项报价表（格式见附件 4）；
⑤ 技术规格响应/偏离表（格式见附件 5）；
⑥ 商务条款响应/偏离表（格式见附件 6）；
⑦ 售后服务承诺书或技术协议书；
⑧ 投标人资格证明文件；
⑨ 投标人 2015 年以来与本次招标货物相同产品的销售业绩；
⑩ 投标人上一年度企业财务报表；
⑪ 投标产品样本、技术资料等；
⑫ 投标人认为需要陈述的其他内容。
3) 投标人资格证明文件
① 营业执照副本（复印件加盖单位公章）；
② 法定代表人资格证明（格式见附件 7）；
③ 法定代表人授权书（格式见附件 8）；
④ 非生产厂家投标，需提供生产厂家出具的销售代理授权书。
4) 投标文件的形式及签署
① 投标人需提交投标文件正本 1 份、副本 4 份，并在投标文件的封面上明确标明投标文件正本和副本。如投标文件正本与副本有不同之处，以正本为准。
② 投标文件正本与副本均应使用 A4 纸打印，图表等可按同样规格的倍数扩展，且经被授权人签署。

③ 投标文件不应有涂改、增删之处，但如有错误必须修改时，修改处必须由原被授权人签署。

5) 投标文件的密封和标记

投标人应将投标文件用封套加以密封，在封口处粘贴密封条，盖骑缝公章，并在封套上标明：

① 收件人：松岭市疾病控制中心采购与招标管理办公室

② 招标项目编号：

③ 招标项目名称：

④ 投标人名称：

⑤ 投标人地址：

⑥ 联系电话：

⑦ 开标之前不得启封。

没有按上述规定密封和标记的投标文件，采购人将不承担投标文件错放或提前开启的责任，由此造成提前开启的投标文件采购人将予以拒绝。

(3) 投标细则

1) 投标货物

投标货物必须是全新、未使用过的原装合格正品，完全符合招标文件规定的规格、性能和质量的要求，达到国家或行业规定的标准，属于国家强制认证的产品的必须通过认证。

2) 投标报价

① 投标总价应是完税后（免税进口货物除外）的用户地交货价，其中应包含运输、搬运、安装、调试、保修等全部费用。

② 国（境）内供货的货物以人民币报价；国（境）外供货的货物以美元或其他国际主要结算货币报价。

③ 价格条件：国（境）内供货的货物报松岭市疾病控制中心指定地点的交货价；国（境）外供货的货物报 CIP 松岭、上海或南京免税交货价。

3) 投标文件的递交

① 投标人应仔细阅读招标文件的所有内容并作出实质性响应，同时按招标文件规定的要求和格式，提交完整的投标文件。

② 投标文件应在投标截止时间前送达指定地点，逾期送达或未送达指定地点以及未按招标文件要求密封的投标文件，采购人将拒收或退还投标人。

③ 采购人不接受传真及电子邮件投标。

4) 投标文件的修改和撤回

① 投标截止时间后不得修改投标文件。

② 投标截止时间前投标人可以撤回投标文件，但在投标截止时间后不允许撤回。

5) 分包投标

本次招标不可分包投标和中标。

6) 联合体投标

本次招标不接受联合体投标。

7) 投标有效期

从投标截止时间起，投标有效期为 90 天。

(4) 开标、评标

1) 采购人按规定的时间和地点开标,投标人可派代表参加。投标人未派代表参加开标的,视为默认开标结果。

2) 开标时,采购人将邀请投标人代表检查投标文件的密封情况,经确认无误后,由工作人员当众拆封,宣读投标人名称、投标价格、交货期等投标文件的主要内容。

3) 采购人组织用户代表和有关专家组成评标委员会进行评标。

4) 评标时若出现同一品牌的产品有多个供应商投标,参见《政府采购货物和服务招标投标管理办法》(财政部令第87)的相关规定。

5) 开标结束后,采购人组织对投标人的投标资格进行审查,评标委员会对投标人是否实质性响应招标文件要求进行符合性审查。

6) 对招标文件的实质性要求和条件作出响应的投标应该是与招标文件要求的全部条款、条件、指标和规格相符,没有重大偏离的投标。采购人和评委判定投标的响应性只根据投标本身的内容,而不寻求外部的证据,投标人不得通过修正或撤销不符合要求的偏离从而使其投标成为实质性响应的投标。

投标文件出现(但不限于)下列情况之一的,由评标委员会评审后作无效投标或废标处理:

① 超出经营范围投标的;
② 不具备招标文件规定的资格条件及未按招标文件规定的要求提供资格证明文件的;
③ 无法定代表人签字或盖章的,签字人无法定代表人有效授权的,应加盖投标人公章而未盖章的;
④ 投标有效期不足的;
⑤ 同一投标人提交两个及以上投标报价的;
⑥ 投标报价不合理,且明显低于成本的;
⑦ 重要技术指标和参数不满足招标要求的;
⑧ 重要内容或关键字迹模糊不清无法辨认的;
⑨ 其他未对招标文件实质性要求和条件作出响应的;
⑩ 不同投标人投标文件相互混装的;
⑪ 不同投标人投标文件中的项目相关人员出现同一人的;
⑫ 不同投标人的投标文件内容出现非正常一致的;
⑬ 故意哄抬价格或压价等其他恶意串通投标的;
⑭ 有损害采购人和用户利益的规定的。

7) 评标委员会认为有必要时,将要求投标人述标或对投标文件中某些内容作出澄清或说明,但不接受投标人主动提出的澄清和说明。

8) 评标委员会将从投标人的投标报价、产品质量、技术方案、售后服务、企业状况等经济、技术和商务及其他优惠条件等方面,依据评标方法对所有投标文件进行综合评审。

(5) 评标方法及评分标准

1) 评标方法

① 本次招标采用综合评分法评标,即在最大限度地满足招标文件实质性要求的前提下,按照评分标准中规定的评分因素和评分细则进行综合评价、评分。

② 评标委员会各成员独立对每一份有效投标文件进行评价并对除报价以外的评分项目

进行评分，报价得分由工作人员通过计算得出。

投标人得分＝∑评委评价得分/评委人数＋报价得分

2) 评分标准

评分标准见表 2-6-1。

表 2-6-1 评分标准

评审因素		分值	评分细则
投标报价		30	满足招标文件要求且投标价格最低的投标报价为评标基准价，其价格分为满分，其他投标人的价格分按下列公式计算： 投标报价得分＝（评标基准价/投标报价）×30
技术	技术配置	15	完全满足招标文件配置要求得基准分 12 分；有实质性增项、确有实用价值且为用户所需，每项酌情加 0.5～1 分，最多加 3 分；有缺项但对使用无实质性影响，每项酌情减 0.5～1 分，减完为止
	技术指标	15	完全满足招标文件技术指标要求得基准分 12 分；有实质性正偏离每项酌情加 0.5～1 分，最多加 3 分；有实质性负偏离每项酌情减 0.5～1 分，减完为止
	性能及品质	18	对投标产品的品牌、系列、档次、产地、行业（或高校）占有率、影响力以及产品的先进性、可靠性、稳定性等方面进行综合评价，评价好得 16～18 分；评价较好得 14～15 分；评价一般得 12～13 分
服务	保修期	5	满足招标文件要求得 3 分；每延长 1 年加 1 分，最多加 2 分
	服务承诺	3	根据产品故障报修的响应时间、处理速度、定期巡检以及技术支持、软件升级、技术培训等服务承诺酌情评分
	收费情况	2	根据保修期结束后维修价格、配件及耗材价格等服务收费以及提供的优惠情况酌情评分
	用户评价	5	评价较好得 4～5 分；评价一般得 2～3 分；评价较差得 0 分；没有为学校用户做过服务或服务时间较短，暂时无法评价得 3 分
其他	信誉	1	根据投标人提供的相关评估机构出具的信用评估报告酌情评分
	业绩	2	根据投标人 2015 年以来与本次投标产品相同的同类产品销售情况酌情评分（以提供的销售合同复印件为准，每份 0.5 分，最多得 2 分）
	财务	2	根据企业上一年度、上一月份的财务报表所反映的财务状况酌情评分
投标文件		2	根据投标文件对招标文件的响应情况、表述清晰程度、规范性等酌情评分
合计		100	投标人最后得分保留 2 位小数

(6) 定标

1) 评标委员会按照得分高低顺序对投标人进行排列。得分相同的，按投标报价由低到高的顺序排列。得分最高且排名第一的投标人将被推荐为中标候选人或者直接被确定为中标人。

2) 评标委员会认为所有投标报价均不合理或所有投标方案均不能满足采购人要求时，有权否决所有投标，评标委员会也没有义务必须接受最低报价的投标。

3) 出现下列情形之一的，应予废标：

① 发生影响招标公平、公正的违法、违规行为的；

② 因重大变故，采购任务取消的。

4) 对未中标的投标人，采购人不作未中标解释。

(7) 中标通知书及合同的签订

① 中标人确定后,采购人将通过学校招标网公示 3 天,公示期满无异议,即向中标人发出中标通知书。

② 中标人收到中标通知书后,应在 30 日内与采购人签订合同,过期视为放弃中标。

③ 本招标文件和中标人的投标文件包括中标人所作出的各种书面承诺将作为采购人与中标人双方签订合同的依据,并作为合同的附件与合同具有同等法律效力。

④ 如投标人中标后悔标,采购人将取消该投标人本次中标资格及今后 2 年内的投标资格。

(8) 其他

① 本次招标不收投标保证金。

② 本次招标不收中标服务费。

③ 投标人无论中标与否,采购人都不承担投标人参加投标的任何费用。

2.6.4 第三部分 招标货物及有关说明

(1) 货物需求一览表

货物需求一览表见表 2-6-2。

表 2-6-2 货物需求一览表

序号	设备名称	数量
01	多功能酶标仪	1 套

(2) 主要用途

主要用于酶动力学检测、酶活性相关分析、分子检测、功能基因组学研究、蛋白与蛋白相互作用、基因表达调控研究、虫荧光素酶、信号转导通路研究、基因分型和突变检测及细胞学研究等,可进行紫外可见吸收光、荧光强度、化学发光(闪光和辉光)、时间分辨荧光、荧光偏振、ATP 分析等检测。

(3) 工作条件

① 电源:220V±10%,50Hz

② 温度:-10~40℃;相对湿度≤80%

(4) 配置及技术要求

配置及技术要求见表 2-6-3。

表 2-6-3 配置及技术要求

序号		配置及技术要求	
1	基本参数	孔板类型	可检测 6-384 孔微孔板,兼容超微量多体积检测板
		*振荡功能	线性、轨道、双轨道,可以调整频率和振荡时间
		温度控制	室温+5~45℃
		*温度精确性	±0.2°
		*检测功能	同台机器可同时进行紫外可见吸收光、荧光强度、化学发光(闪光和辉光)、时间分辨荧光、荧光偏振等检测

续表

序号		配置及技术要求	
2	吸收光	波长范围	230～999nm，双光栅单色器，步进≤1nm，具有全波长扫描功能
		检测范围	0～4OD
		OD分辨率	0.0001OD
		光程校正	可将微孔板光路径长度转化为标准的1cm路径长度
		波长重复性	±0.3nm
		散射光	<0.05%
3	荧光强度	*光路系统	四光栅，激发双光栅、发射双光栅
		荧光顶部灵敏度	384号孔板每孔0.25fmol
		荧光底部灵敏度	384号孔板每孔0.4fmol
		动态范围	6个数量级
		读板速度	96孔<13s，384孔<25s
4	化学发光	闪光发光灵敏度	384号孔板每孔20amolATP
		辉光发光灵敏度	384号孔板每孔120amolATP
5	时间分辨荧光	光源	氙灯
		波长范围	200～850nm，可进行光栅时间分辨光谱扫描
6	荧光偏振	*配备可行性	可实现后续加配
		光源	氙灯
		*灵敏度	≤1.2mP
7	配置		紫外/可见光吸收，荧光发光，荧光发光时间分辨，微量检测板2块，台式电脑DELL或HP或联想（配23英寸以上显示器，酷睿i5处理器，2G独显，Windows10操作系统）

说明：带"*"号的条款为必须满足的重要指标。对带"*"的技术参数必须在投标文件中提供技术支持资料（如彩页、手册、检测报告等），未提供技术支持资料的，评标时不予认可。

技术咨询：侯先生　联系电话：

2.6.5 第四部分　合同主要条款

(1) 交货期

① 国（境）内供货：合同生效后30天内；

② 国（境）外供货：信用证后45天内或合同生效后60天内，以先到为准。

(2) 交货地点

① 国（境）内供货：某省松岭市南京西路2188号松岭市疾病控制中心指定地点；

② 国（境）外供货：指定目的地为松岭、天津或北京。

(3) 付款方式

① 国（境）内供货：用户收到货物并验收合格后15个工作日内一次付款；

② 国（境）外供货：以外贸信用证（L/C）方式结算。100%信用证，其中的80%见单付，余款凭加盖松岭市疾病控制中心实验室与设备管理处公章的最终用户签字的验收报告

支付。

(4) 保修期及售后服务

① 验收合格后整机免费保修 1 年,保修期自愿延长不限;

② 保修期内,货物质量问题导致的各种故障的技术服务及维修所产生的一切费用由卖方负责承担;

③ 卖方应针对货物的特点对买方有关人员在货物的性能、原理、操作要领、维修和保养等各个方面进行免费现场培训,必要时卖方还应向买方提供免费培训名额 2 个,参加卖方举办的专门培训;

④ 售后服务承诺书中承诺的其他条款。

(5) 安装、调试及验收要求

① 卖方应在买方的配合下,负责对货物的现场安装、调试、指导和服务;

② 货物到达买方指定地点后,卖方应在收到买方通知后一周内派遣合格的技术人员前往买方进行安装、调试,并在 3 天内完成货物的安装、调试工作;

③ 验收测试所需要的材料、设备和测试样品等均由卖方负责提供;

④ 卖方应在规定的期限内完成安装、调试工作,如因卖方责任而造成安装、调试的延期,因延期而产生的所有费用由卖方负责承担;

⑤ 最终验收在买方使用现场进行,在货物达到验收标准,包括应满足中国安全标准和环境保护标准后,买卖双方共同签署验收合格报告;

⑥ 卖方人员在买方安装、调试期间所产生的一切费用由卖方承担。

2.6.6 第五部分 附件

附件 1 报名投标确认函,见表 2-6-4。
附件 2 投标函,见表 2-6-5。
附件 3 投标报价总表,见表 2-6-6。
附件 4 配置清单及分项报价表,见表 2-6-7。
附件 5 技术规格响应/偏离表,见表 2-6-8。
附件 6 商务条款响应/偏离表,见表 2-6-9。
附件 7 法定代表人资格证明,见表 2-6-10。
附件 8 法定代表人授权书,见表 2-6-11。

表 2-6-4 附件 1 报名投标确认函

报名投标确认函
松岭市疾病控制中心采购与招标管理办公室:
我公司完全符合项目 (项目编号)招标公告中对投标人资格条件的要求,自愿以本传真报名参加你单位的招标,并将按时参加投标。
我公司郑重声明:我公司与本招标项目及该项目相关人员之间均不存在可能影响招标公正性的任何利害关系。
投标相关信息
投标项目名称:
招标项目编号:
投标人名称:
投标人的纳税人识别号:

续表

经办人： 联系电话： 传真号码： 通信地址及邮编： Email： 日期：　　　年　　月　　日

注：本报名投标确认函请报名单位用 Word 格式打印提供有关信息，并用"招标项目号＋投标公司名"作文件名保存成文件，通过电子邮箱发送至　　　，我方收到后一般在一个工作日内回复，提示报名成功。本确认函不需装入投标文件中。

表 2-6-5　附件 2　投标函

投标函
松岭市疾病控制中心采购与招标管理办公室： 　　我方经仔细阅读研究项目招标文件　　　　（项目编号　　　　），已完全了解招标文件中的所有条款及要求，决定参加投标，同时作出如下承诺： 　　1. 我方愿针对本次项目进行投标，投标文件中所有关于投标资格的文件、证明、陈述均是真实的、准确的。若有违背，我方愿意承担由此而产生的一切后果。 　　2. 我方在参加本招标项目前三年内在生产经营活动中没有重大违法记录。 　　3. 我方与本招标项目及该项目相关人员之间均不存在可能影响招标公正性的任何利害关系。 　　4. 我方愿按招标文件的一切要求，提供本项目的报价，报价见《投标报价总表》。 　　5. 我方接受招标文件的所有条款、条件和规定，放弃对招标文件提出质疑的权利。 　　6. 我方同意按照招标文件的要求提供所有资料、数据或信息。 　　7. 我方认可贵方有权决定中标人或否决所有投标，并理解最低报价只是中标的重要条件，贵方没有义务必须接受最低报价的投标。 　　8. 我方如中标，将保证遵守招标文件对投标人的所有要求和规定，履行自己在投标文件（含修改书）中承诺的全部责任和义务。 　　9. 本投标文件的有效期为投标截止日后 90 天内，如我方中标，有效期将延至合同有效期终止日为止。 　　10. 与本次招投标有关的事宜请按以下信息联系： 　　地址：　　　　　　邮政编码： 　　电话：　　　　　　传真： 　　Email： 　　投标人名称（公章）： 　　授权代表（签字或盖章）： 　　日期：

表 2-6-6　附件 3　投标报价总表

投标报价总表									
招标项目名称：　　　　　　　　　　招标项目编号：									
序号	货物名称	型号、规格	数量	生产商名称和国籍/地区	价格条件	投标货币	投标总价	交货期	保修期	备注

投标人名称（章）：　　　　授权代表（签字或盖章）：　　　　日期：

表 2-6-7　附件 4　配置清单及分项报价表

配置清单及分项报价表

招标项目名称：　　　　　　　　　　招标项目编号：

序号	主机（部件、配件等）名称	型号、规格	数量	原产地和生产商名称	货币	单价	总价	备注
总计								

投标人名称（章）：　　　授权代表（签字或盖章）：　　　日期：

表 2-6-8　附件 5　技术规格响应/偏离表

技术规格响应/偏离表

招标项目名称：　　　　　　　　　　招标项目编号：

序号	招标文件条目号	招标规格	投标规格	响应/偏离	说明

投标人名称（章）：　　　授权代表（签字或盖章）：

日期：　　　年　　月　　日

注：投标人应对照用户需求表中的技术规格，逐条核对所提供货物和服务是否作出了实质性的响应，有偏离的必须作出说明，对有具体参数要求的指标，投标人必须提供本次投标货物的具体参数值。

表 2-6-9　附件 6　商务条款响应/偏离表

商务条款响应/偏离表

招标项目名称：　　　　　　　　　　招标项目编号：

序号	招标文件条目号	招标规格	投标规格	响应/偏离	说明

投标人名称（章）：　　　授权代表（签字或盖章）：

日期：　　　年　　月　　日

注：投标人应对照招标文件的商务条款，逐条核对是否作出了实质性的响应，有偏离的必须作出说明。

表 2-6-10　附件 7　法定代表人资格证明

法定代表人资格证明

松岭市疾病控制中心采购与招标管理办公室：

　　姓名：　　　　性别：　　　　职务：　　　　，系　　　　（投标人名称）的法定代表人。
　　特此证明。

　　投标人名称（公章）：
　　日期：　　年　月　日

法人代表身份证正反面复印件粘贴处

表 2-6-11　附件 8　法定代表人授权书

法定代表人授权书

松岭市疾病控制中心采购与招标管理办公室：

　　本授权书声明：注册于　　　　（国家或地区的名称）的　　　　（公司名称）的在下面签字的　　　　（法定代表人姓名）代表本公司授权在下面签字的　　　　（公司名称）的　　　　（被授权人的姓名），为本公司的合法代理人，参加松岭市疾病控制中心　　　　（项目名称）、　　　　（项目编号）的投标，以本公司名义处理与之有关的一切事务。

　　本授权书于　　年　月　日签字或盖章后生效。

　　法定代表人（签字或盖章）：
　　被授权人（签字）：
　　投标人名称（公章）：
　　日期：　　年　月　日

被授权人身份证正反面复印件粘贴处

2.7　高精度光刻机采购招标文件

2.7.1　招标文件封面及目录

招标文件封面及目录见图 2-7-1。

2.7.2　第一部分　投标邀请

　　镜泊湖人力资源中心采购与招标管理办公室受中心委托，就高精度光刻机项目及相关服务的采购进行公开招标，现邀请合格投标人参加投标。

> 招标文件
>
> 招标项目名称：高精度光刻机采购
> 招标项目编号：JBHYHW2018041
>
> 镜泊湖人力资源中心采购与招标管理办公室
> 2018年5月11日
>
> 目录
> 第一部分　投标邀请
> 第二部分　投标人须知
> 第三部分　招标货物及有关说明
> 第四部分　合同主要条款
> 第五部分　附件

图 2-7-1　招标文件封面及目录

本次招标的相关信息如下。

（1）招标项目名称：高精度光刻机采购。

（2）招标项目编号：JBHYHW2018041。

（3）招标货物品名、数量及技术规格：详见本招标文件"第三部分　招标货物及有关说明"。

（4）合格的投标人：参加本次招标活动的投标人除应当符合《中华人民共和国政府采购法》第二十二条的规定外，还必须具备以下条件。

① 经国家工商行政管理机关注册的企业法人；

② 具有本次招标货物的供货、安装、售后服务等的相应资质；

③ 招标货物的生产厂家或生产厂家授权的经销商。

（5）投标人资格审查方式：资格后审。

（6）招标文件获取：投标人自行下载。

（7）招标文件售价：人民币 200 元。投标时现场交纳，售后不退。

（8）投标报名确认：潜在投标人如确定参加投标，请务必于 2018 年 5 月 21 日 11 时 00 分前将"报名投标确认函"（格式见招标文件第五部分"附件1"），用 Word 格式打印提供有关信息，并用"招标项目号＋投标公司"作文件名保存成文件，通过电子邮箱发送至　　　　，我方收到后一般在一个工作日内回复，提示报名成功。

如潜在投标人未按上述要求操作，将自行承担所产生的风险。

（9）投标报名时间截止后，如投标人少于 3 个，采购人可选择其他采购方式采购或重新组织招标，也可顺延本项目的投标报名时间、投标截止时间及开标时间并予公告。

（10）投标开始时间：2018 年 5 月 23 日 13 时 00 分。

（11）投标截止时间及开标时间：2018 年 5 月 23 日 13 时 30 分。

（12）投标与开标地点：镜泊湖人力资源中心办公楼 313 室

与本次招标有关的事宜请按下列通信方式联系：

单位部门：镜泊湖人力资源中心采购与招标管理办公室

联系地址：某省镜泊湖市太行山北路 36 号　邮政编码：

联系电话：　　　　传真：

Email：

联系人：孙先生、李先生

2.7.3 第二部分 投标人须知

(1) 招标文件

1) 名词定义

本招标文件中的采购人、投标人、中标人分别指：

① 采购人指镜泊湖人力资源中心，亦称买方；
② 投标人指响应招标并具备相应资质的参与投标的生产厂家、经销商；
③ 中标人指最后中标的投标人，亦称卖方。

2) 招标文件的组成

本招标文件由下列部分组成：

① 投标邀请；
② 投标人须知；
③ 招标货物及有关说明；
④ 合同主要条款；
⑤ 附件目录及格式。

3) 招标文件的澄清

如投标人对招标文件的某些内容有疑问，应在投标截止时间 5 日前以书面形式传真通知采购人，采购人将予以书面答复。采购人认为有必要时，可将答复内容（包括疑问内容，但不包括疑问来源）在镜泊湖人力资源中心采购与招标信息网站上公开发布。

4) 招标文件的补充和修改

① 采购人有权在投标截止时间 3 日前对招标文件进行补充和修改，补充和修改的内容在镜泊湖人力资源中心采购与招标信息网站上公开发布。补充和修改的内容作为招标文件的组成部分，对投标人具有同等约束作用。

② 如招标文件的补充和修改对投标人准备投标的时间有影响，采购人有权决定推迟投标截止时间和开标时间。

(2) 投标文件

1) 投标文件的语言

① 投标文件及来往函件均应使用中文。
② 授权文件、产品说明书、样本等非中文材料，其中的要点应附有中文译文。

2) 投标文件的组成

投标人编写的投标文件包括以下部分：

① 目录索引；
② 投标函（格式见附件 2）；
③ 投标报价总表（格式见附件 3）；
④ 配置清单及分项报价表（格式见附件 4）；
⑤ 技术规格响应/偏离表（格式见附件 5）；
⑥ 商务条款响应/偏离表（格式见附件 6）；
⑦ 售后服务承诺书或技术协议书；
⑧ 投标人资格证明文件；
⑨ 投标人 2015 年以来与本次招标货物相同产品的销售业绩；

⑩ 投标人上一年度企业财务报表；
⑪ 投标产品样本、技术资料等；
⑫ 投标人认为需要陈述的其他内容。

3) 投标人资格证明文件
① 营业执照副本（复印件加盖单位公章）；
② 法定代表人资格证明（格式见附件7）；
③ 法定代表人授权书（格式见附件8）；
④ 非生产厂家投标，需提供生产厂家出具的本项目的专项投标授权书（原版的专项投标授权证书无法及时到达，可以影印件代替，中标后补有效）。

4) 投标文件的形式及签署
① 投标人需提交投标文件正本1份、副本4份，并在投标文件的封面上明确标明投标文件正本和副本。如投标文件正本与副本有不同之处，以正本为准。
② 投标文件正本与副本均应使用A4纸打印，图表等可按同样规格的倍数扩展，且经被授权人签署。
③ 投标文件不应有涂改、增删之处，但如有错误必须修改时，修改处必须由原被授权人签署。

5) 投标文件的密封和标记
投标人应将投标文件用封套加以密封，在封口处粘贴密封条，盖骑缝公章，并在封套上标明：
① 收件人：镜泊湖人力资源中心采购与招标管理办公室
② 招标项目编号：
③ 招标项目名称：
④ 投标人名称：
⑤ 投标人地址：
⑥ 联系电话：
⑦ 开标之前不得启封。

没有按上述规定密封和标记的投标文件，采购人将不承担投标文件错放或提前开启的责任，由此造成提前开启的投标文件采购人将予以拒绝。

(3) 投标细则

1) 投标货物
投标货物必须是全新、未使用过的原装合格正品，完全符合招标文件规定的规格、性能和质量的要求，达到国家或行业规定的标准，属于国家强制认证的产品的必须通过认证。

2) 投标报价
① 投标总价应是完税后（免税进口货物除外）的用户地交货价，其中应包含运输、搬运、安装、调试、保修等全部费用。
② 国（境）内供货的货物以人民币报价；国（境）外供货的货物以美元或其他国际主要结算货币报价。
③ 价格条件：国（境）内供货的货物报镜泊湖人力资源中心指定地点的交货价；国（境）外供货的货物报CIP镜泊湖、北京或哈尔滨免税交货价。

3) 投标文件的递交
① 投标人应仔细阅读招标文件的所有内容并作出实质性响应，同时按招标文件规定的

要求和格式，提交完整的投标文件。

② 投标文件应在投标截止时间前送达指定地点，逾期送达或未送达指定地点以及未按招标文件要求密封的投标文件，采购人将拒收或退还投标人。

③ 采购人不接受传真及电子邮件投标。

4）投标文件的修改和撤回

① 投标截止时间后不得修改投标文件。

② 投标截止时间前投标人可以撤回投标文件，但在投标截止时间后不允许撤回。

5）分包投标

本次招标不可分包投标和中标。

6）联合体投标

本次招标不接受联合体投标。

7）投标有效期

从投标截止时间起，投标有效期为 90 天。

（4）开标、评标

1）采购人按规定的时间和地点开标，投标人可派代表参加。投标人未派代表参加开标的，视为默认开标结果。

2）开标时，采购人将邀请投标人代表检查投标文件的密封情况，经确认无误后，由工作人员当众拆封，宣读投标人名称、投标价格、交货期等投标文件的主要内容。

3）采购人组织用户代表和有关专家组成评标委员会进行评标。

4）评标时若出现同一品牌的产品有多个供应商投标，参见《政府采购货物和服务招标投标管理办法》（财政部令第 87）的相关规定。

5）开标结束后，采购人组织对投标人的投标资格进行审查，评标委员会对投标人是否实质性响应招标文件要求进行符合性审查。

6）对招标文件的实质性要求和条件作出响应的投标应该是与招标文件要求的全部条款、条件、指标和规格相符，没有重大偏离的投标。采购人和评委判定投标的响应性只根据投标本身的内容，而不寻求外部的证据，投标人不得通过修正或撤销不符合要求的偏离从而使其投标成为实质性响应的投标。

投标文件出现（但不限于）下列情况之一的，由评标委员会评审后作无效投标或废标处理：

① 超出经营范围投标的；

② 不具备招标文件规定的资格条件及未按招标文件规定的要求提供资格证明文件的；

③ 无法定代表人签字或盖章的，签字人无法定代表人有效授权的，应加盖投标人公章而未盖章的；

④ 投标有效期不足的；

⑤ 同一投标人提交两个及以上投标报价的；

⑥ 投标报价不合理且明显低于成本的；

⑦ 重要技术指标和参数不满足招标要求的；

⑧ 重要内容或关键字迹模糊不清无法辨认的；

⑨ 其他未对招标文件实质性要求和条件作出响应的；

⑩ 不同投标人投标文件相互混装的；

⑪ 不同投标人投标文件中的项目相关人员出现同一人的；

⑫ 不同投标人的投标文件内容出现非正常一致的;

⑬ 故意哄抬价格或压价等其他恶意串通投标的;

⑭ 有损害采购人和用户利益的规定的。

7）评标委员会认为有必要时，将要求投标人述标或对投标文件中某些内容作出澄清或说明，但不接受投标人主动提出的澄清和说明。

8）评标委员会将从投标人的投标报价、产品质量、技术方案、售后服务、企业状况等经济、技术和商务及其他优惠条件等方面，依据评标方法对所有投标文件进行综合评审。

（5）评标方法及评分标准

1）评标方法

① 本次招标采用综合评分法评标，即在最大限度地满足招标文件实质性要求的前提下，按照评分标准中规定的评分因素和评分细则进行综合评价、评分。

② 评标委员会各成员独立对每一份有效投标文件进行评价并对除报价以外的评分项目进行评分，报价得分由工作人员通过计算得出。

投标人得分＝$\sum$评委评价得分/评委人数＋报价得分

2）评分标准

评分标准见表2-7-1。

表 2-7-1　评分标准

评审因素		分值	评分细则
投标报价		40	满足招标文件要求且投标价格最低的投标报价为评标基准价，其价格分为满分，其他投标人的价格分按下列公式计算： 投标报价得分＝（评标基准价/投标报价）×40
技术	技术配置	15	完全满足招标文件配置要求得基准分12分；有实质性增项、确有实用价值且为用户所需，每项酌情加0.5～1分，最多加3分；有缺项但对使用无实质性影响，每项酌情减0.5～1分，减完为止
	技术指标	15	完全满足招标文件技术指标要求得基准分12分；有实质性正偏离每项酌情加0.5～1分，最多加3分；有实质性负偏离每项酌情减0.5～1分，减完为止
	性能及品质	8	对投标产品的品牌、系列、档次、产地、行业（或高校）占有率、影响力以及产品的先进性、可靠性、稳定性等方面进行综合评价，评价好得6～8分；评价较好得4～5分；评价一般得2～3分
服务	保修期	5	满足招标文件要求得3分；每延长1年加1分，最多加2分
	服务承诺	3	根据产品故障报修的响应时间、处理速度、定期巡检以及技术支持、软件升级、技术培训等服务承诺酌情评分
	收费情况	2	根据保修期结束后维修价格、配件及耗材价格等服务收费以及提供的优惠情况酌情评分
	用户评价	5	评价较好得4～5分；评价一般得2～3分；评价较差得0分；没有为学校用户做过服务或服务时间较短，暂时无法评价得3分
其他	信誉	1	根据投标人提供的相关评估机构出具的信用评估报告酌情评分
	业绩	2	根据投标人2015年以来与本次投标产品相同的同类产品销售情况酌情评分（以提供的销售合同复印件为准，每份0.5分，最多得2分）
	财务	2	根据企业上一年度、上一月份的财务报表所反映的财务状况酌情评分

续表

评审因素	分值	评分细则
投标文件	2	根据投标文件对招标文件的响应情况、表述清晰程度、规范性等酌情评分
合计	100	投标人最后得分保留 2 位小数

(6) 定标

1) 评标委员会按照得分高低顺序对投标人进行排列。得分相同的，按投标报价由低到高的顺序排列。得分最高且排名第一的投标人将被推荐为中标候选人或者直接被确定为中标人。

2) 评标委员会认为所有投标报价均不合理或所有投标方案均不能满足采购人要求时，有权否决所有投标，评标委员会也没有义务必须接受最低报价的投标。

3) 出现下列情形之一的，应予废标：
① 发生影响招标公平、公正的违法、违规行为的；
② 因重大变故，采购任务取消的。

4) 对未中标的投标人，采购人不作未中标解释。

(7) 中标通知书及合同的签订

① 中标人确定后，采购人将通过学校招标网公示 3 天，公示期满无异议，即向中标人发出中标通知书。

② 中标人收到中标通知书后，应在 30 日内与采购人签订合同，过期视为放弃中标。

③ 本招标文件和中标人的投标文件包括中标人所作出的各种书面承诺将作为采购人与中标人双方签订合同的依据，并作为合同的附件与合同具有同等法律效力。

④ 如投标人中标后悔标，采购人将取消该投标人本次中标资格及今后 2 年内的投标资格。

(8) 其他

① 本次招标不收投标保证金。
② 本次招标不收中标服务费。
③ 投标人无论中标与否，采购人都不承担投标人参加投标的任何费用。

2.7.4 第三部分 招标货物及有关说明

(1) 货物需求一览表

货物需求一览表见表 2-7-2。

表 2-7-2 货物需求一览表

序号	设备名称	数量
01	高精度光刻机	1

(2) 主要用途

主要用于理学院本科教学。

(3) 工作条件

① 电源：220V±10%，50Hz
② 温度：−10~40℃，相对湿度≤80%

(4) 配置及技术要求

配置及技术要求见表 2-7-3。

表 2-7-3　配置及技术要求

序号	配置及技术要求		
1	高精度光刻机	*最大激光功率	≥3W
		激光波长	355nm
		*重复精度	±0.01mm
		*光刻速度	≤7000mm/s
		光学扫描振镜	φ10mm
		光刻范围	100*100mm
		工装夹具	五轴联动工装夹具

说明：带"*"号的条款为必须满足的重要指标。对带"*"的技术参数必须在投标文件中提供技术支持资料（如彩页、手册、检测报告等），未提供技术支持资料的，评标时不予认可。

技术咨询：周先生　联系电话：

2.7.5　第四部分　合同主要条款

(1) 交货期

① 国（境）内供货：合同生效后 30 天内；

② 国（境）外供货：信用证后 45 天内或合同生效后 60 天内，以先到为准。

(2) 交货地点

① 国（境）内供货：某省镜泊湖市太行山北路 36 号镜泊湖人力资源中心指定地点；

② 国（境）外供货：指定目的地为镜泊湖、北京或哈尔滨。

(3) 付款方式

① 国（境）内供货：用户收到货物并验收合格后 15 个工作日内一次付款；

② 国（境）外供货：以外贸信用证（L/C）方式结算。100％信用证，其中的 80％见单付，余款凭加盖镜泊湖人力资源中心实验室与设备管理处公章的最终用户签字的验收报告支付。

(4) 保修期及售后服务

① 验收合格后整机免费保修 1 年，保修期自愿延长不限，同系列软件终身免费升级；

② 保修期内，因货物质量问题导致的各种故障的技术服务及维修所产生的一切费用由卖方负责承担；

③ 卖方应针对货物的特点对买方有关人员在货物的性能、原理、操作要领、维修和保养等各个方面进行免费现场培训，必要时卖方还应向买方提供免费培训名额 2 个，参加卖方举办的专门培训；

④ 售后服务承诺书中承诺的其他条款。

(5) 安装、调试及验收要求

① 卖方应在买方的配合下，负责对货物的现场安装、调试及指导和服务；

② 货物到达买方指定地点后，卖方应在收到买方通知后 1 周内派遣合格的技术人员前往买方进行安装调试，并在 3 天内完成货物的安装、调试工作；

③ 验收测试所需要的材料、设备和测试样品等均由卖方负责提供；

④ 卖方应在规定的期限内完成安装、调试工作，如因卖方责任而造成安装调试的延期，因延期而产生的所有费用由卖方负责承担；

⑤ 最终验收在买方使用现场进行，在货物达到验收标准，包括应满足中国安全标准和环境保护标准后，买卖双方共同签署验收合格报告；

⑥ 卖方人员在买方安装、调试期间所产生的一切费用由卖方承担。

2.7.6 第五部分　附件

附件 1　报名投标确认函，见表 2-7-4。
附件 2　投标函，见表 2-7-5。
附件 3　投标报价总表，见表 2-7-6。
附件 4　配置清单及分项报价表，见表 2-7-7。
附件 5　技术规格响应/偏离表，见表 2-7-8。
附件 6　商务条款响应/偏离表，见表 2-7-9。
附件 7　法定代表人资格证明，见表 2-7-10。
附件 8　法定代表人授权书，见表 2-7-11。

表 2-7-4　附件 1　报名投标确认函

报名投标确认函
镜泊湖人力资源中心采购与招标管理办公室：
我公司完全符合项目　　　　　（项目编号　　　　　）招标公告中对投标人资格条件的要求，自愿以本传真报名参加你单位的招标，并将按时参加投标。
我公司郑重声明：我公司与本招标项目及该项目相关人员之间均不存在可能影响招标公正性的任何利害关系。
投标相关信息
投标项目名称：
招标项目编号：
投标人名称：
投标人的纳税人识别号：
经办人：
联系电话：
传真号码：
通信地址及邮编：
Email：
日期：　　　　　年　　　月　　　日
注：本报名投标确认函请报名单位用 Word 格式打印提供有关信息，并用"招标项目号＋投标公司名"作文件名保存成文件，通过电子邮箱发送至　　　　　，我方收到后一般在一个工作日内回复，提示报名成功。本确认函不需装入投标文件中。

表 2-7-5　附件 2　投标函

投标函

镜泊湖人力资源中心采购与招标管理办公室：

　　我方经仔细阅读研究项目招标文件　　　　　（项目编号　　　　　），已完全了解招标文件中的所有条款及要求，决定参加投标，同时作出如下承诺。

　　1. 我方愿针对本次项目进行投标，投标文件中所有关于投标资格的文件、证明、陈述均是真实的、准确的。若有违背，我方愿意承担由此而产生的一切后果。

　　2. 我方在参加本招标项目前三年内在生产经营活动中没有重大违法记录。

　　3. 我方与本招标项目及该项目相关人员之间均不存在可能影响招标公正性的任何利害关系。

　　4. 我方愿按招标文件的一切要求，提供本项目的报价，报价见投标报价总表。

　　5. 我方接受招标文件的所有条款、条件和规定，放弃对招标文件提出质疑的权利。

　　6. 我方同意按照招标文件的要求提供所有资料、数据或信息。

　　7. 我方认可贵方有权决定中标人或否决所有投标，并理解最低报价只是中标的重要条件，贵方没有义务必须接受最低报价的投标。

　　8. 我方如中标，将保证遵守招标文件对投标人的所有要求和规定，履行自己在投标文件（含修改书）中承诺的全部责任和义务。

　　9. 本投标文件的有效期为投标截止日后 90 天内，如我方中标，有效期将延至合同有效期终止日为止。

　　10. 与本次招投标有关的事宜请按以下信息联系：

地址：　　　　　　邮政编码：

电话：　　　　　　传真：

Email：

投标人名称（公章）：

授权代表（签字或盖章）：

日期：

表 2-7-6　附件 3　投标报价总表

投标报价总表

招标项目名称：　　　　　　　　招标项目编号：

序号	包号	货物名称	型号、规格	数量	生产商名称和国籍/地区	价格条件	投标货币	投标总价	交货期	保修期	备注

投标人名称（章）：　　　　授权代表（签字或盖章）：　　　　日期：

表 2-7-7　附件 4　配置清单及分项报价表

配置清单及分项报价表

招标项目名称：　　　　　　　　招标项目编号：

序号	主机（部件、配件等）名称	型号、规格	数量	原产地和生产商名称	货币	单价	总价	备注
总计								

投标人名称（章）：　　　　授权代表（签字或盖章）：　　　　日期：

表 2-7-8　附件 5　技术规格响应/偏离表

技术规格响应/偏离表

招标项目名称：　　　　　　　　　招标项目编号：

序号	招标文件条目号	招标规格	投标规格	响应/偏离	说明

投标人名称（章）：　　　　授权代表（签字或盖章）：
日期：　　　年　　月　　日

注：投标人应对照用户需求表中的技术规格，逐条核对所提供货物和服务是否作出了实质性的响应，有偏离的必须作出说明，对有具体参数要求的指标，投标人必须提供本次投标货物的具体参数值。

表 2-7-9　附件 6　商务条款响应/偏离表

商务条款响应/偏离表

招标项目名称：　　　　　　　　　招标项目编号：

序号	招标文件条目号	招标规格	投标规格	响应/偏离	说明

投标人名称（章）：　　　　授权代表（签字或盖章）：
日期：　　　年　　月　　日

注：投标人应对照招标文件的商务条款，逐条核对是否作出了实质性的响应，有偏离的必须作出说明。

表 2-7-10　附件 7　法定代表人资格证明

法定代表人资格证明

镜泊湖人力资源中心采购与招标管理办公室：

姓名：　　　性别：　　　职务：　　　，系　　　（投标人名称）的法定代表人。
特此证明。

投标人名称（公章）：
日期：　　　年　　月　　日

法人代表身份证正反面复印件粘贴处

表 2-7-11　附件 8　法定代表人授权书

法定代表人授权书
镜泊湖人力资源中心采购与招标管理办公室： 　　本授权书声明：注册于　　　（国家或地区的名称）的　　　（公司名称）的在下面签字的　　　（法定代表人姓名）代表本公司授权在下面签字的　　　（公司名称）的　　　（被授权人的姓名），为本公司的合法代理人，参加镜泊湖人力资源中心　　　（项目名称）、　　　（项目编号）的投标，以本公司名义处理与之有关的一切事务。 　　本授权书于　　年　　月　　日签字或盖章后生效。 　　法定代表人（签字或盖章）： 　　被授权人（签字）： 　　投标人名称（公章）： 　　日期：　　年　　月　　日 　　　　　　　　被授权人身份证正反面复印件粘贴处

2.8　THz 单色仪及探测器采购项目单一来源采购成交公示

我单位 THz 单色仪及探测器招标项目（项目编号 ZCHW2018044）已经结束，经单一来源采购协商拟与"上海东方光电技术有限公司"成交，成交金额为：美元叁万柒仟伍佰元整（＄37500.00）。现予公示，接受监督。

公示期：2018.9.17—2018.9.20

联系电话：

传真：

电子邮箱：

非常感谢您的参与！

辉南市政府采购中心
2018 年 9 月 17 日

2.9　多功能协作教学系统采购中标公示

海州职业教育中心多功能协作教学系统采购招标（项目编号 ZCHW2018056）已经结束，拟由"天津金明科技有限公司"中标，中标金额为：人民币捌拾壹万叁仟壹佰元整（￥813100.00）。现予公示，接受监督。

公示期：2018.6.19—2018.6.21

联系电话：

传真：

感谢本项目所有投标人对本次招标工作的支持！

海州市政府采购中心
2018 年 6 月 19 日

2.10　物性分析仪采购中标公示

屯留市工商管理局物性分析仪采购招标（项目编号 ZCHW2018202）已经结束，拟由"京华瑞成仪器科技有限公司"中标，中标金额为：美元肆万贰仟肆佰陆拾叁元整（$42463.00）。现予公示，接受监督。

公示期：2018.5.13—2018.5.16

联系电话：

传真：

感谢本项目所有投标人对本次招标工作的支持！

屯留市政府采购中心
2018 年 5 月 13 日

2.11　货物类政府采购合同典型格式

项目名称：　　　　　　　合同编号：

买方：　　　　　（以下称甲方）

住所地：　　　省　　　市　　　区　　　路　　　号

法定代表人：

卖方：　　　　　（以下称乙方）

住所地：　　　省　　　市　　　区　　　路　　　号

法定代表人：

甲乙双方根据《中华人民共和国合同法》及相关法律法规的规定，遵循平等、自愿、公平和诚信的原则，就甲方购买乙方货物相关事宜协商订立本合同，以兹双方共同恪守。

第一条　定义

（1）为了便于本合同表述，本合同文中所述的"产品""货物""货""商品""设备"均指甲方向乙方采购的合同标的。

（2）除在本合同中特别注明外，所用计量单位均为国际单位。

（3）除在本合同中特别注明外，货币均为人民币。

（4）除在本合同中特别注明外，适用标准应采用国际上通用的标准 ISO 和中华人民共和国国家标准，且为最新版本的标准。

（5）腐败行为是指提供、给予、接受或索取任何有价值的物品来影响采购过程或合同实施过程的行为。

（6）欺诈行为是指为了影响采购过程或合同实施过程而隐瞒事实真相或谎报事实，损害甲方利益的行为。

（7）不可抗力是指本合同生效后至本合同全部履行完毕前，发生的不能预见并且对其发生和后果不能防止和避免的事件。

（8）商业秘密是指双方在讨论、签订、履行本协议过程中所获悉的属于对方的且无法从公开渠道获得的所有文件、资料、信息及本协议条款等。

(9) 其他约定。

第二条　资质条件

本合同对乙方的资质详见本合同附件一。

无特殊要求，但须提供乙方的营业执照和组织机构代码证复印件。乙方保证其所提供的复印件合法、真实、有效，并签字盖章确认。

要求具备相应的资质条件，须提供有关资质证书、营业执照和组织机构代码证复印件。乙方保证其所提供的复印件合法、真实、有效，并签字盖章确认。

第三条　采购方式

本合同的采购方式为：

(1) 招投标采购。本合同的组成部分包括本合同条款及附件、招标文件、投标文件。本合同条款及附件没有约定的，以招标、投标文件为准；招标、投标文件与本合同条款及附件的约定不一致的，以本合同条款及附件为准。

(2) 协议采购。本合同的组成部分包括本合同条款及附件。

第四条　合同标的

合同标的的名称、商标、品牌、型号、参数、计量单位、数量、单价、金额等详见本合同附件二，甲乙双方签章确认。

第五条　质量要求

(1) 交付货物的质量应当符合产品制造厂商有关技术手册、产品说明书的标准，并且不得低于国家或地方或行业标准。

(2) 乙方保证提供给甲方的货物是产品原生产厂商制造的，是全新、未使用过的并完全符合甲方在采购时提出的指标、技术性能及工作要求。

(3) 如因乙方提供的货物达不到本合同约定的质量标准，或因乙方提供的技术资料有误，或因乙方安装、调试不合格，或因乙方在现场的技术人员指导有误等，导致货物不能达到本合同约定的指标、技术性能及工作要求，乙方应无条件负责更换、修理，由此发生的退货、换货、运输、修理等全部费用由乙方承担。

(4) 乙方保证一次开箱的产品（含主产品和零配件）合格率在　　　%以上。

(5) 乙方提供的货物采用（①制造厂商出厂包装；②乙方包装），并且符合货物的包装运输要求，能防潮、防震，确保运输安全，在甲方验收前不得拆封，包装费用由乙方承担。

(6) 其他约定。

第六条　送货时间、方式、地点

(1) 乙方应在签订本合同后　　　日内向甲方送达本合同附件二所约定的全部货物。

(2) 运货方式：

① 乙方送货上门并承担全部运输装卸费用。

② 乙方通过物流运输、快递或邮寄方式送货，并承担包括但不限于运输装卸、快递或邮寄费，货物保险费等全部费用。

送货地址：　　　　　　，送货联系人：　　　　　，联系电话：　　　　　。若甲方改变送货地点、联系人应及时通知乙方。

乙方在送货时应同时提供货物所有附随单证和资料。

其他约定。

第七条　交货、安装、调试与验收

（1）乙方应将本合同附件二所约定的全部货物，按本合同约定的时间、方式并保质保量交付到本合同约定的地点。

（2）甲方应在到货后＿＿＿日内对货物进行初步验收，并出具收货和初步验收合格凭证。对于特殊情况下不能在＿＿＿日内完成初步验收的，应出具收货待验收凭证，同时告知完成初步验收的具体时间。甲方在约定的时间内不能完成初步验收的，视作初步验收合格。

（3）对本合同附件二所约定的货物（①需要；②不需要），乙方委派技术人员进行安装、调试。

① 乙方应在交货并经甲方初步验收合格后＿＿＿日内开始安装、调试，并在日内完成，达到本合同约定的指标、技术性能及工作要求。

② 乙方安装、调试完成后，应向甲方提交书面验收申请，未提交书面申请视作乙方未完成安装、调试工作。甲方在接到乙方验收申请后＿＿＿日内应组织甲方或第三方人员会同乙方人员进行验收，甲方未按约定组织验收，视为验收合格。

（4）甲方对乙方的货物及安装调试发现存在的内在质量问题，应在质量保证期内提出，无质量保证期的在收货后（如需安装、调试的，则在安装、调试完成后）的 12 个月内提出。

（5）甲方对货物质量异议应当以书面形式向乙方提出，乙方应当在收到异议后＿＿＿日内予以书面答复，未在约定的时间内书面答复的，视作甲方的异议成立。存在质量问题的，乙方应在＿＿＿日内给予更换或维修。

（6）货物的质量、数量、安装、调试等全部符合本合同的约定，方为验收合格。验收不合格，视作乙方未交货（含安装、调试）。验收合格后货物灭失的风险转移至甲方，此前货物的灭失、损坏等全部风险由乙方承担。

（7）乙方提供的产品若存在缺陷，不因甲方验收合格而免除产品缺陷的法律责任。

（8）其他约定。

第八条　合同价款、付款时间及方式

（1）本合同总价款为（大写）＿＿＿＿＿＿元整（￥＿＿＿＿）。

（2）本合同总价款是基于乙方按照本合同要求完成全部货物交货为条件，包括完成全部货物的供货、检测、安装、调试和相关服务等。

（3）乙方应被认为已经取得可能对本合同的履行产生影响和作用的有关风险、偶发事件和其他情况的所有必要资料。同样的，乙方应被认为已经勘察了现场、周围环境，并对所有相关事项已感到满足要求，并在合同总价款中充分考虑到了各种因素，包括：

① 影响合同价款的全部条件；

② 完成合同所述货物和服务的所有可能性；

③ 现场的综合情况；

④ 现场总的劳务情况。

（4）甲乙双方选择的付款时间和金额行为约定：

① 本项目无预付款，项目完成经验收合格后办理支付手续，甲方申请支付合同款前由乙方将合同金额的 5% 质保金打入甲方指定账户，本项目质保期 1 年后无质量纠纷的，无息退还乙方。

② 本项目款项支付方式按湖北省财政厅相关规定直接从国库支付，乙方认可甲方按约

定的付款时间向湖北省财政厅提出了资金支付申请，则视同甲方已履行了合同付款义务。

（5）甲乙双方选择的付款方式：

① 现金支付。

② 银行转账支付。乙方提供的账户信息为开户行、户名、账号。

乙方在甲方付款前，应向甲方出具合法的发票，如若乙方不能或不提供合法的发票，甲方有权拒绝付款。

（6）其他约定。

第九条　售后服务

（1）自验收合格之日起，乙方提供　年的质保期，在质保期内乙方应提供本合同产品原制造厂商标准的售后服务并承担全部费用。在质保期外，乙方应提供终身的维修服务，维修所需的原材料费用由甲方承担，人工费由乙方承担。

（2）乙方在接到甲方维修通知后　　　日内，委派技术人员到现场维修，并应在约定的时间内排除故障。

（3）本合同产品的使用（①需要；②不需要）乙方提供技术支持与培训，乙方应委派技术人员对甲方的相关人员进行培训，保证甲方的相关人员能熟练使用本合同的产品。

（4）其他约定。

第十条　权利保证

乙方保证所提供的货物不存在对任何第三人的侵权（包括但不限于所有权、商标权、知识产权等）。若发生侵权事件，由乙方负责处理，承担由此引起的一切法律责任，赔偿甲方因此所受到的损失并按本合同总价款的　　　％向甲方支付违约金。

第十一条　违约责任

（1）凡不履行本合同的约定或履行但不符合本合同的约定，均为违约，应当承担违约责任。

（2）乙方不按本合同的约定时间完成交货、安装、调试、验收合格、维修，每逾期一天，按本合同总价款的万分之　　　向甲方支付违约金。

（3）甲方不按本合同的约定时间付款，每逾期一天，按应付合同价款的万分之　　　向乙方支付违约金。

（4）其他约定。

第十二条　合同的变更、解除和终止

（1）除合同另有约定外，任何对本合同条款所做的变更或修改均须根据双方协商达成的协议，以补充协议的形式经双方授权代表签字并盖章完成，作为本合同不可分割的组成部分，具有与本合同本身同样的效力。

（2）在甲方对乙方违约而采取的任何补救措施及乙方违约责任的承担不受影响的情况下，甲方可向乙方发出书面违约通知书，提出解除部分或全部合同：

① 乙方未能在合同规定的期限内或甲方同意延长的期限内完成本合同；

② 未经许可，乙方将部分或全部合同转让他人；

③ 乙方未能履行合同约定的其他任何义务；

④ 乙方在本合同的竞争和实施过程中有腐败和欺诈行为。

（3）根据前款约定，若甲方对部分合同解除，乙方应继续履行合同中未解除的部分，对解除部分甲方可以依其认为适当的条件和方法完成乙方未能完成部分的工作，乙方应对甲方完成这部分工作所超出的那部分费用负责；若甲方解除了全部合同，乙方除应退还甲方已付价款外，还应按本合同总价款的　　％向甲方支付违约金。

（4）当甲乙双方完成了合同中所约定的责任和义务，本合同终止。

（5）其他约定。

第十三条　不可抗力

（1）因不可抗力致使本合同不能履行或不能按约定履行，不承担违约责任。

（2）发生不可抗力的一方应立即通知对方，并在不可抗力消除后的15日内向对方提供发生不可抗力的相关证明材料和情况说明。发生不可抗力时，甲乙双方应积极协商寻找解决的办法，并尽力减轻不可抗力产生的不利后果。

第十四条　保密条款

除本合同另有约定外，未经商业秘密原提供方书面同意，另一方不得向任何第三方泄露商业秘密的任何内容。但任何一方因法律规定或政府部门要求而对外提供上述商业秘密的，不属违反保密条款的行为。

第十五条　送达

（1）有关本合同的一切文书、通知、材料等均可以派人或以特快专递、传真、电传、电报或甲乙双方认为适当的其他方式按本合同指定的联系地址发送给本合同指定的联系人。

（2）联系方式：

① 甲方指定的联系地址及联系人；

② 乙方指定的联系地址及联系人。

（3）一方如果变更联系地址与联系人，应当以书面方式正式通知另一方，并据此变更指定的联系地址与联系人。

第十六条　争议解决

因本合同发生的任何争议，由甲乙双方协商解决，协商不成的，可向甲方所在地人民法院提起诉讼。

第十七条　其他约定

（1）本合同自双方法定代表人或其授权代表签字并加盖公章后生效。

（2）本合同有效期自合同签订之日起至质保期满之日止，从收到货物验收合格之日起计算质保期。

（3）本合同一式　　　份，甲方执　　　份，乙方执　　　份，具有同等法律效力。

（4）本合同附件三为本项目的中标通知书。

甲方（盖章）：　　　　　　　　　　　　乙方（盖章）：

法定（或授权）代表人：　　　　　　　　法定（或授权）代表人：

　　　年　　月　　日　　　　　　　　　　　年　　月　　日

第3章 工程类招标采购实务

3.1 药草园园路改造工程招标公告

新安江市政府采购中心受新安江旅游度假区委托，就该区药草园园路改造工程进行公开招标，现邀请合格投标人参加投标。

本次招标的相关信息如下。

（1）招标项目名称：新安江旅游度假区药草园园路改造工程。

（2）招标项目编号：AJZCGC2018411。

（3）招标项目工程概况：项目详细要求见本招标文件第三、四部分。

（4）合格的投标人：参加本次招标活动的投标人除应当符合《中华人民共和国政府采购法》第二十二条的规定外，还必须具备以下条件。

① 经国家工商行政管理机关注册的企业法人；

② 具备安全生产许可证；

③ 具备市政公用工程施工总承包三级及以上资质；

④ 项目负责人具备市政公用工程专业注册建造师二级及以上资格证书，具备《建筑施工企业项目负责人安全生产考核合格证书》。

（5）投标人资格审查方式：资格后审。

（6）招标文件获取：投标人自行下载。

（7）招标文件售价：人民币 200 元。投标时现场交纳，售后不退。

（8）现场踏勘：定于 2018 年 5 月 21 日 14 时 00 分在新安江旅游度假区后勤管理处环境中心办公室集中，对项目现场和周围环境进行踏勘并进行公开答疑。请有意报名参加投标的单位准时参加。未参加踏勘现场的单位不得参加投标，踏勘费用由潜在投标人自行承担。（联系人：　　　　，联系电话：　　　　　）

（9）投标报名确认：潜在投标人如确定参加投标，请务必于 2018 年 5 月 20 日 11 时 00 分前将"报名投标确认函"（格式见招标文件第五部分"附件 1"），用 Word 格式打印提供有关信息，并用"招标项目号＋投标公司"作文件名保存成文件，通过电子邮箱发送至　　　　，我方收到后一般在一个工作日内回复，提示报名成功。

如潜在投标人未按上述要求操作,将自行承担所产生的风险。

(10) 投标报名时间截止后,如投标人少于 3 个,采购人可选择其他采购方式采购或重新组织招标,也可顺延本项目的投标报名时间、投标截止时间及开标时间并予公告。

(11) 投标开始时间:2018 年 5 月 26 日 13 时 00 分。

(12) 投标截止时间及开标时间:2018 年 5 月 26 日 13 时 30 分。

(13) 投标与开标地点:新安江市财政大厦 1506 室。

与本次招标有关的事宜请按下列通信方式联系:

单位部门:新安江市政府采购中心

联系地址:某省新安江市建设北路 820 号   邮政编码:

联系电话:

传真:

Email:

联系人:侯先生、赵女士

3.2 国际交流会议室及走廊修缮工程招标公告

富春江市政府采购中心受市政府委托,就市政府大楼 C919 国际交流会议室及 12 楼走廊部分修缮工程进行公开招标,现邀请合格投标人参加投标。

本次招标的相关信息如下。

(1) 招标项目名称:富春江市政府大楼 C919 国际交流会议室及 12 楼走廊部分修缮工程。

(2) 招标项目编号:FCJZCGC2018108。

(3) 招标项目工程概况:项目详细要求见本招标文件第三、四部分。

(4) 合格的投标人:参加本次招标活动的投标人除应当符合《中华人民共和国政府采购法》第二十二条的规定外,还必须具备以下条件。

① 经国家工商行政管理机关注册的企业法人;

② 具备安全生产许可证;

③ 具备建筑装修装饰工程专业承包二级及以上资质;

④ 项目负责人具备建筑工程专业注册建造师二级及以上资格证书,具备《建筑施工企业项目负责人安全生产考核合格证书》。

(5) 投标人资格审查方式:资格后审。

(6) 招标文件获取:投标人自行下载。

(7) 招标文件售价:人民币 200 元。投标时现场交纳,售后不退。

(8) 现场踏勘:定于 2018 年 6 月 25 日 14 时 00 分在富春江市政府大楼一楼大厅集中对项目现场和周围环境进行踏勘并进行公开答疑。请有意报名参加投标的单位准时参加,踏勘费用由潜在投标人自行承担。(联系人: ,联系电话:)

(9) 投标报名确认:潜在投标人如确定参加投标,请务必于 2018 年 6 月 29 日 11 时 00 分前将"报名投标确认函"(格式见招标文件第五部分"附件 1"),用 Word 格式打印提供有关信息,并用"招标项目号+投标公司"作文件名保存成文件,通过电子邮箱发送至   ,我方收到后一般在一个工作日内回复,提示报名成功。

如潜在投标人未按上述要求操作，将自行承担所产生的风险。

（10）投标报名时间截止后，如投标人少于3个，采购人可选择其他采购方式采购或重新组织招标，也可顺延本项目的投标报名时间、投标截止时间及开标时间并予公告。

（11）投标开始时间：2018年6月30日13时00分。

（12）投标截止时间及开标时间：2018年6月30日13时30分。

（13）投标与开标地点：富春江市龙门大厦1512室。

与本次招标有关的事宜请按下列通信方式联系：

单位部门：富春江市政府采购中心

联系地址：某省富春江市中山西路46号　　邮政编码：

联系电话：

传真：

Email：

联系人：唐先生、刘女士

3.3　医学特殊环境实验室工程招标公告

闽江市政府采购中心受闽江市疾病控制中心委托，就闽江市疾病控制中心医学特殊环境实验室工程进行公开招标，现邀请合格投标人参加投标。

本次招标的相关信息如下。

（1）招标项目名称：闽江市疾病控制中心医学特殊环境实验室工程。

（2）招标项目编号：MJZCGC2018105。

（3）招标项目概况：工程详细要求见本招标文件第三、四部分。

（4）合格的投标人：参加本次招标活动的投标人除应当符合《中华人民共和国政府采购法》第二十二条的规定外，还必须具备以下条件：

① 经国家工商行政管理机关注册的企业法人；

② 具备安全生产许可证；

③ 具有建筑装修装饰工程专业承包二级及以上资质；

④ 具备建筑机电安装工程专业承包三级及以上资质；

⑤ 具备电子与智能化工程专业承包二级及以上资质；

⑥ 项目负责人具备机电安装工程专业二级及以上注册建造师，具备《建筑施工企业项目负责人安全生产考核合格证书》。

（5）投标人资格审查方式：资格后审。

（6）招标文件获取：投标人自行下载。

（7）招标文件售价：人民币200元。投标时现场交纳，售后不退。

（8）现场踏勘：定于2018年5月11日14时00分在闽江市疾病控制中心一楼大厅集中对项目现场和周围环境进行踏勘并进行公开答疑。请有意报名参加投标的单位准时参加。踏勘费用由潜在投标人自行承担。（联系人：　　　　　，联系电话：　　　　　）

（9）投标报名确认：潜在投标人如确定参加投标，请务必于2018年5月13日11时00分前将"报名投标确认函"（格式见招标文件第五部分"附件1"），用Word格式打印提供有关信息，并用"招标项目号＋投标公司"作文件名保存成文件，通过电子邮箱发送至＿＿＿＿＿，我方收到后一般在一个工作日内回复，提示报名成功。

如潜在投标人未按上述要求操作，将自行承担所产生的风险。

（10）投标报名时间截止后，如投标人少于 3 个，招标人可选择其他采购方式采购或重新组织招标，也可顺延本项目的投标报名时间、投标截止时间及开标时间并予公告。

（11）投标开始时间：2018 年 5 月 15 日 9 时 00 分。

（12）投标截止时间及开标时间：2018 年 5 月 15 日 9 时 30 分。

（13）投标与开标地点：闽江市太平洋宾馆 1720 室。

与本次招标有关的事宜请按下列通信方式联系：

单位部门：闽江市政府采购中心

联系地址：某省闽江市建国南路 2010 号　邮政编码：

联系电话：

传　真：

Email：

联系人：宋先生、何女士

3.4　监控中心电视墙改造工程招标公告

雅砻江市政府采购中心受雅砻江市公安局委托，就该局交通监控运行中心电视墙改造工程进行公开招标，现邀请合格投标人参加投标。

本次招标的相关信息如下。

（1）招标项目名称：雅砻江市公安局交通监控运行中心电视墙改造工程。

（2）招标项目编号：YLJZCGC2018319。

（3）招标项目工程概况：项目详细要求见本招标文件第三、第四部分。

（4）合格的投标人：参加本次招标活动的投标人除应当符合《中华人民共和国政府采购法》第二十二条的规定外，还必须具备以下条件。

① 经国家工商行政管理机关注册的企业法人；

② 具备安全生产许可证；

③ 具备电子与智能化工程专业承包二级（含）以上资质或建筑智能化工程设计与施工二级（含）以上资质；

④ 项目负责人具备机电安装专业注册建造师二级及以上资格证书，具备《建筑施工企业项目负责人安全生产考核合格证书》。

（5）投标人资格审查方式：资格后审。

（6）招标文件获取：投标人自行下载。

（7）招标文件售价：人民币 200 元。投标时现场交纳，售后不退。

（8）现场踏勘：定于 2018 年 4 月 22 日 9 时 00 分在索江楼 0108 集中后统一踏勘现场并进行公开答疑，请有意参加投标的单位准时参加，未参加踏勘现场的单位不得参加投标。踏勘费用由潜在投标人自行承担。（联系人：　　　　，联系电话：　　　　）

（9）投标报名确认：潜在投标人如确定参加投标，请务必于 2018 年 4 月 26 日 11 时 00 分前将"报名投标确认函"（格式见招标文件第五部分"附件 1"），用 Word 格式打印提供有关信息，并用"招标项目号＋投标公司"作文件名保存成文件，通过电子邮箱发送

至   ，我方收到后一般在一个工作日内回复，提示报名成功。

如潜在投标人未按上述要求操作，将自行承担所产生的风险。

（10）投标报名时间截止后，如投标人少于3个，采购人可选择其他采购方式采购或重新组织招标，也可顺延本项目的投标报名时间、投标截止时间及开标时间并予公告。

（11）投标开始时间：2018年4月28日13时00分。

（12）投标截止时间及开标时间：2018年4月28日13时30分。

（13）投标与开标地点：索江楼1206室。

与本次招标有关的事宜请按下列通信方式联系：

单位部门：雅砻江市政府采购中心

联系地址：某省雅砻江市跃进路1422号　邮政编码：

联系电话：

传真：

Email：

联系人：岳先生、孙先生

3.5 实验中心教学环境改造工程公开招标公告

3.5.1 公告概要

公告概要见表3-5-1。

表3-5-1　公告概要

公告信息：			
采购项目名称	庐江市人力资源培训中心设计部实验中心教学环境改造工程		
品目	工程/装修工程		
采购单位			
行政区域	庐江市	公告时间	2018年06月14日 20：38
获取招标文件时间	2018年06月15日 09：00 至 2018年06月21日 16：00		
招标文件售价	￥500		
获取招标文件的地点	庐江守诚工程项目管理有限公司（庐江市胜利大街3210号守诚COPO 2号楼308室）		
开标时间	2018年7月11日 13：30		
开标地点	庐江守诚工程项目管理有限公司（庐江市胜利大街3210号守诚COPO 2号楼113室）		
预算金额	117万元（人民币）		
联系人及联系方式	黄先生，联系电话		
采购单位			
采购单位地址	庐江市开元区金沙江西路2059号		
采购单位联系方式	邢先生，联系电话		
代理机构名称	庐江守诚工程项目管理有限公司		
代理机构地址	庐江市胜利大街3210号守诚COPO 2号楼216室		
代理机构联系方式	胡先生，联系电话　　　　　；赛先生，联系电话		

3.5.2 公告细节

庐江守诚工程项目管理有限公司受委托，根据《中华人民共和国政府采购法》等有关规定，现对设计学院实验中心教学环境改造工程进行公开招标，欢迎合格的供应商前来投标。

项目名称：庐江市人力资源培训中心设计部实验中心教学环境改造工程

项目编号：LJSCCG2018Q-139

项目联系人：黄先生

项目联系电话：

采购单位：

地址：庐江市开元区金沙江西路 2059 号

联系方式：邢先生，联系电话

代理机构：庐江守诚工程项目管理有限公司

代理机构联系人：胡先生，联系电话　　　　；赛先生，联系电话

代理机构地址：庐江市胜利大街 3210 号守诚 COPO 2 号楼 216 室

(1) 采购项目的名称、数量、简要规格描述和基本概况介绍

① 工期：合同生效后 35 天内完成；

② 误期违约金：2000 元/天；

③ 质量等级：合格；

④ 质量违约金：合同价的 5%；

⑤ 最高限价：115 万元，投标报价高于最高限价的作为无效投标处理；

⑥ 投标人必须按照本工程的清单编制说明要求进行投标报价，并在投标文件中列明采用的材料、设备等的品牌，或者投标人也可以在投标文件中采用与本工程的清单编制说明要求同等档次或更高档次的品牌进行报价；否则，将视为不响应招标文件实质性要求，按无效标处理；

⑦ 本次招标范围为图纸清单范围内的装饰、安装工程。

(2) 投标人的资格要求

投标人条件：投标人参加本次政府招标活动除应当符合《中华人民共和国政府采购法》第二十二条的规定外，还必须是：1) 企业：①具备独立承担民事责任能力的投标人营业执照或相关部门的登记证明文件；②具备建筑装修装饰工程专业承包二级（含）以上或者建筑装饰装修工程设计与施工三级（含）以上资质；③具备安全生产许可证。2) 项目负责人：①具备房屋建筑工程专业二级及以上注册建造师证书及有效期内的《建筑施工企业项目负责人安全生产考核合格证》B 证；②法定代表授权委托人、项目负责人必须为投标人在职职工，具备与本企业签订的劳动合同和《职工养老保险手册》（内附 2017 年 12 月—2018 年 5 月的缴费清单）或由社保机构出具的 2017 年 12 月—2018 年 5 月的缴费证明。3) 本项目不接受联合体投标。

(3) 招标文件的发售时间及地点等

预算金额：117 万元（人民币）。

时间：2018 年 6 月 15 日 09：00 至 2018 年 6 月 21 日 16：00（双休日及法定节假日除外）。

地点：庐江守诚工程项目管理有限公司（庐江市胜利大街 3210 号守诚 COPO2 号楼 216 室）。

招标文件售价：500 元，本公告包含的招标文件售价总和：

招标文件获取方式：电子文档介质。

（4）投标截止时间

2018 年 7 月 11 日 13：30。

（5）开标时间

2018 年 7 月 11 日 13：30。

（6）开标地点

庐江守诚工程项目管理有限公司（庐江市胜利大街 3210 号守诚 COPO2 号楼 113 室）。

（7）其他补充事宜

（8）采购项目需要落实的政府采购政策

《中华人民共和国政府采购法》《中华人民共和国招标投标法》《中华人民共和国合同法》及庐江市相关的地方性规章和政策文件。

3.6 标准化考场建设项目公开招标公告

仁和工程管理咨询有限公司受括苍山市教育考试院委托，根据《中华人民共和国政府采购法》等有关规定，现对标准化考场建设项目进行公开招标，欢迎合格的供应商前来投标。

项目名称：标准化考场建设项目

项目编号：RHCG2018-094

项目联系人：孙先生

项目联系电话：

采购单位：

地址：某省括苍山市太平洋北路 87 号

联系方式：郭先生，联系电话：

代理机构：仁和工程管理咨询有限公司

代理机构联系人：宋先生，联系电话：　　　电子邮箱：

代理机构地址：括苍山市山北区和平大道 2022 号人民广场 K 座（9 号楼）12 楼

（1）采购项目的名称、数量、简要规格描述和基本概况介绍

① 项目名称：标准化考场建设项目；

② 项目编号：RHCG2018-094；

③ 招标范围：主要用于括苍山市教育考试院下辖的 161 个教室的标准化考场的建设，其中可设置双考场的教室 54 间（108 个考场），可设置单考场的教室 107 间（107 个考场），监控室 1 间，同时实现标准化考场设备与日常教学设备的复用；

④ 交货（工）期：45 日历天（含安装及调试）；

⑤ 质量标准：符合招标文件要求；

⑥ 最高限价：300 万元；

⑦ 项目地点：某省括苍山市太平洋北路 87 号内；

⑧ 本项目设 1 个标段。

（2）投标人的资格要求

1）企业需具备《中华人民共和国政府采购法》第二十二条的规定：①具备独立法人资格及具有独立承担民事责任的能力；②具有良好的商业信誉和健全的财务会计制度；③具有履行合同所必需的设备和专业技术能力；④有依法缴纳税收和社会保障基金的良好记录；⑤参加采购活动前三年内，在经营活动中没有重大违法记录；⑥法律、行政法规规定的其他条件。单位负责人为同一人或者存在直接控股、管理关系的不同供应商，不得参加同一合同项下的政府采购活动。

2）特定资格条件：投标人具备《中华人民共和国基础电信业务经营许可证》或具备广播电视传输网络建设、改造、维护、管理资格（投标人自有的或授权其分支机构投标的法人或负责人所有的）。

3）本项目不接受联合体投标。

4）授权委托人、项目负责人须为在职人员，具有劳动合同及 2017 年 12 月—2018 年 5 月社保缴纳证明。

5）近 3 年内被"信用中国"网（www.creditchina.gov.cn）、中国政府采购网（www.ccgp.gov.cn）、"信用"网（www.credit.gov.cn）等列入失信执行人、重大税收违法案件当事人名单、政府采购严重违法失信行为记录名单的（处罚期限尚未届满的）供应商，不得参与本项目的政府采购活动。

（3）招标文件的发售时间及地点等

预算金额：303 万元（人民币）。

时间：2018 年 4 月 15 日 09：00 至 2018 年 4 月 19 日 16：30（双休日及法定节假日除外）。

地点：括苍山市山北区和平大道 2022 号人民广场 K 座（9 号楼）12 楼。

招标文件售价：800 元，本公告包含的招标文件售价总和：

招标文件获取方式：电子文档介质。

（4）投标截止时间

2018 年 5 月 7 日 13：30。

（5）开标时间

2018 年 5 月 7 日 13：30。

（6）开标地点

仁和工程管理咨询有限公司［括苍山市山北区和平大道 2022 号人民广场 K 座（9 号楼）12 楼］。

（7）其他补充事宜

1）公告期：5 个工作日。

2）投标人报名时须提供下列资料并加盖公章装订成册：

① 法定代表人授权委托书原件（注明经办人的联系电话、电子邮箱）、经办人的身份证复印件；

② 营业执照副本（三证合一）。

（8）采购项目需要落实的政府采购政策

按相关政策规定执行。

3.7 绿化养护服务外包项目（二次）公开招标公告

协信工程管理咨询有限公司受屯溪风景名胜区管理委员会委托，根据《中华人民共和国政府采购法》等有关规定，现对该区游客集散中心绿化养护服务外包项目进行公开招标，欢迎合格的供应商前来投标。

项目名称：屯溪风景名胜区管理委员会游客集散中心绿化养护服务外包项目

项目编号：CG2018-133

项目联系人：宋先生

项目联系电话：

采购单位：

地址：某省屯溪市奇峰路391号

联系方式：宋先生，联系电话：

代理机构：协信工程管理咨询有限公司

代理机构联系人：刘先生，联系电话：

代理机构地址：屯溪开发区云海南路凌霄大厦21楼

(1) 采购项目的名称、数量、简要规格描述或基本概况介绍

① 项目名称：屯溪风景名胜区管理委员会游客集散中心绿化养护服务外包项目；

② 项目编号：CG2018-133；

③ 招标范围：对集散中心内的绿化区域进行养护，养护面积为683321平方米，其中一标段（西区）242312平方米，二标段（南区）219956平方米，三标段（东区）221053平方米；

④ 养护服务期：　　　　年（合同一年一签）；

⑤ 质量标准：符合招标文件要求；

⑥ 最高限价：669万元；其中：一标段（西区）最高限价251万元，二标段（南区）217万元，三标段（东区）201万元；

⑦ 项目地点：某省屯溪市奇峰路391号内；

⑧ 本项目设3个标段。投标人可以同时投多个标段，但1个投标人只能中1个标段，而其在另外2个标段的排名也为第1时，由第2名递补中标。

(2) 投标人的资格要求

投标供应商参加本次政府采购活动除应当符合《中华人民共和国政府采购法》第二十二条的规定外，还需具备以下条件。

1) 企业需具备的资格：①投标人应在中华人民共和国境内具有独立法人资格；②有能力提供相应的技术及服务，且具有良好的财务状况和商业信誉；③投标人具有良好的银行资信和商业信誉，没有处于被责令停业，财产被接管、冻结、破产状态；④持含有园林绿化（须包含绿化养护）经营范围的有效的企业营业执照单位负责人为同一人或者存在直接控股、管理关系的不同供应商，不得参加同一合同项下的政府采购活动。

2) 本项目不接受联合体投标。

3) 授权委托人、项目负责人须为在职人员，具有劳动合同及2017年12月—2018年5月社保缴纳证明。

4) 参加采购活动前3年内,在经营活动中无安全事故和质量事故,且没有重大违法的记录。

5) 项目负责人需具备园林绿化专业中级及以上职称。

6) 近3年内被"信用中国"网（www.creditchina.gov.cn）、中国政府采购网（www.ccgp.gov.cn）、"信用"网（www.credit.gov.cn）等列入失信执行人、重大税收违法案件当事人名单、政府采购严重违法失信行为记录名单的（处罚期限尚未届满的）供应商,不得参与本项目的政府采购活动。

(3) 招标文件的发售时间及地点等

预算金额：669万元（人民币）

时间：2018年6月10日09：00至2018年6月16日16：30（双休日及法定节假日除外）。

地点：屯溪开发区云海南路凌霄大厦21楼。

招标文件售价：500元,本公告包含的招标文件售价总和。

招标文件获取方式：电子文档介质。

(4) 投标截止时间

2018年7月10日13：30。

(5) 开标时间

2018年7月10日13：30。

(6) 开标地点

协信工程管理咨询有限公司（屯溪开发区云海南路凌霄大厦21楼）；逾期送达的或者未送达指定地点的,或者未按照招标文件要求密封或者加写标记的投标文件,采购人将拒收。

(7) 其他补充事宜

1) 公告期：5个工作日；

2) 投标供应商报名时须提供下列资料并加盖公章装订成：

① 法定代表人授权委托书原件（注明经办人的联系电话、电子邮箱）经办人的身份证复印件；

② 营业执照副本（三证合一）。

(8) 采购项目需要落实的政府采购政策

按相关规定执行。

3.8 绿化养护服务外包项目终止公告

项目名称：太白山旅游管理局游客集散中心绿化养护服务外包项目

项目编号：HRCG2018-110

(1) 项目联系方式

项目联系人：蔡先生

项目联系电话：

(2) 原公告名称及地址时间等

首次公告日期：2018年3月18日。

本次变更日期：2018年5月19日。

原公告项目名称：太白山旅游管理局游客集散中心绿化养护服务外包项目。

原公告地址：http://www.ccgp.gov.cn/cggg/zygg/gkzb/201803/t20180311_9921336.htm。

（3）更正事项、内容

终止原因：采购人采购需求做调整。

（4）其他补充事宜

无。

（5）联系方式

采购单位名称：

采购单位地址：某省太白山市玉龙河北路36号

采购单位联系方式：宋先生，联系电话：

采购代理机构全称：怀仁工程管理咨询有限公司

采购代理机构地址：太白山市建设路281号百伦广场D座17楼

采购代理机构联系方式：邱先生，联系电话：

3.9 绿化养护服务外包项目公开招标公告

瑞恩工程管理咨询有限公司受岷山风景名胜区旅游管理局委托，根据《中华人民共和国政府采购法》等有关规定，现对该区游客集散中心绿化养护服务外包项目进行公开招标，欢迎合格的供应商前来投标。

项目名称：岷山风景名胜区旅游管理局游客集散中心绿化养护服务外包项目

项目编号：RECG2018-321

项目联系人：霍先生

项目联系电话：

采购单位：

地址：某省岷山市松花江南路59号

联系方式：霍先生，联系电话：

代理机构：瑞恩工程管理咨询有限公司

代理机构联系人：刘工，联系电话：

代理机构地址：岷山市建设路2811号云顶大厦31楼

（1）采购项目的名称、数量、简要规格描述或基本概况介绍

① 项目名称：游客集散中心绿化养护服务外包项目；

② 项目编号：RECG2018-321；

③ 招标范围：对校园内的南区、东区、西区绿化区进行养护，养护面积为673541万平方米，其中一标段（西区）206654平方米，二标段（南区）234289平方米，三标段（东区）232598平方米；

④ 养护服务期：2年；

⑤ 质量标准：符合招标文件要求；

⑥ 最高限价：383万元；其中：一标段（西区）最高限价139万元，二标段（南区）126万元，三标段（东区）118万元；

⑦ 项目地点：某省岷山市松花江南路 59 号内；

⑧ 本项目设：3 个标段。投标人可以同时投多个标段，但一个投标人只能中 1 个标段，而他在另外两个标段的排名也为第一时，由第二名递补中标。

(2) 投标人的资格要求

1) 企业需具备的资质。①具备独立法人资格及具有独立承担民事责任的能力；②具有良好的商业信誉和健全的财务会计制度；③具有履行合同所必需的设备和专业技术能力；④有依法缴纳税收和社会保障基金的良好记录；⑤持有含有园林绿化（须包含绿化养护）经营范围的有效的企业营业执照；单位负责人为同一人或者存在直接控股、管理关系的不同供应商，不得参加同一合同项下的政府采购活动。

2) 本项目不接受联合体投标。

3) 授权委托人、项目负责人须为在职人员，具有劳动合同及 2017 年 12 月—2018 年 5 月社保缴纳证明。

4) 参加采购活动前 3 年内，在经营活动中无安全事故和质量事故，且没有重大违法的记录。

5) 项目负责人需具备园林绿化专业中级及以上职称。

6) 近 3 年内被"信用中国"网（www.creditchina.gov.cn）、中国政府采购网（www.ccgp.gov.cn）、"信用"网（www.credit.gov.cn）等列入失信执行人、重大税收违法案件当事人名单、政府采购严重违法失信行为记录名单的（处罚期限尚未届满的）供应商，不得参与本项目的政府采购活动。

(3) 招标文件的发售时间及地点等

预算金额：383 万元（人民币）。

时间：2018 年 6 月 1 日 09：00 至 2018 年 6 月 11 日 16：30（双休日及法定节假日除外）。

地点：岷山市建设路 2811 号云顶大厦 31 楼。

招标文件售价：800 元，本公告包含的招标文件售价总和。

招标文件获取方式：电子文档介质。

(4) 投标截止时间

2018 年 6 月 21 日 13：30。

(5) 开标时间

2018 年 6 月 21 日 13：30。

(6) 开标地点

瑞恩工程管理咨询有限公司（岷山市建设路 2811 号云顶大厦 31 楼）。

(7) 其他补充事宜

① 公告期：5 个工作日。

② 逾期送达的或者未送达指定地点的，或者未按照招标文件要求密封或者加写标记的投标文件，采购人将拒收。

(8) 采购项目需要落实的政府采购政策

按相关规定执行。

3.10 药草园园路改造工程招标文件

3.10.1 招标文件封面及目录

招标文件封面及目录见图 3-10-1。

招标文件

项目名称：昆仑山风景名胜区管理局药草园园路改造工程
项目编号：KLSGC2018141

昆仑山风景名胜区管理局采购与招标管理办公室
2018年6月14日

目录

第一部分　投标邀请
第二部分　投标人须知
（1）招标文件
（2）投标文件
（3）投标细则
（4）开标、评标
（5）评标方法及评分标准
（6）定标
（7）中标通知书及合同的签订
（8）其他
第三部分　项目招标要求和有关说明
第四部分　图纸、设计方案、工程量清单
第五部分　合同协议书
第六部分　合同条款
第七部分　工程质量保修书
第八部分　附件（投标文件格式）
附件1　报名投标确认函
附件2　投标函
附件3　开标一览表
附件4　法定代表人资格证明
附件5　法定代表人授权书
附件6　工程量清单报价表

图 3-10-1　招标文件封面及目录

3.10.2　第一部分　投标邀请

昆仑山风景名胜区管理局采购与招标管理办公室受管理局委托，就我局药草园园路改造工程进行公开招标，现邀请合格投标人参加投标。

本次招标的相关信息如下。

（1）招标项目名称：药草园园路改造工程。

（2）招标项目编号：KLSGC2018141。

（3）招标项目工程概况：项目详细要求见本招标文件第三、四部分。

（4）合格的投标人：参加本次招标活动的投标人除应当符合《中华人民共和国政府采购法》第二十二条的规定外，还必须具备以下条件。

① 经国家工商行政管理机关注册的企业法人；

② 具备安全生产许可证；

③ 具备市政公用工程施工总承包三级及以上资质；

④ 项目负责人具备市政公用工程专业注册建造师二级及以上资格证书，具备《建筑施工企业项目负责人安全生产考核合格证书》。

（5）投标人资格审查方式：资格后审。

（6）招标文件获取：投标人自行下载。

（7）招标文件售价：人民币 200 元。投标时现场交纳，售后不退。

（8）现场踏勘：定于 2018 年 7 月 11 日 14 时 00 分在昆仑山风景名胜区管理局综合保障中心办公室集中对项目现场和周围环境进行踏勘并进行公开答疑。请有意报名参加投标的单位准时参加。未参加踏勘现场的单位不得参加投标，踏勘费用由潜在投标人自行承担。（联系人：孙先生，联系电话：　　　　　）

（9）投标报名确认：潜在投标人如确定参加投标，请务必于 2018 年 7 月 13 日 11 时 00 分前将"报名投标确认函"（格式见招标文件第五部分"附件 1"），用 Word 格式打印提供有关信息，并用"招标项目号＋投标公司"作文件名保存成文件，通过电子邮箱发送至　　　　　，我方收到后一般在一个工作日内回复，提示报名成功。

如潜在投标人未按上述要求操作，将自行承担所产生的风险。

（10）投标报名时间截止后，如投标人少于 3 个，采购人可选择其他采购方式采购或重新组织招标，也可顺延本项目的投标报名时间、投标截止时间及开标时间并予公告。

（11）投标开始时间：2018 年 7 月 16 日 13 时 00 分。

（12）投标截止时间及开标时间：2018 年 7 月 16 日 13 时 30 分。

（13）投标与开标地点：昆仑山风景名胜区管理局综合保障中心 1221 室。

与本次招标有关的事宜请按下列通信方式联系：

单位部门：昆仑山风景名胜区管理局采购与招标管理办公室

联系地址：某省昆仑山市观象山南路 671 号　　邮政编码：

联系电话：

传真：

Email：

联系人：韩先生、陆先生

3.10.3　第二部分　投标人须知

（1）招标文件

1）名词定义

本招标文件中的采购人、投标人、中标人分别指：

① 采购人指昆仑山风景名胜区管理局，亦称发包人；

② 投标人指响应招标并具备相应资质的承包商等；

③ 中标人指最后中标的投标人，亦称承包人。

2）招标文件的组成

本招标文件由下列部分组成：

① 投标邀请；

② 投标人须知；

③ 项目招标要求和有关说明；

④ 图纸、设计方案、清单及验收标准；
⑤ 合同协议书；
⑥ 合同专用条款；
⑦ 附件目录及格式。
3）招标文件的澄清

如投标人对招标文件的某些内容有疑问，应在投标截止时间 5 日前以书面形式传真通知采购人，采购人将予以书面答复。采购人认为有必要时，可将答复内容（包括疑问内容，但不包括疑问来源）在昆仑山风景名胜区管理局采购与招标信息网站上公开发布。

4）招标文件的补充和修改

① 采购人有权在投标截止时间 3 日前对招标文件进行补充和修改，补充和修改的内容在昆仑山风景名胜区管理局采购与招标信息网站上公开发布。补充和修改的内容作为招标文件的组成部分，对投标人具有同等约束作用。

② 如招标文件的补充和修改对投标人准备投标的时间有影响，采购人有权决定推迟投标截止时间和开标时间。

（2）投标文件

1）投标文件的语言

① 投标文件及来往函件均应使用中文。
② 材料说明书、样本等非中文材料，其中的要点应附有中文译文。

2）投标文件的组成

投标人编写的投标文件由投标函、商务和技术等部分组成。技术部分主要包括施工组织设计等内容。

3）投标函部分主要包括下列内容（所有复印件均需加盖公章）：

① 目录；
② 投标函（格式见附件 2）；
③ 开标一览表（格式见附件 3）；
④ 投标人资格证明文件；
⑤ 项目负责人与企业签订的劳动合同和《职工养老保险手册》（内附 2018 年 4~6 月由社保局出具的缴费证明）或由社保机构出具的 2018 年 4~6 月缴费证明；
⑥ 投标人认为需要提交的其他投标资料。

4）投标人资格证明文件主要包括下列内容（所有复印件均需加盖公章）：

① 营业执照副本复印件；
② 安全生产许可证复印件；
③ 法定代表人资格证明（格式见附件 4）；
④ 法定代表人授权书原件（格式见附件 5）；
⑤ 市政公用工程施工总承包三级及以上资质复印件；
⑥ 项目负责人的市政公用工程专业注册建造师二级及以上资格证书复印件；
⑦ 项目负责人的安全生产考核合格证书复印件。

投标人在投标时，应携带以上资格、资质证明文件复印件的原件以备招标人查验，如投标人未按上述要求操作，将自行承担所产生的风险。

5）商务部分主要包括下列内容：

① 投标报价说明；

② 工程量清单报价表（格式见附件6）；
③ 投标报价需要的其他资料。
6) 施工组织设计主要包括下列内容：
① 本项目的针对性方案；
② 各阶段的施工措施；
③ 施工进度计划图；
④ 有必要说明的其他内容。
7) 项目管理机构配备情况，包括项目管理机构配备情况表和其他辅助说明资料。
① 项目管理机构配备情况表见表3-10-1。

表 3-10-1　项目管理机构配备情况表

序号	姓名	所学专业	从事专业	技术职称	注册专业及证书号	从事专业年限

② 其他辅助说明资料。
中标单位的项目负责人资质证书原件暂扣招标人处，待项目完工后退还。
8) 企业概况和业绩主要包括下列内容：
① 企业概况；
② 经审计的2017年财务报表复印件；
③ 2016年以来承担过类似及以上工程成功案例一览表，附合同复印件（带原件备查），加盖公章；
④ 有必要说明的其他内容。
9) 投标文件的形式及签署
① 投标人需提交投标文件正本1份、副本4份，并在投标文件的封面上明确标明投标文件正本和副本。如投标文件正本与副本有不同之处，以正本为准。
② 投标文件正本与副本均应使用A4纸打印，图表等可按同样规格的倍数扩展，且经被授权人签署。
③ 投标文件不应有涂改、增删之处，但如有错误必须修改时，修改处必须由原被授权人签署。
10) 投标文件的密封和标记
投标人应将投标文件用封套加以密封，在封口处粘贴密封条，盖骑缝公章，并在封套上标明：
① 收件人：昆仑山风景名胜区管理局采购与招标管理办公室
② 招标项目编号：
③ 招标项目名称：
④ 投标人名称：
⑤ 投标人地址：
⑥ 联系电话：
⑦ 开标之前不得启封。
没有按上述规定密封和标记的投标文件，采购人将不承担投标文件错放或提前开启的责

任,由此造成提前开启的投标文件采购人将予以拒绝。

(3) 投标细则

1) 投标报价

投标人报价一律以人民币为投标结算货币,结算单位为"元"。

2) 投标文件的递交

① 投标人应仔细阅读招标文件的所有内容并作出实质性响应,同时按招标文件规定的要求和格式,提交完整的投标文件。

② 投标文件应在投标截止时间前送达指定地点,逾期送达或未送达指定地点以及未按招标文件要求密封的投标文件,采购人将拒收或退还投标人。

③ 采购人不接受传真及电子邮件投标。

3) 投标文件的修改和撤回

① 投标截止时间后不得修改投标文件。

② 投标截止时间前投标人可以撤回投标文件,但在投标截止时间后不允许撤回。

4) 分包投标

本次招标不可分包投标和中标。

5) 联合体投标

本次招标不接受联合体投标。

6) 投标有效期

从投标截止时间起,投标有效期为90天。

(4) 开标、评标

1) 采购人按规定的时间和地点开标,投标人可派代表参加。投标人未派代表参加开标的,视为默认开标结果。

2) 开标时,采购人将邀请投标人代表检查投标文件的密封情况,经确认无误后,由工作人员当众拆封,宣读投标人名称、投标价格、交货期等投标文件的主要内容。

3) 采购人组织用户代表和有关专家组成评标委员会进行评标。

4) 开标结束后,采购人组织对投标人的投标资格进行审查,评标委员会对投标人是否实质性响应招标文件要求进行符合性审查。

5) 对招标文件的实质性要求和条件作出响应的投标应该是与招标文件要求的全部条款、条件、指标和规格相符,没有重大偏离的投标。采购人和评委判定投标的响应性只根据投标本身的内容,而不寻求外部的证据,投标人不得通过修正或撤销不符合要求的偏离从而使其投标成为实质上响应的投标。

投标文件出现(但不限于)下列情况之一的,由评标委员会评审后作无效投标或废标处理:

① 超出经营范围投标的;

② 不具备招标文件规定的资格条件及未按招标文件规定的要求提供资格证明文件的;

③ 无法定代表人签字或盖章的,签字人无法定代表人有效授权的;应加盖投标人公章而未盖章的;

④ 投标有效期不足的;

⑤ 同一投标人提交两个及以上投标报价的;

⑥ 重要技术指标和参数不满足招标要求的;

⑦ 重要内容或关键字迹模糊不清无法辨认的；
⑧ 其他未对招标文件实质性要求和条件作出响应的；
⑨ 不同投标人投标文件相互混装的；
⑩ 不同投标人投标文件中的项目相关人员出现同一人的；
⑪ 不同投标人的投标文件内容出现非正常一致的；
⑫ 恶意串通投标的；
⑬ 报价明显偏离市场行情的；
⑭ 有损害采购人和用户利益的规定的。

6) 评标委员会认为有必要时，将要求投标人述标或对投标文件中某些内容作出澄清和说明，但不接受投标人主动提出的澄清和说明。

7) 评标委员会将从投标人的投标报价、资质和业绩、施工方案、施工组织设计、售后服务承诺等技术和商务条款及其他优惠条款等方面，依据评标方法，对所有投标文件进行综合评审。

(5) 评标方法及评分标准

评标方法及评分标准见表 3-10-2。

表 3-10-2　评标方法及评分标准

条款名称	编列内容
评标办法	☑合理低价法
综合标与技术标	采用合理低价法： 技术标仅作合格性评审 ① 本项目的针对性方案； ② 各阶段的施工措施； ③ 施工进度计划图
商务标	
报价合理性分析 （必须选择其中的一种）	☑不进行报价合理性分析 □报价合理性分析，扣分项按评标规则执行
商务标	商务标基准分：100 分（≥70 分） 以有效投标文件的评标价算术平均值为 A（若 10 家＞有效投标文件≥7 家时，去掉其中的 1 个最高价和 1 个最低价后取算术平均值为 A；若有效投标文件≥10 家时，去掉其中的 2 个最高价和 2 个最低价后取算术平均值为 A）。 评标基准价＝$A \times K$，K 值在开标前由投标人推选的代表随机抽取确定（K 值的取值范围为 95%～98%）。评标价等于评标基准价的得满分。偏离评标基准价的相应扣减得分。投标人的评标价每高出该评标基准价 1%扣 0.9 分；投标人的评标价每低于该评标基准价 1%扣 0.6 分。 说明： 1. 评标价指经澄清、补正和修正算术计算错误的投标报价； 2. 评标委员会在评标报告上签字后，评标基准价不因招投标当事人质疑、投诉、复议以及其他任何情形而改变； 3. 评标价相对评标基准价每偏离 1%，扣减一定的分值（不低于 0.3 分，正偏离和负偏离的扣分标准可以不一致），偏离不足 1%的，按照插入法计算得分； 4. 有效投标文件是指未被评标委员会判定为无效标的投标文件； 5. 采用综合评估法、合理低价法招标的工程，其价格评审方法应当按照相关规定执行

续表

条款名称	编列内容
成本价评审 （必须选择其中的一种）	☑评标委员会对成本价评审 □法律、法规允许的其他评审办法
发包下浮率	适用于合理造价区间随机抽取中标人法
法律、法规允许的其他评标办法	
报价合理性分析 （必须选择其中的一种）	□2.1 投标价与平均价比较 □2.2 投标价与招标控制价比较
偏差金额	
合理性扣分	每项扣　　分，最多扣　　分
项目经理业绩要求	
项目经理答辩要求	
项目管理机构要求	本工程要求项目管理机构配备项目负责人、项目技术负责人、施工员、质检员、安全员、资料员等，同一人在项目组中不得兼任。其中项目技术负责人应具有相关专业中级及以上技术职称，提供相关证书复印件（原件备查）

（6）定标

1）评标委员会按照得分高低顺序对投标人进行排列。得分相同的，按投标报价由低到高顺序排列。得分最高且排名第一的投标人将被推荐为中标候选人或者直接被确定为中标人。

2）评标委员会认为所有投标报价均不合理或所有投标方案均不能满足采购人要求时，有权否决所有投标，评标委员会也没有义务必须接受最低报价的投标。

3）出现下列情形之一的，应予废标：

① 发生影响招标公平、公正的违法、违规行为的；

② 因重大变故，采购任务取消的。

4）对未中标的投标人，采购人不作未中标解释。

（7）中标通知书及合同的签订

① 中标人确定后，采购人将通过学校招标网公示3天，公示期满无异议，即向中标人发出中标通知书。

② 中标人收到中标通知书后，应在10日内与采购人签订合同，过期视为放弃中标。

③ 本招标文件和中标人的投标文件包括中标人所作出的各种书面承诺将作为采购人与中标人双方签订合同的依据，并作为合同的附件与合同具有同等法律效力。

④ 如投标人中标后悔标，采购人将取消该投标人本次中标资格及今后两年内的投标资格。

（8）其他

① 本次招标不收投标保证金。

② 本次招标不收中标服务费。

③ 投标人无论中标与否，采购人不承担投标人参加投标的任何费用。

3.10.4 第三部分 项目招标要求和有关说明

(1) 项目概况及基本要求

① 项目名称：药草园园路改造工程。

② 项目内容及要求：按照施工图纸范围及现场踏勘的实际情况，进行药草园园路改造工程的施工，并承担本工程质量保修责任。

③ 承包方式：包工包料，所有材料均符合国家环保要求。

④ 工程计价方式：综合单价法。

⑤ 完工期要求：合同生效后45天。

⑥ 质量标准：一次性验收合格。

⑦ 质保期：本项目质保期不少于贰年，质保期自愿延长不限。

⑧ 合同价款：本招标项目的合同价款采用固定综合单价方式确定。

⑨ 付款方式及质量保证金：签订合同后进场施工预付30%工程款，项目完工、验收合格经审计后付至审定价的95%，留5%为质量保证金。质保期满验收合格后结清余款（不计利息）。

⑩ 工期违约金：如中标人（承包人）不能在承诺工期内完成承包范围内的工程，则每延误一天按罚款承诺支付违约金给招标人（发包人），最高支付至中标价的1.5%。

⑪ 质量违约金：如竣工后，工程质量不能一次检测验收合格，则中标人（承包人）应承担违约责任，并向招标人（发包人）支付合同价款2.0%的违约金，同时由中标人（承包人）承担二次检测的费用。

(2) 投标报价

本招标项目最高投标限价：人民币61万元。

投标人应按照国家、省住房和城乡建设厅、昆仑山市住房和城乡建设局颁发的现行相关政策性文件的规定进行本工程的投标报价。

1) 本工程量清单应与招标文件、投标须知、工程规范、清单计价规范及相关文件等一起使用。投标总报价包括满足招标文件要求，完成项目范围内的工程施工、安装内容所需的所有材料、人工、运输、管理、安装、安全措施、保险、税金、利润、售后服务等及政策性文件规定的全部费用，但甲供（招标人自行采购）材料、设备不在报价范围内。投标报价在合同执行期间是固定不变和不可变更的，不因市场变化因素而变动，投标人在计算报价时需考虑风险因素。

2) 本清单所列工程数量是根据现行情况估算和暂定的，仅作为投标的共同基础，不能作为最终结算与支付的依据。结算与支付应以工程量清单计价规范进行计量，最终按工程量清单单价进行结算与支付。工程量清单所列工程量的变动，丝毫不会降低或影响合同条件的效力，也不免除承包商按规定的标准进行施工和修复缺陷的责任。

3) 清单项目是施工工序的综合，投标人应根据招标人提供的清单要求及《建设工程工程量清单计价规范》（GB 50500—2013）规定的工程内容计算各项费用。

4) 清单编码是完整施工工艺的统称，《市政工程工程量计算规范》（GB 50857—2013）中列举了各清单项目编码应有的工作内容，如无特殊说明，该工作内容即为工程量清单的工作内容，所有的工作内容所需费用均应包括在投标报价的综合单价内。

5) 自进场之日起，中标人应全面负责照管、维护本工程和用于本工程的材料、设备以及工地范围内既有的设施，直至工程竣工验收通过，移交手续完备。照管期间，如发生损失，应由中标人负责赔偿。为进一步落实工地的安全文明措施，避免遭受意外毁损或盗窃，造成不必要的人身伤害与财产损失，中标人应与工程所在地公安部门办理工地治安、管理手续并支付相应费用。

6) 发包人（招标人）不提供超出定点线外的临时用地，投标人自行考虑现场情况，若另需租用土地，费用视为已纳入合适的报价项目中。

7) 投标人不得将下列不可竞争费用改变标准收取：
① 现场安全文明施工措施费；
② 工程排污费；
③ 建筑安全监督管理费；
④ 社会保障费；
⑤ 住房公积金；
⑥ 税金。

现场安全文明施工费、规费、税金为不可竞争费，取费标准按照本项目工程量清单。

8) 当招标人未提供市场价格或限定价格时，各种材料的价格由投标人自行进行市场调查后决定报价，但各投标人应充分考虑在工程建设周期内工、料、机等市场价格的波动风险，中标后在约定的风险包干范围内，报价不作调整。

9) 措施项目清单计价表应包括完成该项目所采用施工方案的全部费用。措施费用包括现场因素、施工技术措施及赶工措施费用、现场安全文明施工措施费、工程按质论价所需增加的施工成本费等，报价时一起并入报价汇总中。如工程量清单分析中未列施工方案细目的项目，其施工方案费用应被视为已分配在投标人认为合适的细目报价中。

10) 在评标过程中，招标人或评委发现投标人的投标单价有明显计算错误的，可以要求投标人作必要的澄清、说明或补正，投标人法定代表人或其授权人必须以书面形式作出更正。对于招标人或评委发现投标人个别子目单价明显高于或低于其他投标单位单价的，也可要求投标人作必要的说明，若投标人不能合理说明或者不能提供相关证明材料以及评委有充分理由认定不能支持投标单价的，将作重点评审。

11) 施工用水、电费用投标时应进入报价，施工时发包人可协助协调，承包人自行与有关单位协商解决。

12) 投标单位应将 5 万元作为暂列金额计入投标报价中。

(3) 技术规范及验收标准

执行国家、省、昆仑山市现行的技术规范及验收标准。

(4) 其他

① 投标人一旦参加投标，就意味着已接受招标文件的所有条款及要求，并受其约束。

② 除招标文件中规定招标人负责的工作外，在工程施工过程中，承包人对外发生的任何交涉与纠纷以及由此造成的损失，均由承包人自行解决，如需发包人进行协调，则协调所产生的费用由承包人承担。

③ 施工过程中，承包人对原设计提出设计修改建议，应征得发包人同意，并按有关规定办理变更手续。

④ 承包人在进入施工现场后，应遵守国家相关法律法规、学校管理规定，注意安全文明施工，做好施工安全防护措施，并承担施工范围内的一切安全责任。

技术咨询：郝先生，联系电话：

3.10.5 第四部分 图纸、设计方案、工程量清单

(1) 昆仑山风景名胜区管理局药草园园路改造工程量清单编制说明

① 工程概况：本工程为昆仑山风景名胜区管理局药草园园路改造工程，主要包括园路铺设、小广场矮墙设置、条石设置、木廊架设置和园区内排水沟通。

② 工程量清单编制依据：本工程量清单是依据国家《建设工程工程量清单计价规范》（GB 50500—2013）、《某省建设工程费用定额》（2014版营改增后版）中规定的有关工程量计算规则及工程内容编制的。项目指引"工程内容"中列举了分项工程计量范围内完成本分项工程应有工作内容，凡说明的工作内容均应包括在报价范围内；清单项目特征描述中没有体现完全的，施工中又必须发生的工作内容所需的费用也应包括在投标报价的综合单价内。

③ 本工程竣工结算时的工程量计算应严格按照《建设工程工程量清单计价规范》（GB 50500—2013）的工程量计算规则执行。

④ 本工程清单描述中未尽事宜严格按照图纸及相关规范投标报价。

⑤ 零星混凝土工程是否采用商品混凝土由投标单位自主决定，结算时不再调整。

⑥ 本工程砂浆全部采用预拌砂浆，请各投标单位按预拌砂浆报价。

⑦ 措施费费率计取除不可竞争费外，其余费率投标人根据自身实际情况权衡后自行计取。

⑧ 投标人可根据施工组织设计采取的方案相应增加或减少措施项目。

⑨ 投标人可以先到工地踏勘以充分了解工地位置、情况、道路、储存空间、场地运输、装卸限制产生的施工降效，以及任何其他足以影响承包价的情况，任何因忽视或误解工地情况而导致的索赔或工期延长申请将不被批准。

⑩ 土建工程结算时模板工程量必须按模板与混凝土接触面计量。

(2) 昆仑山风景名胜区管理局药草园园路改造——排水工程招标清单

1) 总价措施项目清单与计价表

总价措施项目清单与计价表见表3-10-3和表3-10-4。

表3-10-3 总价措施项目清单与计价表之一

工程名称：药草园园路改造——排水工程					标段：		第1页 共2页	
序号	项目编码	项目名称	计算基础	费率/%	金额/元	调整费率/%	调整后金额/元	备注
1	041109001001	安全文明施工费						
1.1		基本费	分部分项合计+单价措施项目合计－除税工程设备费	1.500				
1.2		增加费	分部分项合计+单价措施项目合计－除税工程设备费					

续表

序号	项目编码	项目名称	计算基础	费率/%	金额/元	调整费率/%	调整后金额/元	备注
2	041109002001	夜间施工	分部分项合计＋单价措施项目合计－除税工程设备费					
3	041109003001	二次搬运	分部分项合计＋单价措施项目合计－除税工程设备费					
4	041109004001	冬雨季施工	分部分项合计＋单价措施项目合计－除税工程设备费					
5	041109005001	行车、行人干扰	分部分项合计＋单价措施项目合计－除税工程设备费					
6	041109006001	地上、地下设施、建筑物的临时保护设施	分部分项合计＋单价措施项目合计－除税工程设备费					
7	041109007001	已完工程及设备保护	分部分项合计＋单价措施项目合计－除税工程设备费					
8	041109008001	临时设施	分部分项合计＋单价措施项目合计－除税工程设备费					
9	041109009001	赶工措施	分部分项合计＋单价措施项目合计－除税工程设备费					

【鲁班2017清单造价】

编制人（造价人员）：　　　　　复核人（造价工程师）：

表 3-10-4　总价措施项目清单与计价表之二

工程名称：药草园园路改造——排水工程　　　　标段：　　　第2页　共2页

序号	项目编码	项目名称	计算基础	费率/%	金额/元	调整费率/%	调整后金额/元	备注
10	041109010001	工程按质论价	分部分项合计＋单价措施项目合计－除税工程设备费					

续表

序号	项目编码	项目名称	计算基础	费率/%	金额/元	调整费率/%	调整后金额/元	备注
11	041109011001	特殊条件下施工增加费	分部分项合计＋单价措施项目合计－除税工程设备费					

【鲁班2017清单造价】

编制人（造价人员）： 复核人（造价工程师）：

2）分部分项工程和单价措施项目清单与计价表

分部分项工程和单价措施项目清单与计价表见表3-10-5和表3-10-6。

表3-10-5 分部分项工程和单价措施项目清单与计价表之一

工程名称：药草园园路改造——排水工程　　　　　　标段：　　　　第1页 共2页

序号	项目编码	项目名称	项目特征描述	计量单位	工程量	金额/元		
						综合单价	合价	其中
								暂估价
1	040101002000	现状草沟修整	做法：清底、粉刷等，满足设计要求	项	1			
2	040101002001	挖沟槽土方	1. 土壤类别：综合考虑 2. 挖土深度：2m内 3. 运距：施工单位自行考虑	m³	90.85			
3	040103001001	回填方	密实度要求：满足设计要求	m³	73.1			
4	040501004001	塑料管	1. 垫层、基础材质及厚度：100mm砂垫层 2. 材质及规格：PVCdn225mm 3. 连接形式：橡胶圈接口 4. 铺设深度：满足设计要求	m	20			
5	040501004002	塑料管	1. 垫层、基础材质及厚度：100mm砂垫层 2. 材质及规格：PVCdn300mm	0	78.43			
6	040504001001	砌筑井	1. 垫层、基础材质及厚度：100mmC20混凝土 2. 砌筑材料品种、规格、强度等级：MU10标准砖 3. 砂浆强度等级、配合比：M7.5水泥砂浆 4. 井盖、井圈材质及规格：不含井盖	座	20			
7	040504001002	砌筑井	1. 垫层、基础材质及厚度：100mmC20混凝土 2. 砌筑材料品种、规格、强度等级：MU10标准砖 3. 砂浆强度等级、配合比：M7.5水泥砂浆 4. 井盖、井圈材质及规格：不含井盖	座	6			

续表

序号	项目编码	项目名称	项目特征描述	计量单位	工程量	金额/元		
						综合单价	合价	其中
								暂估价
8	010512008001	铺装窨井盖	1. 尺寸：310mm×410mm 2. 做法：具体见设计图纸 3. 材质：5mm厚304不锈钢板 4. 其他：不含内铺装	座	20			
本页小计								

【鲁班2017清单造价】

表3-10-6 分部分项工程和单价措施项目清单与计价表之二

工程名称：药草园园路改造——排水工程　　　　标段：　　　　第2页 共2页

序号	项目编码	项目名称	项目特征描述	计量单位	工程量	金额/元		
						综合单价	合价	其中
								暂估价
9	010512008002	铺装窨井盖	1. 尺寸：610mm×610mm 2. 做法：具体见设计图纸 3. 材质：5mm厚304不锈钢板 4. 其他：不含内铺装	座	6			
		分部分项合计						
本页小计								
合计								

【鲁班2017清单造价】

3）其他项目清单与计价汇总表

其他项目清单与计价汇总表见表3-10-7。

表3-10-7 其他项目清单与计价汇总表

工程名称：药草园园路改造—排水工程　　　　标段：　　　　第1页 共1页

序号	项目名称	金额/元	结算金额/元	备注
1	暂列金额			
2	暂估价			
2.1	材料暂估价			
2.2	专业工程暂估价			
3	计日工			
4	总承包服务费			
合计				

【鲁班2017清单造价】

4）规费、税金项目计价表

规费、税金项目计价表见表3-10-8。

表 3-10-8　规费、税金项目计价表

工程名称：药草园园路改造——排水工程			标段：		第1页　共1页	
序号	项目名称	计算基础	计算基数/元	计算费率/%	金额/元	
1	规费	工程排污费+社会保险费+住房公积金		100.000		
1.1	社会保险费	分部分项工程费+措施项目费+其他项目费-除税工程设备费		2.000		
1.2	住房公积金	分部分项工程费+措施项目费+其他项目费-除税工程设备费		0.340		
1.3	工程排污费	分部分项工程费+措施项目费+其他项目费-除税工程设备费				
2	税金	分部分项工程费+措施项目费+其他项目费+规费-除税甲供材料和甲供设备费/1.01		10.000		
合计						

【鲁班2017清单造价】

编制人（造价人员）：　　　　　　　　　复核人（造价工程师）：

(3) 药草园园路改造工程招标清单

1) 总价措施项目清单与计价表

总价措施项目清单与计价表见表 3-10-9 和表 3-10-10。

表 3-10-9　总价措施项目清单与计价表之一

工程名称：药草园园路改造工程						标段：	第1页　共2页		
序号	项目编码	项目名称	计算基础	费率/%	金额/元	调整费率/%	调整后金额/元	备注	
1	050405001001	安全文明施工费							
1.1		基本费	分部分项合计+单价措施项目合计-除税工程设备费	1.000					
1.2		增加费	分部分项合计+单价措施项目合计-除税工程设备费						
2	050405002001	夜间施工	分部分项合计+单价措施项目合计-除税工程设备费						
3	050405003001	非夜间施工照明	分部分项合计+单价措施项目合计-除税工程设备费						
4	050405004001	二次搬运	分部分项合计+单价措施项目合计-除税工程设备费						

续表

序号	项目编码	项目名称	计算基础	费率/%	金额/元	调整费率/%	调整后金额/元	备注
5	050405005001	冬雨季施工	分部分项合计＋单价措施项目合计－除税工程设备费					
6	050405006001	反季节栽植影响措施	分部分项合计＋单价措施项目合计－除税工程设备费					
7	050405007001	地上、地下设施的临时保护设施	分部分项合计＋单价措施项目合计－除税工程设备费					
8	050405008001	已完工程及设备保护	分部分项合计＋单价措施项目合计－除税工程设备费					
9	050405009001	临时设施	分部分项合计＋单价措施项目合计－除税工程设备费					
							【鲁班2017清单造价】	

编制人（造价人员）： 　　　　　　　　　复核人（造价工程师）：

表 3-10-10　总价措施项目清单与计价表之二

工程名称：药草园园路改造工程					标段：		第2页　共2页	
序号	项目编码	项目名称	计算基础	费率/%	金额/元	调整费率/%	调整后金额/元	备注
10	050405010001	赶工措施	分部分项合计＋单价措施项目合计－除税工程设备费					
11	050405011001	工程按质论价	分部分项合计＋单价措施项目合计－除税工程设备费					
12	050405012001	特殊条件下施工增加费	分部分项合计＋单价措施项目合计－除税工程设备费					
							【鲁班2017清单造价】	

编制人（造价人员）： 　　　　　　　　　复核人（造价工程师）：

2) 其他项目清单与计价汇总表

其他项目清单与计价汇总表见表 3-10-11。

表 3-10-11 其他项目清单与计价汇总表

工程名称:药草园园路改造工程		标段:	第1页 共1页
序号	项目名称	金额/元	结算金额/元	备注
1	暂列金额			
2	暂估价			
2.1	材料暂估价			
2.2	专业工程暂估价			
3	计日工			
4	总承包服务费			
合计				

【鲁班2017清单造价】

3) 规费、税金项目计价表

规费、税金项目计价表见表 3-10-12。

表 3-10-12 规费、税金项目计价表

工程名称:药草园园路改造工程		标段:		第1页 共1页
序号	项目名称	计算基础	计算基数/元	计算费率/%	金额/元
1	规费	工程排污费+社会保险费+住房公积金		100.000	
1.1	社会保险费	分部分项工程费+措施项目费+其他项目费-除税工程设备费		3.300	
1.2	住房公积金	分部分项工程费+措施项目费+其他项目费-除税工程设备费		0.550	
1.3	工程排污费	分部分项工程费+措施项目费+其他项目费-除税工程设备费			
2	税金	分部分项工程费+措施项目费+其他项目费+规费-除税甲供材料和甲供设备费÷1.01		10.000	
合计					

【鲁班2017清单造价】

编制人(造价人员): 复核人(造价工程师):

4) 分部分项工程和单价措施项目清单与计价表

分部分项工程和单价措施项目清单与计价表见表 3-10-13~表 3-10-17。

表 3-10-13　分部分项工程和单价措施项目清单与计价表之一

工程名称：药草园园路改造工程　　　　　标段：　　　　　第1页　共5页

序号	项目编码	项目名称	项目特征描述	计量单位	工程量	金额/元		
						综合单价	合价	其中 暂估价
			2.1m 园路					
1	010101002001	挖一般土方	1. 土壤类别：综合考虑 2. 弃土运距：承包人自行考虑 3. 部位：路槽	m³	143.72			
2	040202001001	路床（槽）整形	1. 部位：素土夯实 2. 范围：路槽	m²	513.27			
3	010404001001	垫层	垫层材料种类、配合比、厚度：100mm 碎石	m³	51.33			
4	010404001002	垫层	垫层材料种类、配合比、厚度：120mmC15 混凝土	m³	51.33			
5	050201001001	园路面层	1. 路面厚度、宽度、材料种类：200mm×100mm×60mm 厚红色透水砖 2. 砂浆强度等级：30mm 厚 1∶3 干硬性水泥砂浆	m²	379.37			
6	050201001002	园路面层	1. 路面厚度、宽度、材料种类：600mm×200mm×30mm 厚青石板烧面花岗岩，切 100mm×100mm 深3mm 假缝 2. 砂浆强度等级：30mm 厚 1∶3 水泥砂浆	m²	89.26			
		分部小计						
			1.5m 园路					
7	010101002002	挖一般土方	1. 土壤类别：综合考虑 2. 弃土运距：承包人自行考虑 3. 部位：路槽	m³	29.96			
8	040202001002	路床（槽）整形	1. 部位：素土夯实 2. 范围：路槽	m²	107			
9	010404001003	垫层	垫层材料种类、配合比、厚度：100mm 碎石	m³	10.7			
10	010404001004	垫层	垫层材料种类、配合比、厚度：120mmC15 混凝土	m³	10.7			

续表

序号	项目编码	项目名称	项目特征描述	计量单位	工程量	金额/元		
						综合单价	合价	其中 暂估价
11	050201001003	园路面层	1. 路面厚度、宽度、材料种类：200mm×100mm×60mm厚红色透水砖 2. 砂浆强度等级：30mm厚1:3干硬性水泥砂浆	m²	78.22			
本页小计								

【鲁班2017清单造价】

表 3-10-14 分部分项工程和单价措施项目清单与计价表之二

工程名称：药草园园路改造工程　　　　　　　　　　标段：　　　　　第2页 共5页

序号	项目编码	项目名称	项目特征描述	计量单位	工程量	金额/元		
						综合单价	合价	其中 暂估价
12	050201001004	园路面层	1. 路面厚度、宽度、材料种类：600mm×200mm×30mm厚青石板烧面花岗岩，切100mm×100mm深3mm假缝 2. 砂浆强度等级：30mm厚1:3水泥砂浆	m²	28.78			
		分部小计						
		瓜果园铺装						
13	010101002005	挖一般土方	1. 土壤类别：综合考虑 2. 弃土运距：承包人自行考虑 3. 部位：路槽	m³	17.44			
14	040202001005	路床（槽）整形	1. 部位：素土夯实 2. 范围：路槽	m²	62.27			
15	010404001014	垫层	垫层材料种类、配合比、厚度：100mm碎石	m³	625.84			
16	010404001015	垫层	垫层材料种类、配合比、厚度：100mmC15混凝土	m³	6.23			
17	050201001009	园路面层	1. 路面厚度、宽度、材料种类：200mm×100mm×60mm厚红色透水砖 2. 砂浆强度等级：30mm厚1:3干硬性水泥砂浆	m²	52.59			

续表

序号	项目编码	项目名称	项目特征描述	计量单位	工程量	金额/元 综合单价	合价	其中 暂估价
18	050201001010	园路面层	1. 路面厚度、宽度、材料种类：600mm×300mm×30mm厚青石板烧面花岗岩 2. 砂浆强度等级：30mm厚1∶3水泥砂浆	m²	9.68			
		分部小计						
		1.5m园路、广场						
19	010101002003	挖一般土方	1. 土壤类别：综合考虑 2. 弃土运距：承包人自行考虑 3. 部位：路槽	m³	293.31			
20	040202001003	路床（槽）整形	1. 部位：素土夯实 2. 范围：路槽	m²	1047.53			
21	010404001005	垫层	垫层材料种类、配合比、厚度：100mm碎石	m³	104.75			
22	010404001006	垫层	垫层材料种类、配合比、厚度：120mmC15混凝土	m³	104.75			
本页小计								

【鲁班2017清单造价】

表3-10-15 分部分项工程和单价措施项目清单与计价表之三

工程名称：药草园园路改造工程　　　　　　　　　　　　　标段：　　　　　　第3页 共5页

序号	项目编码	项目名称	项目特征描述	计量单位	工程量	金额/元 综合单价	合价	其中 暂估价
23	050201001005	园路面层	1. 路面厚度、宽度、材料种类：30mm厚米色文化石碎拼 2. 砂浆强度等级：30mm厚1∶3干硬性水泥砂浆	m²	812.2			
24	050201001006	园路面层	1. 路面厚度、宽度、材料种类：600mm×200mm×30mm厚青石板烧面花岗岩，切100mm×100mm深3mm假缝 2. 砂浆强度等级：30mm厚1∶3水泥砂浆	m²	235.33			
		分部小计						
		汀步						

续表

序号	项目编码	项目名称	项目特征描述	计量单位	工程量	金额/元		
						综合单价	合价	其中 暂估价
25	010101002004	挖一般土方	1. 土壤类别：综合考虑 2. 弃土运距：承包人自行考虑 3. 部位：路槽	m³	1.02			
26	040202001004	路床（槽）整形	1. 部位：素土夯实 2. 范围：路槽	m²	6.4			
27	010404001011	垫层	垫层材料种类、配合比、厚度：100mm 碎石	m³	0.03			
28	050201001008	园路面层	1. 路面厚度、宽度、材料种类：50mm 厚芝麻灰菠萝面花岗岩 2. 砂浆强度等级：30mm 厚细石混凝土	m²	6.4			
		分部小计						
		条石						
29	010101003001	挖沟槽土方	1. 土壤类别：综合考虑 2. 挖土深度：2m 内 3. 弃土运距：施工单位自行考虑	m³	33.71			
30	010201004001	夯实地基	地耐力要求：满足设计要求	m²	60.2			
31	010404001007	垫层	垫层材料种类、配合比、厚度：100mm 碎石	m³	2.91			
32	010404001008	垫层	垫层材料种类、配合比、厚度：100mmC15 混凝土	m³	2.91			
33	010401001001	砖基础	1. 砖品种、规格、强度等级：MU10 标准砖 2. 砂浆强度等级：M5 水泥砂浆	m³	7.97			
本页小计								

【鲁班2017清单造价】

表 3-10-16　分部分项工程和单价措施项目清单与计价表之四

工程名称：药草园园路改造工程　　　　　标段：　　　第 4 页　共 5 页

序号	项目编码	项目名称	项目特征描述	计量单位	工程量	金额/元		
						综合单价	合价	其中 暂估价
34	011204001001	石材墙面	1. 安装方式：45°拼角，具体见施工图 2. 面层材料品种、规格、颜色：50mm 厚芝麻灰菠萝面花岗岩	m²	62.28			
		分部小计						

续表

序号	项目编码	项目名称	项目特征描述	计量单位	工程量	金额/元		
						综合单价	合价	其中暂估价
		毛石矮墙						
35	010101003002	挖沟槽土方	1. 土壤类别：综合考虑 2. 挖土深度：2m内 3. 弃土运距：施工单位自行考虑	m³	39.65			
36	010201004002	夯实地基	地耐力要求：满足设计要求	m²	34.21			
37	010404001009	垫层	垫层材料种类、配合比、厚度：150mm碎石	m³	5.13			
38	010404001010	垫层	垫层材料种类、配合比、厚度：100mmC15混凝土	m³	2.8			
39	010403003001	石墙	1. 石料种类、规格：毛石 2. 砂浆强度等级、配合比：1:3水泥砂浆	m³	11.07			
40	020202006001	条形石	1. 凳面、凳脚形状规格：50mm厚芝麻灰荔枝面花岗岩 2. 砂浆强度等级：1:3水泥砂浆	m	31.1			
		分部小计						
		瓜果架						
41	010101004001	挖基坑土方	1. 土壤类别：综合考虑 2. 挖土深度：2m内 3. 弃土运距：施工单位自行考虑	m³	76.38			
42	010201004003	强夯地基	地耐力要求：满足设计要求	m²	25.58			
43	010103001001	回填方	1. 密实度要求：满足设计要求 2. 填方来源、运距：施工单位自行考虑	m³	66.45			
44	010404001012	垫层	垫层材料种类、配合比、厚度：150mm碎石	m³	3.84			
45	010404001013	垫层	垫层材料种类、配合比、厚度：100mmC15混凝土	m³	1.91			
本页小计								

【鲁班2017清单造价】

表3-10-17　分部分项工程和单价措施项目清单与计价表之五

工程名称：药草园园路改造工程　　　　标段：　　　　第5页　共5页

序号	项目编码	项目名称	项目特征描述	计量单位	工程量	金额/元		
						综合单价	合价	其中暂估价
46	010501003001	独立基础	1. 混凝土强度等级：C25 2. 其他：含钢筋	m³	3.96			

续表

序号	项目编码	项目名称	项目特征描述	计量单位	工程量	金额/元 综合单价	合价	其中 暂估价
47	010507007001	细石混凝土包封	混凝土强度等级：C20	m³	0.22			
48	010516002001	预埋铁件	内容：套筒及固定件	t	0.181			
49	010702001001	木柱	1. 构件规格尺寸：180mm×180mm 2. 木材种类：柳桉防腐木 3. 防护材料种类：刷两道耐候木油，五金件热镀锌并刷两道防锈漆	m³	1.37			
50	010702002001	木梁	1. 部位：横梁及花架片 2. 木材种类：柳桉防腐木 3. 防护材料种类：刷两道耐候木油，五金件热镀锌并刷两道防锈漆	m³	3.26			
51	020510004001	木凳面	1. 木材品种：柳桉防腐木 2. 凳面厚度：60mm 3. 防护材料种类、涂刷遍数：刷两道耐候木油	m²	10.99			
		分部小计						
		垃圾箱及成品坐凳						
52	050307017001	垃圾箱		个	12			
53	050305010001	成品坐凳	座椅规格、颜色：具体样式见施工图纸	个	26			
		分部小计						
		分部分项合计						
54	041106001001	大型机械设备进出场及安拆		项	1			
		单价措施合计						
本页小计								
合计								

【鲁班2017清单造价】

(4) 施工图

限于本书篇幅，施工图略。

(5) 其他

本工程提供工程量清单、施工图的电子文档，招标人可登录昆仑山风景名胜区管理局采购与招标信息网站下载。

3.10.6 第五部分 合同协议书

合同协议书见表 3-10-18。

表 3-10-18 合同协议书

合同协议书
发包人（全称）（简称甲方）：
承包人（全称）（简称乙方）：
依照《中华人民共和国政府采购法》《中华人民共和国合同法》《中华人民共和国建筑法》及其他有关法律、行政法规，遵循平等、自愿、公平和诚实信用的原则，双方就本建设工程施工事项协商一致，订立本合同。
1. 工程概况
工程名称：
工程地点：
工程内容：
2. 工程承包范围
承包范围：招标文件所列的所有项目。
3. 合同工期
开工日期：　　　年　　月　　日（具体开工日期以发包人开工通知书为准）
竣工日期：　　　年　　月　　日
合同工期总日历天数：　　　天
4. 质量标准
工程质量标准：符合《建筑工程施工质量验收统一标准》（GB 50300—2013）、《建筑装饰工程质量验收规范》（GB50210—2018）等现行标准验收规范。
5. 合同价款
金额（大写）：　　　　　（人民币）
￥：　　　元
6. 组成合同的文件
组成本合同的文件包括：
（1）本合同协议书
（2）本合同专用条款
（3）明确双方权利、义务的纪要、协议
（4）本合同通用条款
（5）招标文件和中标通知书及投标承诺
（6）施工图纸
（7）标准、规范及有关技术文件、技术要求
双方有关工程的洽商、变更等书面协议或文件视为本合同的组成部分。
7. 本协议书中有关词语含义与《建设工程施工合同》范本（GF-2017-0201）通用条款、专用条款中分别赋予它们的定义相同。
8. 承包人向发包人承诺按照合同约定进行施工、竣工并在质量保修期内承担工程质量保修责任。
9. 发包人向承包人承诺按照合同约定的期限和方式支付合同价款及其他应当支付的款项。
10. 合同生效
合同订立时间：　　　年　　月　　日
本合同双方约定甲方、乙方签字并盖章后生效。

续表

发 包 人（公章）： 住　　　所： 法定代表人： 委托代表人： 电　　　话： 传　　　真： 开 户 银 行： 账　　　号： 邮 政 编 码： 　　年　　月　　日	承 包 人（公章）： 住　　　所： 法定代表人： 委托代表人： 电　　　话： 传　　　真： 开 户 银 行： 账　　　号： 邮 政 编 码： 　　年　　月　　日

3.10.7　第六部分　合同条款

本招标项目合同使用住房和城乡建设部、国家工商行政管理局（建建【2017】313号）文印发的《建设工程施工合同（示范文本）》（GF-2017-0201）。

3.10.8　第七部分　工程质量保修书

工程质量保修书见表3-10-19。

表3-10-19　工程质量保修书

工程质量保修书
发包人（全称）：昆仑山风景名胜区管理局
承包人（全称）：
发包人、承包人根据《中华人民共和国建筑法》《建设工程质量管理条例》，经协商一致，对昆仑山风景名胜区管理局工程签订工程质量保修书。
1. 工程质量保修范围和内容 承包人在质量保修期内，按照有关法律、法规、规章规定和双方约定，承担本工程质量保修责任。
2. 质量保修期 2.1 双方根据《建设工程质量管理条例》及有关规定，约定本工程质量保修期如下： 本工程质量保修期为　　年。 2.2 质量保修期自工程竣工验收合格之日起计算。 2.3 其他项目保修期限约定按国家有关规定。
3. 质量保修责任 3.1 属于保修范围、内容的项目，承包人应当在接到保修通知之日起7天内派人保修。承包人不在约定期限内派人保修的，发包人可以委托他人修理，所用费用从质保金中扣除，如质保金不够的应及时支付给修理单位，否则一切责任由承包人自负。 3.2 发生紧急抢修事故的，承包人在接到事故通知后，应当立即到达事故现场抢修。 3.3 对于涉及安全的质量问题，应当立即向当地建设行政主管部门报告，采取安全防范措施，承包人实施保修。 3.4 质量保修完成后，由发包人组织验收。
4. 保修费用 4.1 保修费用由造成质量缺陷的责任方承担。
5. 其他 5.1 双方约定的其他工程质量保修事项。 5.2 本工程质量保修书，由施工合同发包人、承包人双方在竣工验收前共同签署，作为施工合同附件，其有效期限至保修期满。

续表

发 包 人（公章）：
法定代表人（签字或盖章）：
委托代理人（签字或盖章）：
   年 月 日
	承 包 人（公章）：
	法定代表人（签字或盖章）：
	委托代理人（签字或盖章）：
	   年 月 日

3.10.9　第八部分　附件（投标文件格式）

  附件1　报名投标确认函，见表3-10-20。
  附件2　投标函，见表3-10-21。
  附件3　开标一览表，见表3-10-22。
  附件4　法定代表人资格证明，见表3-10-23。
  附件5　法定代表人授权书，见表3-10-24。
  附件6　工程量清单报价表，见表3-10-25。

表3-10-20　附件1　报名投标确认函

报名投标确认函

昆仑山风景名胜区管理局采购与招标管理办公室：
  我公司完全符合项目　　　　（项目编号　　　　）招标公告中对投标人资格条件的要求，自愿以本传真报名参加你单位的招标，并将按时参加投标。
  我公司郑重声明：我公司与本招标项目及该项目相关人员之间均不存在可能影响招标公正性的任何利害关系。
 	
投标相关信息
投标项目名称：
招标项目编号：
投标人名称：
投标人的纳税人识别号：
经办人：
联系电话：
传真号码：
通信地址及邮编：
Email：
   年 月 日
 	
注：本报名投标确认函请报名单位用Word格式打印提供有关信息，并用"招标项目号＋投标公司名"作文件名保存成文件，通过电子邮箱发送至　　　　，我方收到后一般在一个工作日内回复，提示报名成功。本确认函不需装入投标文件中。

表3-10-21　附件2　投标函

投标函

昆仑山风景名胜区管理局采购与招标管理办公室：
  我方经仔细阅读研究项目招标文件　　　　（项目编号　　　　），已完全了解招标文件中的所有条款及要求，决定参加投标，同时作出如下承诺：
  1. 我方愿针对本次项目进行投标，投标文件中所有关于投标资格的文件、证明、陈述均是真实的、准确的。若有违背，我方愿意承担由此而产生的一切后果。

续表

2. 我方在参加本招标项目前三年内在生产经营活动中没有重大违法记录。
3. 我方与本招标项目及该项目相关人员之间均不存在可能影响招标公正性的任何利害关系。
4. 我方愿按招标文件的一切要求（包括付款方式），提供本项目的报价，报价见《开标一览表》。
5. 我方接受招标文件的所有条款、条件和规定，放弃对招标文件提出质疑的权利。
6. 我方同意按照招标文件的要求提供所有资料、数据或信息。
7. 我方认可贵方有权决定中标人或否决所有投标，并理解最低报价只是中标的重要条件，贵方没有义务必须接受最低报价的投标。
8. 我方如中标，将保证遵守招标文件对投标人的所有要求和规定，履行自己在投标文件（含修改书）中承诺的全部责任和义务。
9. 本投标文件的有效期为投标截止日后 90 天内，如我方中标，有效期将延至合同有效期终止日为止。
10. 与本次招投标有关的事宜请按以下信息联系：
地址：　　　　　　邮政编码：
电话：　　　　　　传真：
Email：
投标人名称（公章）：
授权代表（签字或盖章）：
日期：

表 3-10-22　附件 3　开标一览表

开标一览表		
招标项目名称：	招标项目编号：	
项目内容		
投标总价 （人民币小写）		
投标总价 （人民币大写）		
质量保修期：　　　　年 施工工期：合同生效后　　　　天内完成工程施工和验收 工期违约金： 质量违约金： 付款方式承诺：		
投标人名称（盖章）： 法定代表人或授权代表（签字或盖章）： 日期：		

表 3-10-23　附件 4　法定代表人资格证明

法定代表人资格证明
昆仑山风景名胜区管理局采购与招标管理办公室： 　　姓名：　　　　　性别：　　　　职务：　　　　　，系　　　　（投标人名称）的法定代表人。 　　特此证明。 投标人名称（公章）： 　　日期：　　　　年　　月　　日 　　　　　　　　　　　　法人代表身份证正反面复印件粘贴处

表 3-10-24　附件 5　法定代表人授权书

法定代表人授权书

昆仑山风景名胜区管理局采购与招标管理办公室：

　　本授权书声明：注册于＿＿＿＿（国家或地区的名称）的＿＿＿＿（公司名称）的在下面签字的＿＿＿＿（法定代表人姓名）代表本公司授权在下面签字的＿＿＿＿（公司名称）的＿＿＿＿（被授权人的姓名），为本公司的合法代理人，参加昆仑山风景名胜区管理局＿＿＿＿（项目名称）、＿＿＿＿（项目编号）的投标，以本公司名义处理与之有关的一切事务。

　　本授权书于＿＿年＿＿月＿＿日签字或盖章后生效。

法定代表人（签字或盖章）：

被授权人（签字）：

投标人名称（公章）：

日期：　　年　　月　　日

[被授权人身份证正反面复印件粘贴处]

表 3-10-25　附件 6　工程量清单报价表

工程量清单报价表

建设单位：

投标价（小写）：

　　　　（大写）：

投标人（单位签字盖章）：

法定代表人（签字盖章）：

造价工程师（造价编审人员）：

注册证号（编审章）：（签字盖执业专用章）

编制时间：

工程项目总价表

工程名称：　　　　　　　　　　　　　　　　　　　　　　　第　页共　页

序号	单项工程名称	金额/元
	合计	

单项工程费汇总表

工程名称：　　　　　　　　　　　　　　　　　　　　　　　第　页共　页

序号	单项工程名称	金额/元
	合计	

续表

单位工程费汇总表

工程名称：　　　　　　　　　　　　　　　　　　　　　　　　　　第　页共　页

序号	项目名称	金额/元
1	分部分项工程量清单计价合计	
2	措施项目清单计价合计	
3	其他项目清单计价合计	
4	规费	
5	税金	
	合计	

分部分项工程量清单计价表

工程名称：　　　　　　　　　　　　　　　　　　　　　　　　　　第　页共　页

| 序号 | 项目编码 | 项目名称 | 计量单位 | 工程数量 | 金额/元 | |
					综合单价	合价
		本页小计				
		合计				

措施项目清单计价表

工程名称：　　　　　　　　　　　　　　　　　　　　　　　　　　第　页共　页

序号	项目名称	金额/元
	合计	

其他项目清单计价表

工程名称：　　　　　　　　　　　　　　　　　　　　　　　　　　第　页共　页

序号	项目名称	金额/元
1	招标人部分	
	小计	
2	投标人部分	
	小计	
	合计	

续表

零星工作项目计价表

工程名称：　　　　　　　　　　　　　　　　　　　　　　　　　　　　　　　　　　第　页共　页

序号	名称	计量单位	数量	金额/元	
				综合单价	合价
1	人工				
	小计				
2	材料				
	小计				
3	机械				
	小计				
	合计				

分部分项工程量清单综合单价分析表

工程名称：　　　　　　　　　　　　　　　　　　　　　　　　　　　　　　　　　　第　页共　页

序号	项目编码	定额编号	子目名称	单位	数量	综合单价组成/元					综合单价
						人工费	材料费	机械费	管理费	利润	

主要材料价格表

工程名称：　　　　　　　　　　　　　　　　　　　　　　　　　　　　　　　　　　第　页共　页

序号	材料编码	材料名称	规格、型号等特殊要求	单位	数量	单价/元

3.11　医学特殊环境实验室工程招标文件

3.11.1　招标文件封面及目录

招标文件封面及目录见图 3-11-1。

3.11.2　第一部分　投标邀请

龙门山市疾病控制中心采购与招标管理办公室受中心委托，就龙门山市疾病控制中心医学特殊环境实验室工程进行公开招标，现邀请合格投标人参加投标。

本次招标的相关信息如下。

（1）招标项目名称：龙门山市疾病控制中心医学特殊环境实验室工程。

（2）招标项目编号：LMSGC2018229。

（3）招标项目概况：工程详细要求见本招标文件第三、四部分。

招标文件

项目名称：龙门山市疾病控制中心医学特殊环境实验室工程
项目编号：LMSGC2018229

龙门山市疾病控制中心采购与招标管理办公室
2018年8月21日

目 录

第一部分　投标邀请
第二部分　投标人须知
（1）招标文件
（2）投标文件
（3）投标细则
（4）开标、评标
（5）评标方法及评分标准
（6）定标
（7）中标通知书及合同的签订
（8）其他
第三部分　项目招标要求和有关说明
第四部分　设计图纸、工程量清单
第五部分　合同协议书
第六部分　合同条款
第七部分　工程质量保修书
第八部分　附件（投标文件格式）
附件1　报名投标确认函
附件2　投标函
附件3　开标一览表
附件4　法定代表人资格证明
附件5　法定代表人授权书

图 3-11-1　招标文件封面及目录

（4）合格的投标人：参加本次招标活动的投标人除应当符合《中华人民共和国政府采购法》第二十二条的规定外，还必须具备以下条件。

① 经国家工商行政管理机关注册的企业法人；

② 具备安全生产许可证；

③ 具有建筑装修装饰工程专业承包二级及以上资质；

④ 具备建筑机电安装工程专业承包三级及以上资质；

⑤ 具备电子与智能化工程专业承包二级及以上资质；

⑥ 项目负责人具备机电安装工程专业二级及以上注册建造师，具备《建筑施工企业项目负责人安全生产考核合格证书》。

（5）投标人资格审查方式：资格后审。

（6）招标文件获取：投标人自行下载。

（7）招标文件售价：人民币 200 元。投标时现场交纳，售后不退。

（8）现场踏勘：定于 2018 年 8 月 26 日 14 时 00 分在龙门山市疾病控制中心实验大楼一楼大厅，集中对项目现场和周围环境进行踏勘并进行公开答疑。请有意报名参加投标的单位准时参加。踏勘费用由潜在投标人自行承担。（联系人：颜先生，联系电话：　　　　　　）

（9）投标报名确认：潜在投标人如确定参加投标，请务必于 2018 年 8 月 28 日 11 时 00 分前将"报名投标确认函"（格式见招标文件第五部分"附件1"），用"招标项目号＋投标公司"作文件名保存成文件，通过电子邮箱发送至　　　　　，我方收到后一般在一个工作日内回复,提示报名成功。

如潜在投标人未按上述要求操作,将自行承担所产生的风险。

(10) 投标报名时间截止后,如投标人少于3个,招标人可选择其他采购方式采购或重新组织招标,也可顺延本项目的投标报名时间、投标截止时间及开标时间并予公告。

(11) 投标开始时间:2018年8月30日9时00分。

(12) 投标截止时间及开标时间:2018年8月30日9时30分。

(13) 投标与开标地点:龙门山市疾病控制中心行政楼A114室

与本次招标有关的事宜请按下列通信方式联系:

单位部门:龙门山市疾病控制中心采购与招标管理办公室

联系地址:某省龙门山市杭州东路401号　邮政编码:

联系电话:

传真:

Email:

联系人:陈先生、唐先生

3.11.3　第二部分　投标人须知

(1) 招标文件

1) 名词定义

本招标文件中的采购人、投标人、中标人分别指:

① 采购人指龙门山市疾病控制中心,亦称发包人;

② 投标人指响应招标并具备相应资质的承包商等;

③ 中标人指最后中标的投标人,亦称承包人。

2) 招标文件的组成

本招标文件由下列部分组成:

① 投标邀请;

② 投标人须知;

③ 项目招标要求和有关说明;

④ 图纸、设计方案、清单及验收标准;

⑤ 合同协议书;

⑥ 合同专用条款;

⑦ 附件目录及格式。

3) 招标文件的澄清

如投标人对招标文件的某些内容有疑问,应在投标截止时间5日前以书面形式传真通知采购人,采购人将予以书面答复。采购人认为有必要时,可将答复内容(包括疑问内容,但不包括疑问来源)在龙门山市疾病控制中心采购与招标信息网站上公开发布。

4) 招标文件的补充和修改

① 采购人有权在投标截止时间3日前对招标文件进行补充和修改,补充和修改的内容在龙门山市疾病控制中心采购与招标信息网站上公开发布。补充和修改的内容作为招标文件的组成部分,对投标人具有同等约束作用。

② 如招标文件的补充和修改对投标人准备投标的时间有影响,采购人有权决定推迟投

标截止时间和开标时间。

(2) 投标文件

1) 投标文件的语言

① 投标文件及来往函件均应使用中文；

② 材料说明书、样本等非中文材料，其中的要点应附有中文译文。

2) 投标文件的组成

投标人编写的投标文件由投标函、商务和技术等部分组成。技术部分主要包括施工组织设计等内容。

3) 投标函部分主要包括的内容（所有复印件均需加盖公章）

① 投标函（格式见附件2）；

② 开标一览表（格式见附件3）；

③ 投标人资格证明文件；

④ 项目负责人与企业签订的劳动合同和《职工养老保险手册》（内附2018年4月至2018年6月由社保局出具的缴费证明）或由社保机构出具的2018年4月至2018年6月缴费证明。

⑤ 投标人认为需要提交的其他投标资料。

4) 投标人资格证明文件（所有复印件均需加盖公章）

① 营业执照副本复印件；

② 安全生产许可证复印件；

③ 法定代表人资格证明（格式见附件4）；

④ 法定代表人授权书原件（格式见附件5）；

⑤ 建筑装修装饰工程专业承包二级及以上资质复印件；

⑥ 建筑机电安装工程专业承包三级及以上资质复印件；

⑦ 电子与智能化工程专业承包二级及以上资质复印件；

⑧ 项目负责人的机电安装工程专业二级及以上注册建造师证书复印件；

⑨ 项目负责人的安全生产考核合格证书复印件。

投标人在投标时，应携带以上资格、资质证明文件复印件的原件以备招标人查验，如投标人未按上述要求操作，将自行承担所产生的风险。

5) 商务部分主要包括的内容

① 投标报价说明；

② 工程量清单报价表；

③ 投标报价需要的其他资料。

6) 施工组织设计

① 总体概述：施工组织总体设想、针对性方案；

② 各分部分项工程的主要施工方案、技术措施及文明施工措施；

③ 计划开、竣工日期和施工进度网络图；

④ 有必要说明的其他内容。

7) 项目管理机构配备情况

① 项目管理机构配备情况。

项目管理机构配备情况见表3-11-1。

表 3-11-1　项目管理机构配备情况

序号	姓名	所学专业	从事专业	技术职称	注册专业及证书号	从事专业年限

② 其他辅助说明资料。

中标单位的项目负责人资质证书原件暂扣招标人处，待项目完工后退还。

8）企业概况和业绩主要包括的内容

① 企业概况；

② 经审计的 2017 年财务报表复印件；

③ 2016 年以来承担过类似及以上工程成功案例一览表，附合同复印件（带原件备查），加盖公章；

④ 有必要说明的其他内容。

9）投标文件的形式及签署

① 投标人需提交投标文件正本 1 份、副本 4 份，并在投标文件的封面上明确标明投标文件正本和副本。如投标文件正本与副本有不同之处，以正本为准。

② 投标文件正本与副本均应使用 A4 纸打印，图表等可按同样规格的倍数扩展，且经被授权人签署。

③ 投标文件不应有涂改、增删之处，但如有错误必须修改时，修改处必须由原被授权人签署。

10）投标文件的密封和标记

投标人应将投标文件用封套加以密封，在封口处粘贴密封条，盖骑缝公章，并在封套上标明：

① 收件人：龙门山市疾病控制中心采购与招标管理办公室

② 招标项目编号：

③ 招标项目名称：

④ 投标人名称：

⑤ 投标人地址：

⑥ 联系电话：

⑦ 开标之前不得启封。

没有按上述规定密封和标记的投标文件，采购人将不承担投标文件错放或提前开启的责任，由此造成提前开启的投标文件采购人将予以拒绝。

(3) 投标细则

1）投标报价

如无特别说明，投标人报价一律以人民币为投标结算货币，结算单位为"元"。

2）投标文件的递交

① 投标人应仔细阅读招标文件的所有内容并作出实质性响应，同时按招标文件规定的要求和格式，提交完整的投标文件；

② 投标文件应在投标截止时间前送达指定地点，逾期送达或未送达指定地点以及未按招标文件要求密封的投标文件，采购人将拒收或退还投标人；

③ 采购人不接受传真及电子邮件投标。

3)投标文件的修改和撤回

① 投标截止时间后不得修改投标文件;

② 投标截止时间前投标人可以撤回投标文件,但在投标截止时间后不允许撤回。

4)分包投标

本次招标不可分包投标和中标。

5)联合体投标

本次招标不接受联合体投标。

6)投标有效期

从投标截止时间起,投标有效期为 90 天。

(4)开标、评标

1)采购人按规定的时间和地点开标,投标人可派代表参加。投标人未派代表参加开标的,视为默认开标结果。

2)开标时,采购人将邀请投标人代表检查投标文件的密封情况,经确认无误后,由工作人员当众拆封,宣读投标人名称、投标价格、交货期等投标文件的主要内容。

3)采购人组织用户代表和有关专家组成评标委员会进行评标。

4)开标结束后,采购人组织对投标人的投标资格进行审查,评标委员会对投标人是否实质性响应招标文件要求进行符合性审查。

5)对招标文件的实质性要求和条件作出响应的投标应该是与招标文件要求的全部条款、条件、指标和规格相符,没有重大偏离的投标。采购人和评委判定投标的响应性只根据投标本身的内容,而不寻求外部的证据,投标人不得通过修正或撤销不符合要求的偏离从而使其投标成为实质上响应的投标。

投标文件出现(但不限于)下列情况之一的,由评标委员会评审后作无效投标或废标处理:

① 超出经营范围投标的;

② 不具备招标文件规定的资格条件及未按招标文件规定的要求提供资格证明文件的;

③ 无法定代表人签字或盖章的,签字人无法定代表人有效授权的,应加盖投标人公章而未盖章的;

④ 投标有效期不足的;

⑤ 同一投标人提交两个及以上投标报价的;

⑥ 重要技术指标和参数不满足招标要求的;

⑦ 重要内容或关键字迹模糊不清无法辨认的;

⑧ 其他未对招标文件实质性要求和条件作出响应的;

⑨ 不同投标人投标文件相互混装的;

⑩ 不同投标人投标文件中的项目相关人员出现同一人的;

⑪ 不同投标人的投标文件内容出现非正常一致的;

⑫ 恶意串通投标的;

⑬ 报价明显偏离市场行情的;

⑭ 有损害采购人和用户利益的规定的。

6)评标委员会认为有必要时,将要求投标人述标或对投标文件中某些内容作出澄清和说明，但不接受投标人主动提出的澄清和说明。

7）评标委员会将从投标人的投标报价、产品质量、技术方案、售后服务、企业状况等经济、技术和商务及其他优惠条件等方面，依据评标方法，对所有投标文件进行综合评审。

（5）评标方法及评分标准

评标方法及评分标准见表 3-11-2。

表 3-11-2 评标方法及评分标准

评价类别	评分标准	分值
工程报价	以有效投标文件的评标价算术平均值为 A（若 10 家＞有效投标文件≥7 家，去掉其中的一个最高价和一个最低价后取算术平均值为 A；若有效投标文件≥10 家，去掉其中的第二个最高价和第二个最低价后取算术平均值为 A）。 评标价等于评标基准价的得满分；偏离评标基准价的相应扣减得分；投标人的评标价每高出该评标基准价的 1% 扣 1 分；投标人的评标价每低于该评标基准价的 1% 扣 0.5 分	82
施工保障措施	施工组织提供包括下列内容的方案，做到管理规范、措施合理、针对性强。 ① 总体概述：施工组织总体设想、针对性方案（1 分） ② 各分部分项工程的主要施工方案、技术措施及文明施工措施（1 分） ③ 计划开、竣工日期和施工进度网络图（1 分）	3
质保承诺	质保期为叁年，满足招标要求的得 1 分。每延长一年加 0.5 分，最高得 2 分	2
项目管理人员	施工员、质检员、安全员、材料员、资料员、造价员证件齐全并具有本单位社保缴纳证明（最近三月）的得 2 分，缺一项扣 0.5 分，扣完为止	2
项目技术力量配置	是否在本项目中配备对实验室需求充分了解的专业人才，以确保项目得以更好地实施。配备有高级实验室工程师、实验室内审员，有其中一项者即得 2 分，本项最高得 4 分，无则不得分。提供相关资格证书及企业社保缴费证明复印件，需提供最近一年及以上社保缴费证明	4
公司类似业绩	投标单位具有自 2016 年以来的类似实验室工程业绩，每提供一个 100 万元及以上项目业绩得 0.5 分（提供中标通知书或合同复印件或竣工验收单）	1
从业资历及技术能力证明	从业时间 15 年及以上的得 3 分；5 年≤从业时间＜15 年的得 2 分；2 年≤从业时间＜5 年的得 1 分（以营业执照注册时间为准）	3
公司资信情况	有完整的体系认证（质量管理体系认证、环境管理体系认证、职业健康安全管理体系认证）得 3 分；缺少一项扣 1 分；无认证资质 0 分	3

评分所需资质证明文件、证书、合同等资料请提供复印件，并携带原件备查。

（6）定标

1）评标委员会按照得分高低顺序对投标人进行排列。得分相同的，按投标报价由低到高顺序排列。得分最高且排名第一的投标人将被推荐为中标候选人或者直接被确定为中标人。

2）评标委员会认为所有投标报价均不合理或所有投标方案均不能满足采购人要求时，有权否决所有投标，评标委员会也没有义务必须接受最低报价的投标。

3）出现下列情形之一的，应予废标：

① 发生影响招标公平、公正的违法、违规行为的；

② 因重大变故，采购任务取消的。

4）对未中标的投标人，采购人不作未中标解释。

(7) 中标通知书及合同的签订

① 中标人确定后,采购人将通过学校招标网公示 3 天,公示期满无异议,即向中标人发出中标通知书。

② 中标人收到中标通知书后,应在 10 日内与采购人签订合同,过期视为放弃中标。

③ 本招标文件和中标人的投标文件包括中标人所作出的各种书面承诺将作为采购人与中标人双方签订合同的依据,并作为合同的附件与合同具有同等法律效力。

④ 如投标人中标后悔,采购人将取消该投标人本次中标资格及今后两年内的投标资格。

(8) 其他

① 本次招标不收投标保证金。

② 本次招标不收中标服务费。

③ 投标人无论中标与否,采购人都不承担投标人参加投标的任何费用。

3.11.4 第三部分 项目招标要求和有关说明

(1) 项目概况及基本要求

1) 项目简介

本项目系龙门山市疾病控制中心基础医学研究所筹建细胞实验室、干细胞实验室,建设项目的设计及施工。范围包括:①实验室的设计;②实验室的建设;③实验室专业配套设备的供货及安装。

2) 建设规模

本项目实验室总设计面积约为 $75m^2$,实验室系统建成后层高 2.5m。

本项目洁净室建设在龙门山市疾病控制中心基础医学研究所新大楼九层:

① 九层 4 度冷库系统面积为 $16.8m^2$,净高为 2.4m;

② 九层细胞实验室系统面积为 $22.74m^2$,净高为 2.5m;

③ 九层干细胞实验室系统面积为 $11.91m^2$,净高为 2.5m;

④ 辅助用房面积为 $16.65m^2$,净高为 2.5m。

3) 工程范围:依据工程设计方案、图纸、清单等进行本工程的施工,并承担工程质量保修责任。

4) 承包方式:包工包料,所有材料均符合国家环保要求。

5) 工程计价方式:综合单价法。

6) 完工期要求:合同生效后 60 天完成施工及验收。

7) 质量保修期:叁年。质保期自愿延长不限,终身负责维修。每年中标方要来承建的细胞实验室巡查一次,及时发现问题,并在质保期内依据使用方要求免费更换过滤器、筛网、活性炭等耗材。

8) 合同价款:采用固定总价方式确定。

9) 付款方式及质量保证金:项目完工、各项验收、环评合格并经审计后付至 95%,留 5% 为质保金。质保期满验收合格后结清余款(不计利息)。

10) 履约保证金:无。

11) 工期违约金:如中标人(承包人)不能在承诺工期内完成承包范围内的工程,则每延误一天至少支付违约金 500 元给招标人(发包人),最高支付至工程总价的 1.5%。

12) 质量违约金:如竣工后,工程质量不能一次检测验收合格,则中标人(承包人)应承担违约责任，并向招标人（发包人）支付工程总价3.0%的违约金，同时由中标人（承包人）承担二次检测的费用。

(2) 技术要求

① 实验室暖通空调设备及其配套系统

满足主实验区空气洁净度和压力梯度要求，同时满足实验室关于温、湿度的要求。噪声小于等于60分贝。相关技术要求见表3-11-3，各个房间的具体要求见表3-11-4。

表3-11-3 相关技术要求

		技术指标
1	见表3-11-4。	
★2	装饰围护结构要求	吊顶：采用不低于50mm手工岩棉彩钢板作为净化室吊顶（钢板厚度不低于0.5mm）地面：采用自流平+PVC地板面层 墙体：采用不低于50mm机制岩棉彩钢板。表面彩钢板厚度为不低于0.5mm并做表面喷塑，材料应能做到不锈、保温、隔热、防潮、美观。彩钢板颜色与地板和天花板协调、美观、整齐、缝隙均匀。 门窗：门体采用成品钢制保温门，观察窗应采用密闭保温措施。门体表面应平整、整洁，无划痕、无麻点、无凹坑、无锈蚀，表面涂料颜色均匀一致，涂膜光洁美观，门上带观察窗，玻璃选用钢化玻璃。 提供机制岩棉彩钢板防火检测报告。 4度冷库墙、顶、地采用聚氨酯冷库双面彩钢板厚度0.5mm发泡密度40kg总体厚度100mm
3	设备噪声要求	设备要作降噪处理，保证实验设备内部噪声控制在≤60dB
4	净化空调	1) 空调机组性能要求： 4度冷库采用独立冷风机组； 细胞室、干细胞实验室及辅助用房共用一套净化空调机组。 2) 空调机组参数要求： 机组的电气性能应符合IEC标准。 输入电压允许波动范围：220/380V+15%～－15% 频率：50Hz±2Hz 机组的适应环境： 温度：室内－10～＋30℃，室外－30～＋45℃ 湿度：≤70%RH
5	气流组织	洁净设备采用上送侧回（排）的气流组织形式，即高效过滤器送风，下侧面回（排）风口回（排）风
6	风管	洁净实验设备风管采用镀锌钢板；钢板厚度根据国标配置，风管大边＞600mm，≤800mm采用0.8mm，风管大边≤600mm采用0.6mm；风管制作完毕后，应使用中性清洗液将内表面清洗干净，并用塑料薄膜及胶带封口以备安装；风管支、吊或托架应设置于保温层的外部，并在支吊托架与风管间镶以垫木。同时应避免在法兰、测量孔、调阀等零部件处设置支吊托架
7	高效送风口（带方形调节阀）	面板为冷轧镀锌钢板，表面根据要求做喷漆处理，外表面必须平滑细腻，无凹凸和起楞；具有较好的过滤性能，高效过滤效率≥99.99%，粒径≥0.3μm；采用封闭式设计，防止内部有空隙和侧漏，达到洁净区对空气质量的严格要求；吊顶安装在设备内就可以方便更换过滤器。洁净送风口散流器采用孔板式扩散板，材质为1.2mm铝合金制造
8	高效空气过滤器	采用无隔板的高效空气过滤器，过滤介质为PTFE，密封为耐酸碱和过氧乙酸的德国汉高热熔胶或相当的材料，外框材质为表面经过阳极处理的铝型材质。过滤效率≥99.99%，粒径≥0.5μm的微粒采样技术不得超过3粒/min。过滤器的寿命不得低于2年。 额定风量：500m³/h；1000m³/h；1500m³/h；初阻力（Pa）：≤220

续表

		技术指标
9	回风口、排风口	表面根据要求做喷漆处理，外表面必须平滑细腻，无凹凸和起楞；内含进口中效过滤器，采用≥1μm大气尘计数效率≥65%的中效过滤器；在设备内就可以方便更换过滤器
10	消声器	风管主管道必须安装消声器；可采用管道式消音器，由单层不同穿孔率的小孔板构成；采用金属结构，构造简单，体积小，防火；不填充玻璃纤维，不产生灰尘、纤维质等污染空气；其内外表均经无菌处理
11	冷风机	冷库冷风机（一用一备）风量2×3400m³/h 冷量3.5kW 安装位置：室内壁挂安装；室外机放置楼顶
12	配套电气部分	实验设备的供电采用三相五线，电源电压380/220V，由低压配电箱供电 配电所用断路器必须是国际名牌产品，可靠性强。★实验区域工作照度≥300L，辅助用房照度≥150L。灯具选用高效节能LED净化灯、LED格栅荧光灯 微生物检测间配置紫外灭菌灯，配置标准1.5W/m³ 配电箱配置施耐德断路器，箱内开关数量需满足照明需求且配电箱开关数量需满足设备内及每组仪器台用电需求 4度冷库才用冷库灯
13	实验室PLC控制系统	PLC控制：含高低压电气件、PLC控制器，具备自动压差控制、过滤器寿命监测、实验室状态显示、温湿度控制、温湿度监测、风量控制、紧急状态急停及应急处理、★远程登录监控访问系统等功能 控制柜体：采用1mm厚优质冷轧钢板折弯而成柜体（安装底板厚1.5mm），外经环氧树脂静电防腐喷涂处理，为确保防护等级为IP54，要求门框与门边所有接合处均采用聚氨酯发泡密封条进行密封，内设专用走线槽，设有各种信号端子、多路强弱电开关。柜体全框架结构，侧板、顶板、底板均可取下，以方便安装检修。具备防静电功能，具有快速拆装各种器件等功能。控制箱内配散热风扇及进气过滤网，保证柜内通风。散热风扇采用精度、长寿命双滚珠轴承，铝合金压铸防腐结构 变频器：采用风机水泵型专用变频器，配有液晶显示操作面板，安装于控制柜门板/变频器表面，便于操作。防护等级≥20 低压电器：低压电器设备，断路器及交流接触器应在标准容量配置的基础上留有30%的冗余量 触摸屏：每一套控制系统应采用不小于10寸的液晶触摸屏，作为整个实验室的操作显示人机界面，所有需要检测和控制的点位都可以以文字或者图形的形式显示在触摸屏上，简单易操作！★并且可以远程登录监控访问系统等功能 控制器及IO模块：控制系统具备可扩展性，IO模块需预留20%~30%的点位余量。 控制器能在高噪声、电磁干扰和振动环境下连续运行，具备远程下载与上载的功能，可实时远程维护控制程序。★控制器选用PLC，本次投标不接受DDC控制器投标 控制器电源：要求严格核算各模块消耗电流，配置有足够输出电流余量的高可靠电源。电磁兼容性符合EMC规程的要求，应满足IEC61000-6-2、IEC61000-4-2、IEC61000-4-3、IEC61000-4-4、IEC61000-4-5、IEC61000-4-6、EN50081-2规定的要求。数字量、模拟量输入输出信号要求采用信号隔离器等隔离原件。数字输入模块：24VDC直流输入，光电隔离型。数字输出模块：24VDC，0.5A，继电器输出，光电隔离型。模拟量输入模块：具备诊断功能。在整个温度范围内运行极限的误差/精度为±0.1%，基本误差极限不高于0.05%。模拟量输出模块：具备诊断功能。在整个温度范围内运行极限的误差/精度为±0.12%，基本误差极限不高于0.02%

备注：标有"★"的参数只允许正偏离，如有一项出现负偏离，视为不实质性响应采购需求。

表 3-11-4　各个房间的具体要求

房间名称	换气次数/(次/h)	洁净度/级	温度/℃	湿度/%	压差/Pa（对大气）	噪声/dB
万级干细胞实验室	≥25	万	20～26	40～70	+25	≤60
万级细胞实验室	≥25	万	20～26	40～70	+20	≤60
缓冲间	≥25	万	20～26	40～70	+15	≤60
二更	≥15	十万	20～26	40～70	+10	≤60
一更	≥15	十万	20～26	40～70	+5	≤60
消毒准备	/	/	/	/	/	/
4度冷库	/	/	/	/	/	/

② 投标人选用的装修方案及装修材料必须符合规范的要求。其中，净化部分设计符合国家相关标准《洁净厂房设计规范》（GBJ 7384）、《医药工业洁净厂房设计规范》，施工安装符合国家行业标准《洁净设备施工及验收规范》（JGJ7190）。安装完毕后，由法定检测部门测试以下项目：尘埃粒子、浮游菌、换气次数、噪声、静压差、温度、相对湿度、工作区域亮度，并出具国家认可的法定检测报告和使用细则。所选用的主要装修材料及设备必须在标书中注明产地品牌。

(3) 其他要求

① 投标人应对工程现场及周围环境进行勘察，以便获取有关编制报价文件和签署合同所涉及现场的资料。无论投标人是否踏勘现场，均被认为在递交报价文件之前已经踏勘现场，对本合同项目的风险和义务已作了解，并在其报价文件中已充分考虑了现场和环境的条件。

② 供配电。配电箱电源线由招标方引入，配电箱以下部分包括空调设备用电由供方承担。

③ 在竣工交付前，由中标方提供有资质的检验权威机构，对本工程有关项目进行测试，并出具检测报告，费用由中标方承担。

④ 对测试不合格项目，施工方应及时整改。在整改后诸如送风量、新风量、洁净度、噪声，以及温湿度和空气压力等主要指标仍不能达标的，招标方将保留追究其经济及法律责任的权利。

(4) 投标报价

本招标项目最高投标限价 87 万元。

投标人应按照国家、省住房和城乡建设厅、龙门山市住房和城乡建设局颁发的现行相关政策性文件的规定进行本工程的投标报价。

1) 投标总报价应包括满足招标文件要求，完成项目设计方案、图纸、清单范围内的工程施工、安装内容所需的所有材料、人工、运输、管理、安装、安全措施、保险、税金、利润、售后服务等及政策性文件规定的全部费用，但甲供（招标人自行采购）材料、设备不在报价范围内。投标综合单价在合同执行期间是固定不变和不可变更的，不因市场变化因素而变动，因此投标人在计算报价时需考虑风险因素。

2) 本工程招标提供工程量清单，投标人应认真踏勘现场，并根据施工现场的实际情况和各自的施工经验、施工方法确定合理的施工组织方案。投标报价应包括完成该项目所采用施工方案的全部费用，所有施工方案的费用均应列入投标人认为合适的细目中，在工程量清单分析中反映出来。

3）所有施工方案的费用以及按国家标准或施工验收规范要求对材料、构件进行质量检测或检测所需的试验、检测费用均由招标人承担。在工程决算时，承包人凭检测费发票列入工程结算中。

4）除非招标人对招标文件予以修改，投标人应按招标人提供的工程量清单及其计价格式填报单价和合价。投标人未填单价或合价的工程项目，视为该项目费用已包括在其他有价款的单价或合价内，在实施后招标人将不另行支付。如实际施工的工程量与招标人提供的工程量清单中的数量不一致，量差部分结算时凭甲方签证可按实调整。每一项目只允许有一个报价，任何有选择的报价将不予接受。

5）工程量清单计价应包括满足招标文件要求，完成工程量清单所列项目的全部费用，包括分部分项工程费、措施项目费、其他项目费、规费和税金。工程量清单计价采用综合单价计价，综合单价包括完成工程量清单中一个规定计量单位项目所需的人工费、材料费、机械使用费、管理费和利润。凡施工中必须发生的工作内容所需的费用都应包括在投标报价的综合单价内，否则将认为合并在其他内容中。

6）工程量清单中的每一个细目都必须填入综合单价和合价。投标时没有填入综合单价和合价的细目，其费用应视为已分配在工程量清单的其他报价中，中标人应完成未填入综合单价和合价的工程内容。

7）投标人不得对下列不可竞争费用改变标准收取。
① 现场安全文明施工措施费；②工程排污费（暂不计取）；③建筑安全监督管理费（暂不计取）；④社会保障费；⑤住房公积金；⑥税金。

计取标准按提供的工程量清单的要求。

8）措施项目清单计价表应包括完成该项目所采用施工方案的全部费用。措施费用包括现场因素、施工技术措施及赶工措施费，现场安全文明施工措施费，工程按质论价所需增加的施工成本费等，报价时一起并入报价汇总中。如工程量清单分析中未列施工方案细目的项目，其施工方案费用应被视为已分配在投标人认为合适的细目报价中。

9）招标人指定品牌的竞价材料，指定多个品牌的，可任选一个，并应采用优等（一等）品和合格产品；招标人未指定品牌和无暂定价的材料，均应采用优质品牌的优等（一等）品和合格产品，报价时应注明所用品牌、规格、产地等。且在使用时报监理和发包人现场代表核验，若核验时发现非优质品牌的优等（一等）品和合格产品，必须无条件更换，承包人不得以投标时按某种材料报价为由拒绝更换。如未经核验，按不合格材料论处，承包人负责全部返工的费用。

10）在评标过程中，招标人或评委发现投标人的投标单价有明显计算错误的，可以要求投标人作必要的澄清、说明或补正，投标人法定代表人或其授权人必须以书面形式作出更正。对于招标人或评委发现投标人个别子目单价明显高于或低于其他投标单位单价的，也可要求投标人作必要的说明；若投标人不能合理说明或者不能提供相关证明材料以及评委有充分理由认定不能支持投标单价的，将作重点评审。

11）施工用水、用电费用投标时应进入报价。需要使用水电时，由承包人向能源管理科申请装表计量，管线自行解决和安装，施工用电按1.05元/度、施工用水按4.0元/t

考虑。

12）竣工结算时，应按承包人实际发生的变更工作内容结算。

(5) 技术规范及验收标准

执行国家、某省、龙门山市现行的相关技术规范及验收标准。

(6) 其他

① 投标人一旦参加投标，就意味着已接受招标文件的所有条款及要求，并受其约束。

② 除招标文件中规定招标人负责的工作外，在工程施工过程中，承包人对外发生的任何交涉与纠纷以及由此造成的损失，均由承包人自行解决，如需发包人进行协调，则协调所发生的费用由承包人承担。

③ 在施工过程中，承包人对原设计提出设计修改建议，应征得发包人同意，并按有关规定办理变更手续。

④ 承包人在进入施工现场后，应遵守国家相关法律法规、学校管理规定，注意安全文明施工，做好施工安全防护措施，并承担施工范围内的一切安全责任。

技术咨询：颜先生，联系电话：　　　　　（8：00—16：00 工作时间联系）

3.11.5 第四部分　设计图纸、工程量清单

(1) 设计图纸

限于篇幅，设计图纸略。

(2) 清单总说明

工程名称：龙门山市疾病控制中心医学特殊环境实验室工程

1) 工程概况

① 本工程招标范围为：龙门山市疾病控制中心医学特殊环境建设工程。

② 本工程为 1 个标段。

③ 本工程计划工期 60 日历天，具体开工日期以甲方通知为准。

2) 工程量清单编制依据

① 建设工程工程量清单计价规范（GB 50500—2013）。

② 龙门山市住房和城乡建设局有关文件。

3) 工程质量、材料、施工等特殊要求

① 工程工期、质量参照招标文件要求。

② 工程施工时，应符合对环境保护的要求（充分拆除物的弃运等）。

③ 装饰、安装工程中材料需按主要材料品牌表（附件1）品牌中的要求选定品牌列入投标报价，并在投标报价中必须注明品牌。

④ 实验室为改造工程，需对现场详细踏勘了解项目现状。

4) 招标人暂定材料的名称、规格型号

无。

5) 其他需说明的问题

① 投标人可根据施工组织设计采取的方案相应地增加措施项目。

② 不可竞争费费率表。

不可竞争费费率见表 3-11-5。

表 3-11-5 不可竞争费费率

序号	费用类别		计算基础	装饰工程	安装工程
1	规费费率/%	工程排污费率		0	0
2		建筑安全监督管理费	分部分项工程费+措施项目费+其他项目费	0	0
3		社会保障费率		2.2	2.2
4		公积金率		0.38	0.38
5	现场安全文明施工措施费费率/%	基本费率	分部分项工程费	1.6	1.6
6		现场考评费费率	分部分项工程费	0	0
7		奖励费费率		0	0
8	税金费率/%		分部分项工程费+措施项目费+其他项目费+规费	3.48	3.48

注：工程排污费结算时按有关行政部门实际征收的费用在规费中计取。

③ 清单项目是施工工序的综合，招标人按规范编制的综合工序可能和设计图纸提供的"工程数量表"的计量单位及工序划分不一样，投标人应根据清单要求及《某省建设工程工程量清单计价项目指引》规定的工程内容计算各项费用，计算施工工序数量应以设计图所示（断面）尺寸为依据。设计图所示单位工程数量的含量只是参考，业主不承担设计图上提供的分项或分部工程量数量表缺陷而造成的各项索赔。

④ 投标人在编标时若发现本清单说明部分内容与招标文件中有矛盾，应提供书面答疑要求书面澄清，若答疑阶段已过时，则以招标文件为准。主要设备材料推荐品牌见表 3-11-6。

表 3-11-6 主要设备材料推荐品牌明细表

序号	设备名称	所属系统	推荐品牌
1	夹芯保温钢板墙	装饰系统	协多利/林森/泰菱
2	夹芯保温钢板吊顶	装饰系统	协多利/林森/泰菱
3	PVC 塑胶地板	装饰系统	LG/洁福/阿姆斯壮
4	不锈钢传递窗	洁净	KLC/苏净安泰/灵洁
5	配电箱主要元器件	电气系统	施耐德/ABB/西门子
6	防浪涌保护器/三级防雷器	电气系统	宁普/ODEN/菲尼克斯
7	LED 洁净灯、紫外灭菌灯	电气系统	华丽/新阳光/精英
8	开关、插座	电气系统	西门子/朗能/TCL
9	电气配线	电气系统	远东/江南/泰山
10	高效送风口	暖通系统	KLC/苏净安泰/美埃
11	净化空调	暖通系统	天加/约克/赛思
12	风阀、风口、消声器	暖通系统	潮通/舒尔乐/盈达
13	圆盘刻度式差压表	暖通系统	杜威/德威尔/美国 dwyer

(3) 工程量清单

工程量清单见表 3-11-7。

表 3-11-7　工程量清单

分部分项工程量清单计价表①

工程名称：龙门山市疾病控制中心医学特殊环境实验室工程

序号	项目名称	项目特征	计量单位	工程量
建筑与装饰工程				
一	墙面工程			
1	夹芯保温钢板墙	机制 50mm 金属面岩棉夹芯板，基板为 0.5mm 厚的镀锌钢板，整体板厚为 50mm，岩棉容重≥120kg/m³，表面喷塑	m²	135.00
2	彩钢夹芯板安装用铝材	50 系列/喷塑 50 槽铝/喷塑 50 内圆、50 外圆/内圆底座塑料条/4×13 抽芯铆钉、♯4-40 自攻螺丝固定 制作、运输、安装	m²	135.00
3	钢板喷塑内不锈钢传递窗	外冷板内 304 不锈钢 内尺寸：500mm×500mm×500mm 带杀菌灯、电子互锁	台	1.00
二	天棚工程			
1	夹芯保温钢板吊顶	手工 50mm 金属面岩棉夹芯板（加强筋）	m²	53.88
2	彩钢夹芯板安装用铝材	50 系列中字铝吊梁/T 型喷塑龙骨/角铝	m²	53.88
三	楼地面工程			
	PVC 塑胶地板	PVC 塑胶地板包含施工 PVC 卷材：2.2mm×2m×20m，2.2mm 厚度含 2mm 自流平找平及打磨处理、辅材	m²	53.88
四	门窗工程			
1	成品保温钢板门	规格：1000mm×2100mm 单开门，门框厚度 1.2mm，门板厚度 0.8mm	樘	5.00
2	五金件	门锁、合页、门吸、升降扫地条	套	5.00
3	联动锁	2 门联动（包含紧急关闭开关）	套	1.00
4	观察窗 1200×1000	6mm 钢化玻璃观察窗铝合边	套	1.00
五	电气工程			
1	46 位终端配电箱	ACM23×2FNBENU、含空开及漏保	套	3.00
2	非标配电箱/柜（按 Ijs 计）	1. 200A 内非标配电箱/柜 2. 含空开及漏保 3. 含塑壳断路器 4. 挂墙或落地安装	台	1.00
3	防浪涌保护器/三级防雷器	NPS01-F40 U_c：385VAC I_n：20kA（8/20μS） I_{ma}：40kA（8/20μS） U_c：1.8kV	只	2.00
4	铝合金斜边平板灯（净化）	1200mm×300mm，48W，螺丝安装	套	9.00
5	铝合金斜边平板灯	600mm×300mm，24W，螺丝安装	套	2.00
6	平板灯应急装置（附件）	应急时间 90min	套	6.00

续表

序号	项目名称	项目特征	计量单位	工程量
7	紫外灭菌灯	1×40W 紫外线灭菌灯	套	2.00
8	紫外灭菌灯	1×20W 紫外线灭菌灯	套	3.00
9	单联单控翘板开关	1. 额定电流 10A 2. 含开关盒暗埋 3. 含开关内部接线	只	5.00
10	双联单控翘板开关	1. 额定电流 10A 2. 含开关盒暗埋 3. 含开关内部接线	只	1.00
11	单相五孔插座	1. 额定电流 10A 2. 含开关盒暗埋 3. 含插座内部接线	只	27.00
12	三相四孔插座	1. 额定电流 25A 2. 含开关盒暗埋 3. 含插座内部接线	只	2.00
13	电气配线	管内穿线，BV2.5mm²	m	300.00
14	电气配线	管内穿线，BV4mm²	m	500.00
15	电力电缆	YJV5×4	m	120.00
16	电力电缆	YJV4×35+1×16	m	50.00
17	电力电缆	YJV5×16	m	60.00
18	电力电缆	YJV4×10	m	20.00
19	电力电缆	YJV4×4	m	20.00
20	电气配管	KBG/JDG20 暗敷、壁厚大于 1.0mm	m	100.00
21	电气配管	KBG/JDG25 暗敷、壁厚大于 1.0mm	m	200.00
22	电气配管	SC25 暗敷、壁厚大于 1.5mm	m	140.00
23	电气配管	SC40 暗敷、壁厚大于 2.0mm	m	30.00
24	电气配管	SC50 暗敷、壁厚大于 2.5mm	m	20.00
六	空调给排水工程			
1	冷凝水管	50PVC，上水管材质	m	30.00
2	存水弯	50PVC，上水管材质	只	2.00
3	给水	25PPR	m	50.00
4	螺纹阀门安装及附件	25PPR	项	2.00
暖通工程				
一	关键设备部分			
1	净化空调机组	新风量：800m³/h，送风量 3400m³/h，回风量：2600m³/h 制冷量：24kW 制热量：15kW 电加热量：8kW 加湿量：7kg/h 机外余压：900Pa 一次回风系统	台	1.00

续表

序号	项目名称	项目特征	计量单位	工程量
2	风冷冷热水机组	制冷量：25kW 制热量：27kW	台	1.00
3	高效送风口（500风量）	HU-DCS500-A096N 无隔板箱体尺寸：390×390×380 高效过滤尺寸：320×320×96 法兰口尺寸：200×200 风量：500m³/h	台	5.00
4	高效送风口（1000风量）	HU-DCS1000-A096N 无隔板 箱体尺寸：554mm×554mm×380mm 高效过滤尺寸：484mm×484mm×96mm 法兰口尺寸：320mm×200mm 风量：1000m³/h	台	2.00
5	圆盘刻度式差压表	dwyer2000 系列	个	4.00
6	系统调试费	净化系统调试费	项	1.00
二	风管管道系统部分			
1	镀锌风管	角钢制作，含 0.5mm 镀锌铁皮、角钢、2cmB1 级难燃自熄型保温、胶水、吊筋	m²	75.00
2	镀锌风管	手工镀锌铁皮风管手工角钢法兰制作含 0.75mm 镀锌铁皮、角钢、2cmB1 级难燃自熄型保温、胶水、吊筋	m²	25.00
3	空调箱进出口软接	帆布软接制作安装	个	4.00
4	消声器	630mm×250mm×1500mm	个	1.00
5	门铰式回风口	铝合金材质；250mm×200mm	个	3.00
6	门铰式回风口	铝合金材质；630mm×400mm	个	2.00
7	可调百叶新风口	铝合金材质；500mm×500mm	个	1.00
8	手动风量调节阀	镀锌材质；200mm×200mm	个	5.00
9	电动风量调节阀（模拟量）	镀锌材质；200mm×200mm	个	3.00
10	手动风量调节阀	镀锌材质；320mm×200mm	个	2.00
11	手动风量调节阀	镀锌材质；630mm×250mm	个	1.00
12	电动风量调节阀（模拟量）	镀锌材质；500mm×200mm	个	2.00
13	手动风量调节阀	镀锌材质；300mm×300mm（设备送风处阀门）	个	1.00
14	手动风量调节阀	镀锌材质；400mm×320mm（设备新风口处阀门）	个	1.00
15	电动风量调节阀（模拟量）	镀锌材质；400mm×320mm	个	1.00
16	70℃防火阀	镀锌材质；630mm×250mm	个	1.00
17	橡胶减震垫	20mm	个	12.00
18	循环水泵	流量：12.5m³/h，扬程：25m，功率：2.2kW	个	2.00
19	缓冲保温水箱	1t	个	1.00
20	空调水系统管路	水管、阀门、配件	项	1.00
21	空调孔洞		个	2.00

续表

序号	项目名称	项目特征	计量单位	工程量
22	设备基础	空调室外机组、水泵等	项	1.00
三	自控系统			
1	PLC控制系统	含高低压电气件、PLC控制器,具备空调温湿度控制、管道恒压控制、房间压差控制、故障报警等功能	套	1.00
2	压差开关	930.80	个	1.00
3	房间微压差传感器	0~10V,±50Pa,±1%FS	个	5.00
4	风管静压差传感器	0~10V,0~1000Pa,±1%FS	个	2.00
5	风管温湿度传感器	−40~+60℃/0~100%RH DC24V 精度:±2.5%RH 和±0.3℃	个	2.00
6	触摸屏	10寸彩色触控屏	个	1.00
7	变频器	3kW	台	1.00
		1.1kW	台	1.00
8	控制线缆	RVV2×0.75	m	150.00
9	控制线缆	RVV3×0.75	m	150.00
10	控制线缆	RVVP10×0.75	m	40.00
11	控制线缆	RVVP3×0.75	m	200.00
12	控制线缆	RVVP4×0.75	m	50.00
13	电气配管	PC管 φ20	m	350.00
其他				
1	不锈钢操作台	规格:750mm×800mm,SUS304不锈钢	m	6.20
2	资料柜/更衣柜	900mm×450mm×1800mm 钢结构采用1.0mm厚的优质冷轧钢板构造	个	2.00
3	原建筑顶拆除		m²	15.00
4	多联机拆除		项	1.00
5	垃圾搬运(每楼层加5元)人工		项	1.00
6	垃圾运输		项	1.00
	小计			

分部分项工程量清单计价表②

工程名称:龙门山市疾病控制中心医学特殊环境实验室工程

序号	项目名称	项目特征	计量单位	工程量
气体工程				
1	自动切换器	316不锈钢材质,一级减压切换器、高压表、低压表、泄压阀、高压控制阀、高压吹扫阀等,进出气接头、面板等	套	1.00
2	高压软管	不锈钢,内衬特氟龙	件	4.00
3	钢瓶接头	G5/8	个	2.00

续表

序号	项目名称	项目特征	计量单位	工程量
4	高压转接头	不锈钢316材质	个	2.00
5	钢瓶固定架	定制	个	2.00
6	二级减压阀	316不锈钢，单表，1/4" NPT外径	个	3.00
7	管道TUBE	1/4"外径，不锈钢316LBA材质	m	50.00
8	减压器NPT	316不锈钢，双表，1/4"NPT外径	只	4.00
9	球阀	1/4"外径，316不锈钢方体式	只	3.00
10	三通TEE	1/4"外径，不锈钢316材质	个	3.00
11	球阀末端接头	1/4"根据仪器的接口定制	个	3.00
12	安装辅材	C型钢、支架、标签、气体等	项	1.00
13	管夹	管夹	套	50.00
14	气体	高纯氩气	瓶	3.00
15	主管接头		个	1.00
16	泄漏报警	主机＋探头	套	2.00
17	主控阀		个	3.00

分部分项工程量清单计价表③

工程名称：龙门山市疾病控制中心冷库

序号	项目名称	项目特征	计量单位	工程量
建筑与装饰工程				
一	墙面工程			
1	冷库板	聚氨酯冷库双面彩钢板厚度0.5mm，发泡密度40kg，总体厚度100mm	m²	49.50
2	安装辅材	硅胶、角铝	m²	49.50
二	天棚工程			
1	冷库板	聚氨酯冷库双面彩钢板厚度0.5mm，发泡密度40kg，总体厚度100mm	m²	18.67
2	冷库板吊顶龙骨	50系列，不上人轻钢龙骨φ8吊筋，承载龙骨间900～1200mm；\轻钢龙骨\三角龙骨\边龙骨	m²	18.67
3	安装辅材	硅胶	m²	18.67
三	楼地面工程			
1	冷库板	聚氨酯冷库双面彩钢板厚度0.5mm，发泡密度40kg，总体厚度100mm，双面带压花	m²	18.67
2	安装辅材	硅胶、角铝	m²	18.67
四	门窗工程			
1	冷库门	规格：900mm×2100mm双开门，聚氨酯冷库双面彩钢板厚度0.5mm，发泡密度40kg，总体厚度100mm	樘	1.00
2	五金件	门锁、合页、门吸、升降扫地条	套	1.00

续表

序号	项目名称	项目特征	计量单位	工程量
暖通工程				
1	制冷机组（一用一备）	制冷量：3.5kW	台	2.00
2	冷风机（一用一备）	风量：$2\times3400m^3/h$	台	2.00
3	膨胀阀		台	2.00
4	橡胶减震垫	20mm	个	8.00
5	空调铜管	含铜管、保温等	项	1.00
6	空调试压用氮		项	2.00
7	氟利昂		项	1.00
8	控制箱		台	2.00
9	系统调试费		项	2.00
10	冷库设备支架安装	含内外机组、基础300mm高度，ϕ10钢筋，C25混凝土	套	2.00
11	温湿度传感器	自控系统采集	个	1.00
电气改造工程				
	强电工程			
一	标准配电箱			
	26位终端配电箱	ACM13×2FNBENU、含空开及漏保	套	1.00
二	防雷器			
	防浪涌保护器/三级防雷器	NPS01-F40 Uc：385VAC In：20kA（8/20μS） Ima：40kA（8/20μS） Up：1.8kV	只	1.00
三	灯具			
1	冷库灯	1. 冷库专用防潮\防爆灯罩 2. 15W节能灯泡 3. 含灯具吊装、接线	套	2.00
2	应急装置（附件）	应急时间90min	套	1.00
四	开关插座			
1	单联单控翘板开关（防水）	1. 额定电流10A 2. 含开关盒暗埋 3. 含开关内部接线	只	1.00
2	防水插座	1. 额定电流10A 2. 含开关盒暗埋 3. 含插座内部接线	只	6.00
五	电线电缆			
1	电气配线	管内穿线，ZRBV2.5mm^2	m	90.00

续表

序号	项目名称	项目特征	计量单位	工程量
2	电气配线	管内穿线，ZRBV4mm²	m	160.00
3	电力电缆	ZRYJV5×4	m	100.00
4	电力电缆	ZRYJV5×6	m	40.00
六	配管			
1	电气配管	SC20暗敷、壁厚大于1.5mm	m	30.00
2	电气配管	SC25暗敷、壁厚大于1.5mm	m	160.00
3	电气配管	SC32暗敷、壁厚大于2.0mm	m	40.00
七	其他			
	主进线电缆桥架内施工	部分吊顶拆除及修复	项	1.00
八	运费			
	运输费		项	1.00

(4) 其他

① 图纸：招标人可以电子文档形式提供下载，具体可登录龙门山市疾病控制中心招投标网。

② 工程量清单：招标人可以电子文档形式提供下载，具体可登录龙门山市疾病控制中心招投标网。

3.11.6 第五部分 合同协议书

发包人（全称）　　　　　　　（简称甲方）：
承包人（全称）　　　　　　　（简称乙方）：
依照《中华人民共和国政府采购法》《中华人民共和国合同法》《中华人民共和国建筑法》及其他有关法律、行政法规，遵循平等、自愿、公平和诚实信用的原则，双方就本建设工程施工事项协商一致，订立本合同。
1. 工程概况
工程名称：
工程地点：
工程内容：
2. 工程承包范围
承包范围：招标文件所列的所有项目。
3. 合同工期
开工日期：　　年　　月　　日（具体开工日期以发包人开工通知书为准）
竣工日期：　　年　　月　　日
合同工期总日历天数：　　天
4. 质量标准
工程质量标准：符合《建筑工程施工质量验收统一标准》（GB 50300—2013）、《建筑装饰工程质量验收规范》（GB50210—2018）等现行标准验收规范。
5. 合同价款
金额（大写）：　　　（人民币）
¥：　　　元

续表

6. 组成合同的文件 组成本合同的文件包括： （1）本合同协议书 （2）本合同专用条款 （3）明确双方权利、义务的纪要、协议 （4）本合同通用条款 （5）招标文件和中标通知书及投标承诺 （6）施工图纸 （7）标准、规范及有关技术文件、技术要求 双方有关工程的洽商、变更等书面协议或文件视为本合同的组成部分。 7. 本协议书中有关词语含义与《建设工程施工合同》范本（GF-2017-0201）通用条款、专用条款中分别赋予它们的定义相同。 8. 承包人向发包人承诺按照合同约定进行施工、竣工并在质量保修期内承担工程质量保修责任。 9. 发包人向承包人承诺按照合同约定的期限和方式支付合同价款及其他应当支付的款项。 10. 合同生效 合同订立时间：　　年　　月　　日 本合同双方约定甲方、乙方签字并盖章后生效。 发　包　人（公章）：　　　　　　　　　承　包　人（公章）： 住　　　所：　　　　　　　　　　　　　住　　　所： 法定代表人：　　　　　　　　　　　　　法定代表人： 委托代表人：　　　　　　　　　　　　　委托代表人： 电　　　话：　　　　　　　　　　　　　电　　　话： 传　　　真：　　　　　　　　　　　　　传　　　真： 开户银行：　　　　　　　　　　　　　　开户银行： 账　　　号：　　　　　　　　　　　　　账　　　号： 邮政编码：　　　　　　　　　　　　　　邮政编码： 　　　年　月　日　　　　　　　　　　　　年　月　日

3.11.7　第六部分　合同条款

本招标项目合同使用住房和城乡建设部、国家工商行政管理局（建建【2017】313号）文印发的《建设工程施工合同（示范文本）》（GF-2017-0201）。通用条款限于篇幅，本书略。专用条款如下。

(1) 词语定义及合同文件

1) 合同文件及解释顺序

合同文件组成及解释顺序：本合同协议书、投标书及其附件、招标文件、专用条款、通用条款、标准规范及有关技术文件、图纸、工程量清单、工程报价单或预算书。

2) 语言文字和适用法律、标准及规范

① 本合同除使用汉语外，还使用　　　　　　　　　语言文字。

② 适用法律和法规

需要明示的法律、行政法规：《中华人民共和国合同法》《中华人民共和国建筑法》《中华人民共和国招投标法》《某省工程建设质量管理条例》及龙门山市相应的地方性法规及政策文件。

③ 适用标准、规范

适用标准、规范的名称：国家、省、市现行相关行业标准、规范。

发包人提供标准、规范的时间：由承包人自行购买解决。

国内没有相应标准、规范时的约定：无。

3）图纸

① 发包人向承包人提供图纸日期和套数：本合同签订后七天内提供全套施工图。

② 发包人对图纸的保密要求：承包人不得擅自移至其他地点、其他项目使用或套用。

③ 使用国外图纸的要求及费用承担：无。

（2）双方一般权利和义务

1）工程师

① 监理单位委派的工程师

姓名：　　　　　职务：

② 发包人委托的职权：行使监理合同赋予监理单位的权利和义务，全面负责受委托工程的质量、进度、投资的全过程监理控制。

③ 需要取得发包人批准才能行使的职权：关于资金、工程量计量及变更方面的控制、停工通知、复工通知及其他监理合同外的职权均需得到发包人批准或委托。

④ 发包人派驻的工程师

姓名：　　　　　职务：

⑤ 职权：行使发包人相关职能，复议、签署工程变更单及相关验收、记录、协调工程相关事宜，所有职权行使须加盖甲方印章方能生效。

⑥ 不实行监理的，工程师的职权：无。

2）项目经理

姓名：　　　　　职务：

3）发包人工作

发包人应按约定的时间和要求完成以下工作。

① 施工场地具备施工条件的要求及完成的时间：已基本具备开工条件。

② 将施工所需的水、电接至施工场地的时间、地点和供应要求：临时用水、用电由业主负责提供或与总包单位协调，分户表后部分由承包人接至现场并承担维护的责任，施工用场地由承包人自行解决，水、电等各项费用自理。

③ 施工场地与公共道路的通道开通时间和要求：已具备。

④ 工程地质和地下管线资料的提供时间：进场施工后由发包人召集有关管线单位现场交底。

⑤ 由发包人办理的施工所需证件、批件的名称和完成时间：开工前。

⑥ 水准点与坐标控制点交验要求：进场施工后由发包人组织交接，由承包人复测后将复测报告提交监理和发包人。

⑦ 图纸会审和设计交底时间：进场施工前3天。

⑧ 协调处理施工场地周围地下管线和邻近建筑物、构筑物（含文物保护建筑）、古树名木的保护工作：发包人将召集相关单位，对地下管线及其他需保护物进行现场交底，并承担有关费用。交底后，由施工单位对地下管线及其他需保护物进行保护。

⑨ 双方约定发包人应做的其他工作：需要时双方协商确定。

4）承包人工作

承包人应按约定的时间和要求完成以下工作。

① 需由设计资质等级和业务范围允许的承包人完成的设计文件提交时间：无。

② 应提供计划、报表的名称及完成时间：开工前提供总施工计划进度，根据工程实际每周提供进度计划报表一式叁份，如计划有修正，则在保证总工期的情况下提供修正后的计划。

③ 承担施工安全保卫工作及非夜间施工照明的责任和要求：a. 自开工之日起，承包人应全面负责照管、维护本工程和用于本工程的材料、设备以及工地范围内既有市政设施，直至工程竣工验收通过。照管期间，如发生损失，应由承包人自理。为进一步落实工地的安全文明措施，避免遭受意外毁损或盗窃，造成不必要的人身伤害与财产损失，承包人应与工程所在地公安部门办理工地治安管理手续并支付相应费用。b. 承包人应充分关注和保障现场人员的安全，切实做好施工范围内的各项安全保卫工作及非夜间施工的照明工作，如因承包人未能对上述事项采取各种必要措施，导致或发生与此有关的人身伤害、罚款、索赔、损失补偿、诉讼费用及其他一切责任应由承包人承担。承包人在实施本工程中的一切施工作业时，应不影响邻近建筑物、构筑物、构作物的安全与正常使用，不干扰师生的工作、学习、生活和通行方便，如果发生上述情况，由此导致的索赔、赔偿、诉讼费用和其他开支及一切责任，由承包人承担。在本合同工程的施工过程中，发包人对承包人雇员的人身死亡、伤残，或财产（设备）的损失或损害不予赔偿，发包人也不对承包人与此有关的索赔、损害、赔偿及诉讼费用和其他支出承担任何责任。

④ 向发包人提供的办公和生活房屋及设施的要求：无。

⑤ 需承包人办理的有关施工场地交通、环卫和施工噪声管理等手续：根据工程需要到当地办理相关手续。

⑥ 已完工程成品保护的特殊要求及费用承担：按本合同通用条款办理，未交付工程部分成品保护由承包人负责，已交付部分成品保护由发包人负责。发包人要求承包人采取措施的，由发包人承担费用；承包人原因造成破坏的，由承包人自费予以修复。

⑦ 施工场地周围地下管线和邻近建筑物、构筑物（含文物保护建筑）、古树名木的保护要求及费用承担：根据发包方的交底做好保护。属交底范围内的地下管线（或其他需保护物）挖坏，属于承包人责任，修理费用由承包人承担。若承包人对地下管线（或其他需保护物）有不负责行为，将其修复并承担修复费用。

⑧ 施工场地清洁卫生的要求：应符合龙门山市有关工程施工现场的文明卫生要求。具体要求如下：a. 加强封闭式管理。各工地可按工程进度分段设置围栏，加强封闭式管理。封闭围栏高度应大于1.5m，并做到整洁、美观、安全可靠。b. 防止抛洒滴漏。运输建筑材料、垃圾和工程渣土的车辆，应当采取有效措施，防止建筑材料、垃圾和工程渣土飞扬、洒落或者流溢，保证行驶途中不污染道路和环境。主要出入口道路要硬化处理，车辆驶出工地前要坚持冲洗。c. 科学合理地确定交通组织方案。不封锁交通或半封锁交通施工的路段，要有保证车辆通行宽度的车行道和人行道；封闭交通施工的路段，要有特种车辆和沿线单位车辆通行的道路和人行道。凡在施工道路的交叉口，均应按规定设置交通标志（牌），夜间设置示警灯及照明灯，便于车辆行人通行。d. 施工过程中做到不扰民。禁止使用噪声超标的施工机械降低噪声污染，并杜绝夜间违规施工。生产废水的排放必须经过沉淀，严禁泥浆乱排放（排向河道、下水道或农电排放）。市区市政工地逐步推行预拌建筑砂浆，以减少扬

尘对居民的影响。e. 加强施工现场管理。施工现场平面布置合理，各类材料、设备、预制构件等，堆放位置与施工总平面图相符，并做到整齐有序，不任意占用车行道、人行道，土方集中规范堆放，并有护栏设施，余土及时外运。废料、垃圾及不再需要的临时设施应及时清运、拆除并外运。

⑨ 双方约定承包人应做的其他工作：需要时双方协商确定。

(3) 施工组织设计和工期

1) 施工组织设计（限于篇幅，本书略）。

2) 进度计划

① 承包人提供施工组织设计（施工方案）和进度计划的时间：设计交底后 3 日内。

工程师确认的时间：承包人提供后 3 日内。

② 群体工程中有关进度计划的要求：按发包人提供群体工程总进度计划，承包人全力做好配合工作。

3) 工期延误

双方约定工期顺延的其他情况：须符合通用条款中允许工期顺延的条件，并均需经监理核定和发包人批准方可计算顺延天数。

(4) 质量与验收

1) 隐蔽工程和中间验收

双方约定中间验收部位：各分部工程验收及所有隐蔽工程均须报监理验收，涉及工程量变更的须有甲方及审计部门的认可。

2) 工程试车（限于篇幅，本书略）。

试车费用的承担：无。

(5) 安全施工

由承包人负责施工范围内的一切安全防护措施，并承担施工范围内的一切安全责任。

(6) 合同价款与支付

1) 合同价款及调整

① 本合同价款采用固定总价合同方式确定。

② 双方约定合同价款的其他调整因素：一周内非承包人原因停电、停水造成停工累计超过 8h。

③ 工程师审核时间：当发生本合同第 23.3 款情况时，必须在得到监理工程师、发包人代表及审计工程师签证确认后才予认可。

2) 工程预付款

发包人向承包人预付工程款的时间和金额或占合同价款总额的比例：_____。

3) 工程量确认

① 承包人向工程师提交已完工程量报告的时间：承包人每月 25 日提交工程量计量报告，由监理工程师、发包人代表及审计工程师进行审核。

② 工程师审核时间：工程师一般应在 7 天内通知承包人进行工程量核对并予以认可，但不管工程量核对时间长短，承包人的工程量计量报表都必须在得到监理工程师、发包人代表签证、审计工程师确认后才予认可。

4) 工程款（进度款）支付

双方约定的工程款（进度款）支付的方式和时间。

5）材料设备供应

发包人供应材料设备。发包人供应的材料设备与一览表不符时，双方约定发包人承担责任如下：

① 材料设备单价与一览表不符：执行通用条款。

② 材料设备的品种、规格、型号、质量等级与一览表不符：执行通用条款。

③ 承包人可代为调剂串换的材料：执行通用条款。

④ 到货地点与一览表不符：执行通用条款。

⑤ 供应数量与一览表不符：执行通用条款。

⑥ 到货时间与一览表不符：执行通用条款。

6）发包人供应材料设备的结算方法：发包人根据经监理审核的承包人提供的清单供应甲供材料。

7）承包人采购材料设备

承包人采购材料设备的约定：招标人未指定品牌或在材料表中未注明品牌和型号的主要材料、特殊材料由承包人和发包人双方联合考察定牌，由承包人按投标承诺自行采购。

8）工程变更

以设计单位及发包人的书面通知为准。

9）竣工验收与结算

竣工验收按我国现行相关规范进行。

① 承包人提供竣工图的约定：工程完工后 30 天内提交 3 份。

② 中间交工工程的范围和竣工时间：　　　　。

10）违约

① 本合同中关于发包人违约的具体责任如下：

本合同通用条款第 24 条约定发包人违约应承担的违约责任：执行通用条款第 24 条，但发包人不承担延期支付的利息。

本合同通用条款第 26.4 款约定发包人违约应承担的违约责任：执行按通用条款第 26.4 款，但发包人不承担延期支付的利息。

本合同通用条款第 33.3 款约定发包人违约应承担的违约责任：执行通用条款第 33.3 款，但发包人不承担延期支付的利息。

本合同通用条款第 33.4 款约定发包人违约应承担的违约责任：执行"专用条款"第 26 条、"通用条款"第 33.4 款，但承包人不得将本工程折价拍卖。

双方约定的发包人其他违约责任：按实际发生情况双方协商。

② 本合同中关于承包人违约的具体责任如下：

投标文件中载明的专业施工的单位，若擅自改变视为严重违约，发包人有权立即终止施工合同并没收履约保证金。

11）争议

双方约定，在履行合同过程中发生争议时：

① 请龙门山建设行政主管部门调解；

② 采取第二种方式解决，并约定向龙门山仲裁委员会提请仲裁。

12）其他（限于篇幅，本书略）

13）工程分包

本工程发包人同意承包人分包的工程：无。

分包施工单位为：无。

14）不可抗力

双方关于不可抗力的约定：按国家规定的相关不可抗力标准，并经龙门山市有权机构认定。

15）保险

本工程双方约定投保内容如下。

① 发包人投保内容：无。

发包人委托承包人办理的保险事项：无。

② 承包人投保内容：承包人必须为从事危险作业的人员办理意外伤害保险，并为施工场地内自有人员生命财产和施工机械设施办理保险。

16）担保

本工程双方约定担保事项如下。

① 发包人向承包人提供支付担保，担保方式为：工程合同价的15％担保合同为本合同附件。

② 承包人向发包人提供履约担保，担保方式为：无担保合同作为本合同附件。

③ 双方约定的其他担保事项：无。

17）合同份数

双方约定的合同副本份数：副本陆份，正本贰份，甲方伍份，乙方叁份。

18）补充条款

① 工期奖惩。

双方约定工期顺延的其他情况：须符合通用条款中允许工期顺延的条件，并均须经监理核定和发包人批准方可计算顺延天数。

中标人应按招标人指令工期保质保量完成建设任务，每拖延一天至少支付500元违约金给招标人，最高扣至中标价的1.5％。

② 质量奖惩。

本工程投标人承诺一次验收100％达到合格标准，如一次验收达不到合格标准，则承包方必须返修整改直至达到合格标准为止，才能交付发包方，其返修费用均由承包方自行承担。返修工期计入总工期考核，并支付发包方质量违约金；若竣工验收一次不合格，由承包方按照结算价的3％支付违约金给发包方。

19）其他事项

① 工程竣工验收通过后，承包方在28天内提供全部结算资料，由发包方委托有资质的中介机构进行结算审核。在竣工资料提供完整的前提下，两个月内拿出审计结果，由发包方、承包方双方确认后作为结算依据。

② 审减额涉及工程价款的签证，应有监理方和审计部门审核签署，发包方签署作为结算依据。

③ 所有签证承包方必须在事件发生后14天内报出签证申请，逾期作为让利；监理与发包方必须在14天内作出答复，否则作为默认。

④ 发包方认为有必要专业性分包的工程，可以直接指定分包方，由承包方总包施工，

进度及质量由承包方总负责，付款必须有承包方签署意见。

⑤ 工程量清单中指定和暂定价格的材料、设备，工程开工后必须与发包人协商，明确采用何种方式供应，如确定由承包人采购的，使用前必须经监理单位、发包单位、审计单位有关人员确认价格，如有未经确认的价格，审计时发包人将根据市场情况确定，承包人不得有任何疑问。

⑥ 所需采购的主要材料承包方必须提前一个月提供采购材料清单申请并提供建议厂家、品牌、规格、型号。

⑦ 施工期间，承包方要做到文明施工，并符合市创建卫生城市的要求，材料堆放整齐，做好工地文明创建工作。在施工过程中如受到有关部门的通报批评，则每次按该标段总建筑面积1元/m^2扣款。工程车辆上路行驶时抛、洒、滴、漏涉及环卫方面的问题，由中标人负责解决及承担可能出现的费用。

⑧ 严格施工安全，承包方应对施工人员进行安全教育，以免发生人身伤亡事故和火灾事故，并应参加建筑、安装工程保险。施工中发生的质量、安全事故及责任和经济损失，均由承包方负责。

⑨ 中标后项目经理、技术负责人不得调换，且要保证常驻工地现场，施工期间离开现场需经甲方同意，若招标人抽查项目经理不在现场，将给予中标人每次2000元的经济制裁。项目班子成员的变更必须事先取得发包方的同意，未经发包方同意而变更班子成员将按承包方违约处罚，擅自变更项目经理及技术负责人处罚10万元，擅自变更其他成员处罚3万元。在合同实施中，发包人对不称职的项目班子成员有权要求承包方充实调整。

⑩ 除通用条款约定的不可抗力外，另要约定的不可抗力由发包方、承包方及监理视事件情况共同论定。

⑪ 承包人宗旨：保证与发包人密切配合，服从统一指挥、统一安排，高标准、严要求、优质、快速地完成该合同工程的施工建设，确保发包人满意。

⑫ 承包人采购或发包人供应的建筑材料，以及新材料、新工艺、新设备必须符合现行国家质量标准的要求。材料进场时必须附有出厂合格证，并按规定会同发包人（监理）工地代表共同抽样，送质检部门认可有效的检测单位复验，费用由采购方承担。当发包人高于规范和规定另行要求检验试验所发生的复验费时，其费用按某省物价局、某省住房和城乡建设厅价物（2016）109号关于核定《某省建设工程质量检测和建筑材料试验收费标准》的通知规定由发包人承担费用；若检测不合格，费用由承包方承担；其余根据有关国家标准或验收规范要求的检验项目的试验费用由承包人承担。经复验合格后的材料，并对该进场后的复验材料进行实物检查，与复验结果相符的才能使用。遵循谁采购谁负责的原则，不合格的材料、设备由材料来源的采购方组织处理、清出现场。

⑬ 对施工过程中质量控制的主要要求：施工方法、施工顺序。承包人必须严格按发包人（监理）工地代表批准的施工组织设计（施工方案）组织施工，并由发包人（监理）工地代表监督实施。

⑭ 工程竣工后两个月内承包人逾期提交合同范围内的工程竣工结算时，发包人可相应延期支付承包人的工程款。

⑮ 为保证工程按时、高质量完成，中标人必须承诺施工过程中招标人有权在下列情况下将中标人清退出场：

a. 中标人未经招标人同意分包转包工程。

b. 工程进度明显滞后于施工进度计划表。

c. 工程质量明显很差，经整改后还未符合要求。

⑯ 农民工工资保证制度：a. 承包人是本工程农民工管理的责任人，全面负责施工过程中农民工管理、用工合同管理和民工工资发放等工作。b. 承包人必须选择有劳务分包资质的劳务分包企业承担本工程施工任务，所招用农民工必须与施工企业或劳务分包企业签订有效劳动用工合同。c. 承包人在施工过程中，必须确保按规定、按时支付农民工工资，农民工工资必须直接发放到农民工本人手中。d. 发包人按合同约定支付工程款的，因承包人拖欠农民工工资而发生农民工上诉、上访情况，由发包人先行垫付农民工工资及相关费用，垫付费用由发包人按垫付总额乘以 N（具体数额见龙建工［2008］3号《系数 N 取值表》）系数向承包人收回，从工程款中直接扣除。e. 发包人未按《中华人民共和国合同法》约定按时支付工程款，造成承包人拖欠农民工工资的，由发包人无条件支付农民工工资及相关费用，并支付承包人直接经济损失，且不得向承包人追讨，不得从工程款中扣除。

⑰ 如果经审计后的审计核减率在10%以上（含10%），则由编制竣工决算的施工单位承担全部审计费用；如果经审计后的审计核减率在8%~10%（含8%），则由编制竣工决算的施工单位承担全部审计费用的80%；如果经审计后的审计核减率在5%~8%（含5%），由编制竣工决算的施工单位承担全部审计费用的50%；如果经审计后的审计核减率在5%以下，则审计费用不再由编制决算的施工单位承担。

3.11.8 第七部分 工程质量保修书

工程质量保修书见表 3-11-8。

表 3-11-8 工程质量保修书

工程质量保修书
发包人（全称）：龙门山市疾病控制中心
承包人（全称）：
发包人、承包人根据《中华人民共和国建筑法》《建设工程质量管理条例》，经协商一致，对龙门山市疾病控制中心工程签订工程质量保修书。
1. 工程质量保修范围和内容
承包人在质量保修期内，按照有关法律、法规、规章规定和双方约定，承担本工程质量保修责任。
2. 质量保修期
2.1 双方根据《建设工程质量管理条例》及有关规定，约定本工程质量保修期如下：
本工程质量保修期为　　　年。
2.2 质量保修期自工程竣工验收合格之日起计算。
2.3 其他项目保修期限约定按国家有关规定。
3. 质量保修责任
3.1 属于保修范围、内容的项目，承包人应当在接到保修通知之日起7天内派人保修。承包人不在约定期限内派人保修的，发包人可以委托他人修理，所用费用从质保金中扣除，如质保金不够的应及时支付给修理单位，否则一切责任由承包人自负。
3.2 发生紧急抢修事故的，承包人在接到事故通知后，应当立即到达事故现场抢修。
3.3 对于涉及安全的质量问题，应当立即向当地建设行政主管部门报告，采取安全防范措施，承包人实施保修。
3.4 质量保修完成后，由发包人组织验收。

续表

4. 保修费用 4.1 保修费用由造成质量缺陷的责任方承担。 5. 其他 5.1 双方约定的其他工程质量保修事项： 5.2 本工程质量保修书，由施工合同发包人、承包人双方在竣工验收前共同签署，作为施工合同附件，其有效期限至保修期满。
发 包 人（公章）：　　　　　　　　　承 包 人（公章）： 法定代表人（签字或盖章）：　　　　　法定代表人（签字或盖章）： 委托代理人（签字或盖章）：　　　　　委托代理人（签字或盖章）： 　　　年　月　日　　　　　　　　　　　年　月　日

3.11.9 第八部分 附件（投标文件格式）

附件1 报名投标确认函，见表3-11-9。

附件2 投标函，见表3-11-10。

附件3 开标一览表，见表3-11-11。

附件4 法定代表人资格证明，见表3-11-12。

附件5 法定代表人授权书，见表3-11-13。

表3-11-9 附件1 报名投标确认函

报名投标确认函
龙门山市疾病控制中心采购与招标管理办公室： 　　我公司完全符合项目　　　（项目编号　　　）招标公告中对投标人资格条件的要求，自愿以本传真报名参加你单位的招标，并将按时参加投标。 　　我公司郑重声明：我公司与本招标项目及该项目相关人员之间均不存在可能影响招标公正性的任何利害关系。 投标相关信息： 投标项目名称： 招标项目编号： 投标人名称： 投标人的纳税人识别号： 经办人： 联系电话： 传真号码： 通信地址及邮编： Email： 　　　　年　月　日 注：本报名投标确认函请报名单位用 Word 格式打印提供有关信息，并用"招标项目号＋投标公司名"作文件名保存成文件，通过电子邮箱发送至　　　，我方收到后一般在一个工作日内回复，提示报名成功。本确认函不需装入投标文件中。

表 3-11-10　附件 2　投标函

投标函
龙门山市疾病控制中心采购与招标管理办公室： 　　我方经仔细阅读研究项目招标文件　　　　（项目编号　　　　），已完全了解招标文件中的所有条款及要求，决定参加投标，同时作出如下承诺： 　　1. 我方愿针对本次项目进行投标，投标文件中所有关于投标资格的文件、证明、陈述均是真实的、准确的。若有违背，我方愿意承担由此而产生的一切后果。 　　2. 我方在参加本招标项目前三年内在生产经营活动中没有重大违法记录。 　　3. 我方与本招标项目及该项目相关人员之间均不存在可能影响招标公正性的任何利害关系。 　　4. 我方愿按招标文件的一切要求（包括付款方式），提供本项目的报价，报价见《开标一览表》。 　　5. 我方接受招标文件的所有条款、条件和规定，放弃对招标文件提出质疑的权利。 　　6. 我方同意按照招标文件的要求提供所有资料、数据或信息。 　　7. 我方认可贵方有权决定中标人或否决所有投标，并理解最低报价只是中标的重要条件，贵方没有义务必须接受最低报价的投标。 　　8. 我方如中标，将保证遵守招标文件对投标人的所有要求和规定，履行自己在投标文件（含修改书）中承诺的全部责任和义务。 　　9. 本投标文件的有效期为投标截止日后 90 天内，如我方中标，有效期将延至合同有效期终止日为止。 　　10. 与本次招投标有关的事宜请按以下信息联系： 　　　地址：　　　　　邮政编码： 　　　电话：　　　　　传真： 　　　Email： 　　投标人名称（公章）： 　　授权代表（签字或盖章）： 　　日期：

表 3-11-11　附件 3　开标一览表

开标一览表	
招标项目名称：　　　　　　　招标项目编号：	
项目内容	
投标总价	（小写） （大写）
质量保修期：　　　年。 施工工期：合同生效后　　　天内完成工程施工和验收。 付款方式承诺： 工期违约金： 质量违约金：	
投标人名称（盖章）： 法定代表人或授权代表（签字或盖章）： 日期：	

表 3-11-12　附件 4　法定代表人资格证明

法定代表人资格证明

龙门山市疾病控制中心采购与招标管理办公室：

姓名：　　　　性别：　　　　职务：　　　　，系　　　　（投标人名称）的法定代表人。
特此证明。

投标人名称（公章）：
日期：　　　年　　月　　日

法人代表身份证正反面复印件粘贴处

表 3-11-13　附件 5　法定代表人授权书

法定代表人授权书

龙门山市疾病控制中心采购与招标管理办公室：

　　本授权书声明：注册于　　　　（国家或地区的名称）的　　　　（公司名称）的在下面签字的　　　　（法定代表人姓名）代表本公司授权在下面签字的　　　　（公司名称）的　　　　（被授权人的姓名），为本公司的合法代理人，参加龙门山市疾病控制中心　　　　（项目名称）、　　　　（项目编号）的投标，以本公司名义处理与之有关的一切事务。

　　本授权书于　　　年　　月　　日签字或盖章后生效。

法定代表人（签字或盖章）：
被授权人（签字）：
投标人名称（公章）：
日期：　　　年　　月　　日

被授权人身份证正反面复印件粘贴处

3.12　监控运行中心电视墙改造工程招标文件

3.12.1　招标文件封面及目录

招标文件封面及目录见图 3-12-1。

3.12.2　第一部分　投标邀请

　　兴安市公安局采购与招标管理办公室受局委托，就兴安市公安局交通监控运行中心电视墙改造工程进行公开招标，现邀请合格投标人参加投标。

　　本次招标的相关信息如下。

　　（1）招标项目名称：兴安市公安局交通监控运行中心电视墙改造工程。

　　（2）招标项目编号：AZYGC2018009。

　　（3）招标项目工程概况：项目详细要求见本招标文件第三、四部分。

> # 招标文件
>
> 项目名称：兴安市公安局交通监控运行中心电视墙改造工程
> 项目编号：AZYGC2018009
>
> 兴安市公安局采购与招标管理办公室
> 2018年8月30日
>
> # 目录
>
> 第一部分　投标邀请
> 第二部分　投标人须知
> 　（1）招标文件
> 　（2）投标文件
> 　（3）投标细则
> 　（4）开标、评标
> 　（5）评标方法及评分标准
> 　（6）定标
> 　（7）中标通知书及合同的签订
> 　（8）其他
> 第三部分　项目主要货物及有关说明
> 第四部分　合同主要条款
> 第五部分　合同协议书
> 第六部分　附件（投标文件格式）
> 附件1　报名投标确认函
> 附件2　投标函
> 附件3　开标一览表
> 附件4　技术规格响应/偏离表
> 附件5　法定代表人资格证明
> 附件6　法定代表人授权书
> 附件7　清单报价表
> 附件8　分项报价表

图 3-12-1　招标文件封面及目录

（4）合格的投标人：参加本次招标活动的投标人除应当符合《中华人民共和国政府采购法》第二十二条的规定外，还必须具备以下条件。

① 经国家工商行政管理机关注册的企业法人；

② 具备安全生产许可证；

③ 具备电子与智能化工程专业承包贰级（含）以上资质或建筑智能化工程设计与施工贰级（含）以上资质；

④ 项目负责人具备机电安装专业注册建造师二级及以上资格证书，具备《建筑施工企业项目负责人安全生产考核合格证书》。

（5）投标人资格审查方式：资格后审。

（6）招标文件获取：投标人自行下载。

（7）招标文件售价：人民币 200 元。投标时现场交纳，售后不退。

（8）投标报名确认：潜在投标人如确定参加投标，请务必于 2018 年 9 月 6 日 11 时 00 分前将"报名投标确认函"（格式见招标文件第五部分"附件 1"），用 Word 格式打印提供有关信息，并用"招标项目号＋投标公司"作文件名保存成文件，通过电子邮箱发送至　　　　，我方收到后一般在一个工作日内回复，提示报名成功。

如潜在投标人未按上述要求操作，将自行承担所产生的风险。

（9）现场踏勘：定于 2018 年 9 月 2 日 9 时 00 分在兴安市公安局交通警察大队警务楼 1221 集中后统一踏勘现场并进行公开答疑，请有意参加投标的单位准时参加。未参加踏勘

现场的单位不得参加投标，踏勘费用由潜在投标人自行承担。（联系人：彭先生，联系电话：　　　　）

（10）投标报名时间截止后，如投标人少于3个，采购人可选择其他采购方式采购或重新组织招标，也可顺延本项目的投标报名时间、投标截止时间及开标时间并予公告。

（11）投标开始时间：2018年9月8日13时00分。

（12）投标截止时间及开标时间：2018年9月8日13时30分。

（13）投标与开标地点：兴安市公安局后勤楼1032室。

与本次招标有关的事宜请按下列通信方式联系：

单位部门：兴安市公安局采购与招标管理办公室

联系地址：某省兴安市长白山南路12号　邮政编码：

联系电话：

传真：

Email：

联系人：白先生、龚先生

3.12.3　第二部分　投标人须知

（1）招标文件

1）名词定义

本招标文件中的采购人、投标人、中标人分别指：

① 采购人指兴安市公安局，亦称发包人；

② 投标人指响应招标并具备相应资质的承包商等；

③ 中标人指最后中标的投标人，亦称承包人。

2）招标文件的组成

本招标文件由下列部分组成：

① 投标邀请；

② 投标人须知；

③ 项目招标要求和有关说明；

④ 图纸、设计方案、清单及验收标准；

⑤ 合同协议书；

⑥ 合同专用条款；

⑦ 附件目录及格式。

3）招标文件的澄清

如投标人对招标文件的某些内容有疑问，应在投标截止时间5日前以书面形式传真通知采购人，采购人将予以书面答复。采购人认为有必要时，可将答复内容（包括疑问内容，但不包括疑问来源）在兴安市公安局采购与招标信息网站上公开发布。

4）招标文件的补充和修改

① 采购人有权在投标截止时间3日前对招标文件进行补充和修改，补充和修改的内容在兴安市公安局采购与招标信息网站上公开发布。补充和修改的内容作为招标文件的组成部分，对投标人具有同等约束作用。

② 如招标文件的补充和修改对投标人准备投标的时间有影响，采购人有权决定推迟投

标截止时间和开标时间。

(2) 投标文件

1) 投标文件的语言

① 投标文件及来往函件均应使用中文。

② 材料说明书、样本等非中文材料,其中的要点应附有中文译文。

2) 投标文件的组成

投标人编写的投标文件由投标函、商务和技术等部分组成。技术部分主要包括施工组织设计等内容。

3) 投标函部分主要包括的内容(所有复印件均需加盖公章)

① 目录;

② 投标函(格式见附件2);

③ 开标一览表(格式见附件3);

④ 技术规格响应/偏离表(格式见附件4);

⑤ 投标人资格证明文件(详见招标文件要求);

⑥ 项目负责人与企业签订的劳动合同和《职工养老保险手册》(内附2018年3月至2018年5月由社保局出具的缴费证明)或由社保机构出具的2018年3月至2018年5月缴费证明;

⑦ 项目后期服务承诺书或技术协议书;

⑧ 投标人认为需要提交的其他投标资料。

4) 投标人资格证明文件(所有复印件均需加盖公章)

① 营业执照副本复印件;

② 安全生产许可证复印件;

③ 法定代表人资格证明(格式见附件5);

④ 法定代表人授权书原件(格式见附件6);

⑤ 电子与智能化工程专业承包贰级(含)以上资质或建筑智能化工程设计与施工贰级(含)以上资质复印件;

⑥ 项目负责人的机电安装专业注册建造师二级及以上资格证书复印件;

⑦ 项目负责人的安全生产考核合格证书复印件。

投标人在投标时,应携带以上资格、资质证明文件复印件的原件以备招标人查验,如投标人未按上述要求操作,将自行承担所产生的风险。

5) 商务部分主要包括的内容

① 投标报价说明;

② 清单报价表(格式见附件7);

③ 分项报价表(格式见附件8);

④ 投标报价需要的其他资料。

6) 施工组织设计

① 总体概述:施工组织总体设想、针对性方案。

② 施工进度计划和各阶段进度措施。

③ 计划开、竣工日期和施工进度网络图。

④ 有必要说明的其他内容。

7) 项目管理机构配备情况

① 项目管理机构配备情况。

项目管理机构配备情况见表 3-12-1。

表 3-12-1 项目管理机构配备情况表

序号	姓名	所学专业	从事专业	技术职称	注册专业及证书号	从事专业年限

② 其他辅助说明资料。

中标单位的项目经理资质证书原件暂扣招标人处,待项目完工后退还。项目负责人和项目技术负责人施工期间须全程常驻现场,否则一经发现,即按合同约定执行。

8) 企业概况和业绩主要包括的内容

① 企业概况;

② 投标人经会计、财务负责人、法定代表人签字的最近月份财务报表复印件,加盖投标人公章;

③ 经审计的 2017 年度财务报表复印件;

④ 2016 年以来承担过类似及以上工程成功案例一览表,附合同复印件加盖公章;

⑤ 有必要说明的其他内容。

9) 投标文件的形式及签署

① 投标人需提交投标文件正本 1 份、副本 4 份,并在投标文件的封面上明确标明投标文件正本和副本。如投标文件正本与副本有不同之处,以正本为准。

② 投标文件正本与副本均应使用 A4 纸打印,图表等可按同样规格的倍数扩展,且经被授权人签署。

③ 投标文件不应有涂改、增删之处,但如有错误必须修改时,修改处必须由原被授权人签署。

10) 投标文件的密封和标记

投标人应将投标文件用封套加以密封,在封口处粘贴密封条,盖骑缝公章,并在封套上标明:

① 收件人:兴安市公安局采购与招标管理办公室

② 招标项目编号:

③ 招标项目名称:

④ 投标人名称:

⑤ 投标人地址:

⑥ 联系电话:

⑦ 开标之前不得启封。

没有按上述规定密封和标记的投标文件,采购人将不承担投标文件错放或提前开启的责任,由此造成提前开启的投标文件采购人将予以拒绝。

(3) 投标细则

1) 投标报价

投标人报价一律以人民币为投标结算货币,结算单位为"元"。

2) 投标文件的递交

① 投标人应仔细阅读招标文件的所有内容并作出实质性响应,同时按招标文件规定的

要求和格式，提交完整的投标文件。

② 投标文件应在投标截止时间前送达指定地点，逾期送达或未送达指定地点以及未按招标文件要求密封的投标文件，采购人将拒收或退还投标人。

③ 采购人不接受传真及电子邮件投标。

3) 投标文件的修改和撤回

① 投标截止时间后不得修改投标文件。

② 投标截止时间前投标人可以撤回投标文件，但在投标截止时间后不允许撤回。

4) 分包投标

本次招标不可分包投标和中标。

5) 联合体投标

本次招标不接受联合体投标。

6) 投标有效期

从投标截止时间起，投标有效期为90天。

(4) 开标、评标

1) 采购人按规定的时间和地点开标，投标人可派代表参加。投标人未派代表参加开标的，视为默认开标结果。

2) 开标时，采购人将邀请投标人代表检查投标文件的密封情况，经确认无误后，由工作人员当众拆封，宣读投标人名称、投标价格、交货期等投标文件的主要内容。

3) 采购人组织用户代表和有关专家组成评标委员会进行评标。

4) 开标结束后，采购人组织对投标人的投标资格进行审查，评标委员会对投标人是否实质性响应招标文件要求进行符合性审查。

5) 对招标文件的实质性要求和条件作出响应的投标应该是与招标文件要求的全部条款、条件、指标和规格相符，没有重大偏离的投标。采购人和评委判定投标的响应性只根据投标本身的内容，而不寻求外部的证据，投标人不得通过修正或撤销不符合要求的偏离从而使其投标成为实质上响应的投标。

投标文件出现（但不限于）下列情况之一的，由评标委员会评审后作无效投标或废标处理：

① 超出经营范围投标的；

② 不具备招标文件规定的资格条件及未按招标文件规定的要求提供资格证明文件的；

③ 无法定代表人签字或盖章的，签字人无法定代表人有效授权的，应加盖投标人公章而未盖章的；

④ 投标有效期不足的；

⑤ 同一投标人提交两个及以上投标报价的；

⑥ 重要技术指标和参数不满足招标要求的；

⑦ 重要内容或关键字迹模糊不清无法辨认的；

⑧ 其他未对招标文件实质性要求和条件作出响应的；

⑨ 不同投标人投标文件相互混装的；

⑩ 不同投标人投标文件中的项目相关人员出现同一人的；

⑪ 不同投标人的投标文件内容出现非正常一致的；

⑫ 恶意串通投标的；

⑬ 报价明显偏离市场行情的；

⑭ 有损害采购人和用户利益的规定的。

6）评标委员会认为有必要时，将要求投标人述标或对投标文件中某些内容作出澄清和说明，但不接受投标人主动提出的澄清和说明。

7）评标委员会将从投标人的投标报价、资质和业绩、施工方案、施工组织设计、售后服务承诺等技术和商务条款及其他优惠条款等方面，依据评标方法，对所有投标文件进行综合评审。

(5) 评标方法及评分标准

1）评标方法

① 本次招标的评标方法采用综合评分法，即在最大限度满足招标文件实质性要求的前提下，按照评分标准中规定的评分项目和评分细则进行综合评价、评分。综合得分最高者作为本次投标的中标方。

② 评标小组各成员独立对每一份有效投标文件进行评价并对除报价以外的评分项目进行评分，报价得分由工作人员计算得出。

投标人得分＝$\sum$评委评价得分/评委人数＋报价得分

2）评分标准

评分标准见表 3-12-2。

表 3-12-2 评分标准

序号	评价类别	评分标准	分值
1	工程报价	计算各投标单位的有效投标总价的算术平均值为基准价，基准价得 82 分。投标报价比基准价每高 1% 减 1 分，每低 1% 减 0.5 分	82
2	技术方案	根据技术方案的完整性、实用性、可靠性、可操作性、兼容性，以及实施该项目人员构成、安排、验收方案等评分。能全面深刻理解招标方的需求（6 分）	6
3	产品性能和质量	对投标产品的品牌、系列、档次、行业（或高校）占有率、影响力以及产品的先进性、稳定性等方面近 3 年情况进行综合评价（投标文件中提供证书复印件，加盖制造厂商公章） 1. 投标产品制造厂商有获得 ISO9001：2008 质量管理体系认证证书（1 分） 2. 投标产品制造厂商有获得 ISO14001 环境管理体系颁发的认证证书（1 分） 3. 投标产品制造厂商有获得中国节能产品认证证书（1 分） 4. 投标产品制造厂商有获得大屏拼接行业国家级大奖（1 分）	4
4	质保承诺	本项目质保期为 3 年，满足招标文件要求的不得分，自愿延长质保期每 1 年者加 2 分；依此类推，最高得 4 分	4
		根据投标人提供的对产品故障报修的响应时间、处理速度、定期巡检以及技术支持、软件升级、技术培训等服务承诺酌情评分	2
5	业绩和项目管理机构	2016 年以来投标人具有单项合同金额 50 万元以上的大屏拼接项目业绩（要求提供签署的合同及工程支付凭证复印件），每个项目得 0.5 分。同一法人单位不累加，累计不超过 1 分 2016 年以来投标本项目经理承担单项合同金额 50 万元以上的大屏拼接项目业绩，每个项目得 0.5 分。同一法人单位不累加，累计不超过 1 分	2

(6) 定标

1）评标委员会按照得分高低顺序对投标人进行排列。得分最高且排名第一的投标人将被推荐为中标候选人或者直接被确定为中标人。

2) 评标委员会认为所有投标报价均不合理或所有投标方案均不能满足采购人要求时，有权否决所有投标，评标委员会也没有义务必须接受最低报价的投标。

3) 出现下列情形之一的，应予废标：

① 发生影响招标公平、公正的违法、违规行为的；

② 因重大变故，采购任务取消的。

4) 对未中标的投标人，采购人不作未中标解释。

(7) 中标通知书及合同的签订

① 中标人确定后，采购人将通过学校招标网公示 3 天，公示期满无异议，即向中标人发出中标通知书。

② 中标人收到中标通知书后，应在 10 日内与采购人签订合同，过期视为放弃中标。

③ 本招标文件和中标人的投标文件包括中标人所作出的各种书面承诺将作为采购人与中标人双方签订合同的依据，并作为合同的附件与合同具有同等法律效力。

④ 如投标人中标后悔标，采购人将取消该投标人本次中标资格及今后两年内的投标资格。

(8) 其他

① 本次招标不收投标保证金。

② 本次招标不收中标服务费。

③ 投标人无论中标与否，采购人都不承担投标人参加投标的任何费用。

3.12.4　第三部分　项目主要货物及有关说明

(1) 项目概述

兴安市公安局交通监控运行中心拟将助目前大屏幕拼接显示技术，建设一套高亮度、高清晰度、高智能化控制的液晶屏拼接电视墙。该工程项目由高清显示技术、LCD 拼接技术、多屏图像处理技术、多路信号切换技术、网络技术、集中控制技术等技术应用一体，可对校园安防监控、能源监控、智慧教室监管等各系统的计算机图文信息和视频信号等进行集中显示，构建一个高效便捷的视频信息交流平台，满足实时调度、决策及信息反馈等需求。

(2) 设计目标

整套系统的设计目标考虑系统的先进性、经济性、安全性、可靠性、可维护性和可扩展性，存储和处理能力满足远期扩展的要求；系统须遵循采用先进成熟技术、布局设计优良、设备应用合理、界面友好简便、功能有序实用、升级扩展性强等原则，以满足服务大厅大屏幕图像和数据显示的需求。

从该工程系统规模和应用实际出发，设计采用支架式 55 寸 LCD 液晶屏（3×7）拼接成大屏，整个大屏显示系统以视频综合平台作为拼接控制单元，视频综合平台支持多种视频输入、输出业务板，同时提供高速网络接口，接入本地局域网，还可以接入前端网络视频数据、模拟视频信号、其他业务系统计算机显示信号或网络远程桌面（系统须支持 VGA 信号、DVI 信号、HDMI 信号等多种信号的接入显示），通过控制软件对已选择需要上墙显示的信号进行显示，通过视频综合平台实现信号的全屏显示、任意分割、开窗漫游、图像叠加、任意组合显示，图像拉伸缩放等一系列操作，并提供日志管理、用户和权限管理、设备维护等功能。

另外，在大屏上方安装滚动字幕全彩屏和系统环境的扩音设备。

(3) 系统要求

1) 系统配置及工程量清单

系统配置及工程量清单见表 3-12-3。

表 3-12-3 系统配置及工程量清单

序号	名称	技术规格	推荐品牌	单位	数量	备注
1	55寸液晶拼接元（含拼接机柜）	详见具体参数		台	21	详见主要设备性能要求及技术指标
2	视频综合系统	含主机箱，输入、输出解码板子项		套	1	分子项报价。详见主要设备性能要求及技术指标
3	全彩屏（含控制系统、边框）	大样详见图纸，具体尺寸根据现场微调、定制	利亚德、科伦特、强力巨彩、艾比森	m²	2.66	详见主要设备性能要求及技术指标
4	扩声系统	（含功放、无线话筒、音响子项）	安度、ITC、迪士普、奇声	套	1	分子项报价。详见主要设备性能要求及技术指标
5	HDMI延长器	HDMI转单网线口RJ45传输器	绿联、迈拓维矩、秋叶原	对	1	
6	多媒体电缆	HDMI5m	绿联、迈拓维矩、秋叶原	根	25	
7	辅材	接插件、铁膨胀、管卡、网线、包边、地插6个等	国产	项	1	
8	规划设计费			项	1	5000元

2) 主要设备性能要求及技术指标

① LCD液晶拼接单元

* 屏幕尺寸：55寸超窄边液晶屏。

* 拼接缝隙≤3.5mm，且拼缝整齐。（须提供第三方检测报告或国家级技术证明文件复印件加盖原厂商公章）

* 亮度：≥500cd/m²；对比度：≥4000∶1。（须提供第三方检测报告或国家级技术证明文件复印件加盖原厂商公章）

* 分辨率：1920*10808bit。

* 屏幕比例：16∶9；可视角度：≥178°。（须提供第三方检测报告或国家级技术证明文件复印件加盖原厂商公章）

* 响应时间≤8ms。

应可提供模拟视频、VGA接口、数字DVI、数字HDMI、S-Video接口、DP接口、USB接口等多种信号的接入与显示功能，并具有RJ45接口环通输出接口，保证产品应用时具备最大的兼容性和灵活性。

* 漏光度低于0.02cd/m²；避免液晶屏幕出现图像残影。支持边缘屏蔽功能，智能去除黑边功能，可消除显示终端上存在的黑边及拼缝带来的图像变形。（须提供第三方检测报告

或国家级技术证明文件复印件并加盖原厂商公章）

有清晰、永久的产品标志，并能反映制造厂商及公司名称、产品型号、批号、生产日期、电源额定值、保险装置额定电流。

最大功率：≤260W，需具备3C和中国节能产品认证证书。

显示单元须确保24h连续运行，操作简单，工作稳定可靠。平均无故障运行时间（MTBF）≥60000h。具有智能工作计时引擎，对设备进行实际工作时间的统计。（须提供第三方检测报告或国家级技术证明文件复印件加盖原厂商公章）

*产品有通过严格的电磁辐射检测，需符合GB 9254—2008标准要求。（须提供第三方检测报告或国家级技术证明文件复印件加盖原厂商公章）

工作温度：0~50℃；存储温度：-20~60℃；存储湿度：5%~90%。

有良好的防尘结构设计，至少达IP5等级，外壳符合防火试验要求。

具备冗余风扇，一个风扇损坏不会影响整机运行。散热系统需采用智能温控系统，温度超过预设的范围，自动开启系统风扇进行智能调速，给液晶屏强制散热或断电保护。

有智能日志管理功能，可根据日程设置自动开机和关机。

*具有智能背光灯调节功能，智能感应环境及实时图像的光线强弱，可自动调节液晶屏幕背光发光亮度及图像的亮度和对比度；具有色彩校准工具、软件，并能保证校准后的色彩一致性。（须提供第三方检测报告或国家级技术证明文件复印件加盖原厂商公章）

支持U盘点播，内置MPEG、JPEG和RealMedia解码器，支持点播U盘、移动硬盘中的视频、图片、音频或文本资源。在单台设备上进行图片展示或视频信号浏览，也可支持在线升级程序。

*液晶单元屏应能支持透雾、低照度图像增强处理引擎提升功能，在雨、雾等恶劣天气下，对画面的清晰度有较大提升；在夜间或室内光线较暗的情况下，对亮度提升有较大改善。（须提供第三方检测报告或国家级技术证明文件复印件加盖原厂商公章）

大屏具有智能开机延时引擎，可通过遥控器或远程控制软件预先设置屏幕开机时间，逐个显示单元实现延迟开机启动，避免所有拼接显示单元同时上电，防止被浪涌电流冲击损坏。

② 液晶拼接机柜

*液晶拼接机柜采用优碳冷轧钢板数控剪板、折弯、焊接加工，无缝隙，不受热胀冷缩等环境影响，保证液晶拼接的顺利安装。

*单元机柜主体材料厚度不小于1.5mm，底座承重框架板材厚度不小于2.0mm，前后门板板材厚度不小于1.5mm。

*单元模块化设计，可根据项目要求自由配置，满足后期项目的横向与纵向扩展。

*底座独立设计，按项目要求的高度、厚度与内部结构加工。

*积木式安装，安装时间快捷，机柜整体完成后，各相关部分线条整齐、平直，无高低现象；可纵向和横向安装，进行灵活拼接。

与用户环境基本协调，本身颜色均匀一致，可根据客户要求选择颜色，默认使用经典砂纹黑色。

酸洗磷化、静电喷塑处理，附着力强，安装后无碰伤、划伤、脱落等现象。

*每个液晶单元具有独立的六向调节，即左右、前后、上下双向调节，保证液晶拼接横向水平、纵向垂直，达到完美的拼接效果。

机柜带通风散热百叶窗,便于外部与机柜内部空气流通。

＊每列机柜底座要求配有高质量品牌六位电源排插,带独立保险装置,与每列设备连接;后维护安装,提供预留维护空间,空间宽度≥500mm。

③ 视频综合平台

18U 标准机箱,机架式设计,运营级 ATCA 机箱系统;插拔式模块化设计,双电源适配器,业务模块支持热插拔、智能风扇自动调温,确保系统稳定可靠。注意槽位数量不少于4个。

＊输入板:支持 HDMI、DVI、VGA、3G-SDI 信号接口,总输入视频、音频路数各不少于8路。支持 4096×2160、3840×2160、1920×1080、1600×1200 等分辨率接入。(须提供第三方检测报告或国家级技术证明文件复印件加盖原厂商公章)

＊输出板:支持 HDMI、DVI、VGA 接口输出,总输出视频、音频路数各不低于本项目路数。(须提供第三方检测报告或国家级技术证明文件复印件加盖原厂商公章)

＊对录像文件解码延时≤110ms,多设备之间的视频数据通过光纤级联传输延时≤100ms。

具备三码流编码功能:支持主码流、子码流、第三码流编码输出功能。

＊支持1、2、4、6、8、9、16、32画面分割显示,可设置多个场景并对每个场景进行配置、清空、复制、修改、切换等操作,多场景可轮巡切换。(须提供第三方检测报告或国家级技术证明文件复印件加盖原厂商公章)

支持网络键盘控制、模拟键盘控制、PAD 无线控制、PAD 无线上墙、客户端软件控制。

支持多个视频输出拼接画面上编辑字符信息功能;支持视频输入通道参数设置功能。

④ 全彩屏

＊P4,室内安装,LED 封装方式。长×宽＝8.32m×0.32m,二十扫全彩表贴三合一单元板。

＊单元板分辨率 64×34＝2048DOTS,发光点颜色:1R1G1B。

＊物理密度 62500 点$/m^2$,像数点间距 4.0mm。

＊水平、垂直可视角度:≥160°,视距:4～50m。

白平衡亮度≥6000cd$/m^2$。亮度调节方式:感应自动调节,16级可调。

平均功耗＜400W$/m^2$。

＊控制方式:同步可控。

平均无故障时间≥5000h。

视频信号:支持 RF、S-Video、RGB、HDMI、RGBHV 等。

⑤ 扩声系统

＊功放:1个;立体声模式(双声道驱动);支持无线麦克风,数量接口4个以上;输入阻抗 5000～15000Ω;失真度:0.05%以下;信噪比:≥75dB;功率范围:1000W 以上。

＊话筒:U 段无线话筒(鹅颈式2只＋手持2只);载波频段:UHF500MHz-865MHz;频带宽度:30MHz;综合 S/N 比:大于98dB;综合频率响应:40Hz-15kHz±5dB;传输距离:＞50m;综合失真:＜0.5%。

＊音响:1对;壁挂式设计;低音:LO835-8Ω;高音 T25-21-8Ω;额定功率:120W;

最大功率：240W；频响范围：55Hz-20kHz；阻抗：8Ω；灵敏度（1m/1W）：92dB；最大声压级（dB）：113（1m）；辐射角：H80°V60°；单体重量：＞5kg。

3）系统要求说明

① 带"＊"号的条款为重要指标。对带"＊"的技术参数必须在投标文件中提供技术支持资料（如彩页、手册、检测报告等），未提供技术支持资料的，评标时不予认可。

② 出于对系统运行稳定性的考虑，图像拼接控制器须与显示单元、控制软件等无缝兼容；否则，由此产生的后续兼容问题由中标方负责。

③ 视频综合平台需与现有校园安防监控平台上的3000多台海康威视监控摄像头和近800台大华监控摄像头、校园能源运行系统、校园智慧教室管理系统等连接上墙。

(4) 安装、调试及验收要求

1）卖方应在买方的配合下，负责对货物的现场安装、调试及指导和服务。

2）合同所订货物到达买方指定使用地点后，卖方应在收到买方通知后一周内派遣合格的技术人员前往买方使用地点进行安装、调试，并在合同生效之日起20日历天内完成系统的安装、调试工作，如因卖方责任而造成延期，所有因安装延期而产生的费用由卖方承担。

3）验收测试所需要的材料、设备等均由卖方负责提供。

4）最终验收在买方使用现场进行，在货物达到验收标准后，买方和卖方应共同签署该系统验收合格报告。

5）弱电施工工艺要求

① 在施工全过程中，严格按照工程质量检验评定标准逐项检查操作质量。在工程完工后，对施工质量进行评定，并备好质量保证资料，保证交付使用的工程达到设计要求和满足使用功能。

② 电气线路铺设要求：线路走线按最短途径集中铺设，横平竖直、整齐美观、不宜交叉；线路不应铺设在易受机械损伤、有腐蚀性介质排放、潮湿以及有强磁场和强静电场干扰的区域；必要时采取相应保护或屏蔽措施；当线路周围温度超过65℃时，采取隔热措施；位处有可能引起火灾的火源场所时，加防火措施；线路不宜平行铺设在高温工艺设备、管道的上方和具有腐蚀性液体介质的工艺设备、管道的下方；线路的终端接线处以及经过建筑物的伸缩缝和沉降缝处，应留有适当的余度；线路不应有中间接头，当无法避免时，应在分线箱或接线盒内接线，接头宜采用压接；当采用焊接时，应用无腐蚀性的焊药；同轴电缆及高频电缆应采用专用接头；铺设线路时，不宜在混凝土土梁、柱上凿安装孔；线路铺设完毕后，应进行校线及编号；缆线布放时应有冗余。双端预留长度要适当，一般前端预留长度为20～30cm，弱电井或机房内放至指定位置后再预留约80cm，作为富余量和工作长度。布放后的电缆必须采取有效的保护措施，防止被人剪断，或因其他原因而损坏电缆。对有室外挖开的路面，必需填平路面，保证路面平整，恢复原貌。

③ 弱电系统的接地要求：电子设备必须有良好的接地，其接地应和防雷接地分开。

④ 布线系统要求：在设备安装中，安装完机架后，水平、垂直度应符合厂家规定；机架上的各种零件不得脱落或碰坏；漆面如有脱落应予以补漆，各种标志完整清晰。

⑤ 缆线的铺设和支撑保护方式要求：缆线布放前，应核对规格、程式、路由及位置与设计规定是否相符；缆线的布放应平直，不得出现扭绞、打圈等现象，不应受到外力的挤压和损坏；缆线在布放前两端应贴有标签，以表明起始和终端位置，标签书写应清晰、端正和

正确；电源线、信号电缆、结绞电缆、光缆及建筑物内其他弱电系统的缆线应分离布放。各缆线间的最小净距应符合设计要求。

⑥ 缆线的弯曲半径应符合下列规定：非屏蔽线缆的弯曲半径应至少为电缆外径的 4 倍，在施工过程中应至少为 8 倍。屏蔽对绞电缆的弯曲半径应至少为电缆外径的 6~10 倍。主干对绞电缆的弯曲半径应至少为电缆外径的 10 倍；在布放缆线牵引过程中，吊挂缆线的支点间距不应大于 1.5m。布放缆线的牵引力，应小于缆线允许张力的 80%。缆线布放过程中，为避免受力和扭曲，应制作合格的牵引端头。当采用机械牵引时，应根据缆线牵引的长度、布放环境、牵引张力等因素选用集中牵引或分散牵引等方式；当布放双护套缆线和主干缆线时，直线管道的管径利用率为 50%~60%，弯管道为 40%~50%。线槽的截面利用率不应超过 40%。

6) 室内部分铺设 PVC 管。管路铺设要求为：

① 配线用的线管不应有穿孔、裂纹、凹凸不平及显著的变形，并应除去锈层及内毛刺。线管端口应垂直、光滑、无毛刺、无破裂。

② 线管穿入拉线用的铁丝后，管口应用木塞或保护罩封盖。线管伸出地面不应小于 200mm。穿线后，管口应加防水弯头或包扎严密。

③ 管内铺设的导线，不得在管内有接头。

④ 线管明配所用的吊架或支架的规格，采用扁钢时不宜小于 40mm×4mm；采用角钢时不宜小于 40mm×40mm×4mm；圆钢直径不宜小于 40mm。

⑤ 在接线盒（箱）间或接线盒（箱）与电气设备间，明配线管应不超过 4 个直角弯；暗配线管应不超过 3 个直角弯。

⑥ 排管铺设在混凝土内时，相邻管子间的净距应大于 25mm。暗埋在墙内或混凝土内，离表面净距应不小于 15mm。砖墙剔槽铺设时，必须用强度不小于 100 号的水泥砂浆抹面保护。

（5）有关说明

1) 本招标项目中推荐的主要货物（液晶拼接屏等）必须具有相关公司的销售授权，并提供至少叁年原厂质保证书。

2) 本项目单列人民币伍仟元整作为规划设计费。单列规划设计费列入其他项目清单报价中并计入报价总价。

3) 施工过程所用线缆品牌与数量应与投标人标书中完全一致。如发现不合格材料，投标人承担全部返工的费用。

4) 室内排布国标 ϕ25mm 的 PVC 管。

5) 本项目投标总报价包括校园监控中心电视墙改造工程及其所需软件、配件、包装、运杂、安装、调试、安全措施、保险、税金、利润、售后服务、政策性文件规定的费用等从项目中标起到项目验收合格并正式交付使用以及质保期内所发生的全部费用（包括供配电、光纤连接等）。投标报价在合同执行期间是固定不变和不可变更的，不因市场变化因素而变动，投标人在计算报价时需考虑风险因素。

6) 投标人必须提供详细的实施方案及服务承诺。

7) 本项目投标人实施方案必须满足招标文件要求，所投产品的各项技术指标不得低于招标文件要求，并可根据实际情况对上述参数性能进行相关正偏离，如有技术正偏离请说明。

8) 质量及验收：由招标人验收，验收依据为国家有关规定、招标文件、中标方的投标文件以及其他相关文件和资料。

技术咨询：关先生，联系电话　　　　　。

3.12.5 第四部分 合同主要条款

(1) 项目工期

合同生效之日起 20 日历天内供货到位并完成系统的安装、调试。

(2) 项目地点

某省兴安市长白山南路 12 号兴安市公安局招标人指定地点。

(3) 付款方式

① 合同签订之日起 7 天内，设备及全部材料运抵现场，招标方支付中标价的 40% 预付款。

② 设备安装完毕，5 个工作日内支付中标价的 40% 进度款。

③ 系统稳定运行，招标方正式验收合格，经审计后，5 个工作日内支付经审计后的余款。

④ 履约保证金作为质保金，在承诺的保修期满后 20 个工作日内无息付清。

(4) 质保及售后服务

① 签订中标合同前，中标人需向招标人交纳中标总金额 10% 的履约保证金。

② 系统质保期不少于叁年，系统验收合格后依照投标响应承诺质保维修。

③ 中标人应针对仪器设备的特点对招标方人员在货物的性能、原理、操作要领、维修和保养等方面进行免费培训。培训地点一般在招标人货物现场，培训日程为不少于 10 个工作日。

④ 售后服务承诺书中承诺的其他服务条款。

(5) 违约条款

如中标方违反合同主要条款或投标承诺，招标方有权要求中标方按以下方式之一承担违约责任：

① 按招标方的实际损失金额承担违约责任。

② 按履约保证金的 5‰/(次·天) 承担违约责任。

(6) 其他

① 投标人一旦参加投标，就意味着已接受招标文件的所有条款及要求，并受其约束。

② 除招标文件中规定招标人负责的工作外，在项目施工过程中，承包人对外发生的任何交涉与纠纷以及由此造成的损失，均由承包人自行解决，如需发包人进行协调，则协调所发生的费用由承包人承担。

③ 在施工过程中，承包人对原设计提出设计修改建议，应征得发包人同意，并按有关规定办理变更手续。

④ 施工人员应具有一定的政治素质、较强的组织纪律性和保密意识，提前做好施工前的准备工作；施工中不影响正常的办公，要保持场地清洁、噪声小，做好各阶段的工作。

⑤ 承包人在进入施工现场后，应遵守国家相关法律法规、学校管理规定，注意安全文明施工，做好施工安全防护措施，承担施工范围内的一切安全责任，中标单位应在其投标文

件中作出承诺。

3.12.6 第五部分 合同协议书

合同协议书见表3-12-4。

表3-12-4 合同协议书

合同协议书
发包人（全称）　　　　　　　　　　　（简称甲方）： 承包人（全称）　　　　　　　　　　　（简称乙方）： 　　依照《中华人民共和国政府采购法》《中华人民共和国合同法》《中华人民共和国建筑法》及其他有关法律、行政法规，遵循平等、自愿、公平和诚实信用的原则，双方就本建设工程施工事项协商一致，订立本合同。 　　1. 工程概况 　　工程名称： 　　工程地点： 　　工程内容： 　　2. 工程承包范围 　　承包范围：招标文件所列的所有项目。 　　3. 合同工期 　　开工日期：　　　　年　　月　　日（具体开工日期以发包人开工通知书为准） 　　竣工日期：　　　　年　　月　　日 　　合同工期总日历天数：　　　　天 　　4. 质量标准 　　工程质量标准：符合《建筑工程施工质量验收统一标准》（GB 50300—2013）、《建筑装饰工程质量验收规范》（GB50210—2018）等现行标准验收规范。 　　5. 合同价款 　　金额（大写）：　　　　（人民币） 　　￥：　　　　元 　　6. 组成合同的文件 　　组成本合同的文件包括： 　　（1）本合同协议书 　　（2）本合同专用条款 　　（3）明确双方权利、义务的纪要、协议 　　（4）本合同通用条款 　　（5）招标文件和中标通知书及投标承诺 　　（6）施工图纸 　　（7）标准、规范及有关技术文件、技术要求 　　双方有关工程的洽商、变更等书面协议或文件视为本合同的组成部分。 　　7. 本协议书中有关词语含义与《建设工程施工合同》范本（GF-2017-0201）通用条款、专用条款中分别赋予它们的定义相同。 　　8. 承包人向发包人承诺按照合同约定进行施工、竣工并在质量保修期内承担工程质量保修责任。 　　9. 发包人向承包人承诺按照合同约定的期限和方式支付合同价款及其他应当支付的款项。 　　10. 合同生效 　　合同订立时间：　　　　年　　月　　日 　　本合同双方约定甲方、乙方签字并盖章后生效。

续表

发 包 人（公章）：	承 包 人（公章）：
住　　　所：	住　　　所：
法定代表人：	法定代表人：
委托代表人：	委托代表人：
电　　　话：	电　　　话：
传　　　真：	传　　　真：
开户银行：	开户银行：
账　　　号：	账　　　号：
邮政编码：	邮政编码：
年　月　日	年　月　日

3.12.7　第六部分　附件（投标文件格式）

　　附件1　报名投标确认函，见表3-12-5。
　　附件2　投标函，见表3-12-6。
　　附件3　开标一览表，见表3-12-7。
　　附件4　技术规格响应/偏离表，见表3-12-8。
　　附件5　法定代表人资格证明，见表3-12-9。
　　附件6　法定代表人授权书，见表3-12-10。
　　附件7　清单报价表，见表3-12-11。
　　附件8　分项报价表，见表3-12-12。

表3-12-5　附件1　报名投标确认函

报名投标确认函

兴安市公安局采购与招标管理办公室：
　　我公司完全符合项目　　　　（项目编号　　　　）招标公告中对投标人资格条件的要求，自愿以本传真报名参加你单位的招标，并将按时参加投标。
　　我公司郑重声明：我公司与本招标项目及该项目相关人员之间均不存在可能影响招标公正性的任何利害关系。

投标相关信息：
投标项目名称：
招标项目编号：
投标人名称：
投标人的纳税人识别号：
经办人：
联系电话：
传真号码：
通信地址及邮编：
Email：
　　　　　年　月　日

　　注：本报名投标确认函请报名单位用Word格式打印提供有关信息，并用"招标项目号＋投标公司名"作文件名保存成文件，通过电子邮箱发送至　　　　，我方收到后一般在一个工作日内回复，提示报名成功。本确认函不需装入投标文件中。

表 3-12-6　附件 2　投标函

投标函

兴安市公安局采购与招标管理办公室：

　　我方经仔细阅读研究项目招标文件　　　　（项目编号　　　　），已完全了解招标文件中的所有条款及要求，决定参加投标，同时作出如下承诺：

　　1. 我方愿针对本次项目进行投标，投标文件中所有关于投标资格的文件、证明、陈述均是真实的、准确的。若有违背，我方愿意承担由此而产生的一切后果。

　　2. 我方在参加本招标项目前三年内在生产经营活动中没有重大违法记录。

　　3. 我方与本招标项目及该项目相关人员之间均不存在可能影响招标公正性的任何利害关系。

　　4. 我方愿按招标文件的一切要求（包括付款方式），提供本项目的报价，报价见《开标一览表》。

　　5. 我方接受招标文件的所有条款、条件和规定，放弃对招标文件提出质疑的权利。

　　6. 我同意按照招标文件的要求提供所有资料、数据或信息。

　　7. 我方认可贵方有权决定中标人或否决所有投标，并理解最低报价只是中标的重要条件，贵方没有义务必须接受最低报价的投标。

　　8. 我方如中标，将保证遵守招标文件对投标人的所有要求和规定，履行自己在投标文件（含修改书）中承诺的全部责任和义务。

　　9. 本投标文件的有效期为投标截止日后 90 天内，如我方中标，有效期将延至合同有效期终止日为止。

　　10. 与本次招投标有关的事宜请按以下信息联系：

　　地址：　　　　邮政编码：
　　电话：　　　　传真：
　　Email：

　　投标人名称（公章）：
　　授权代表（签字或盖章）：
　　日期：

表 3-12-7　附件 3　开标一览表

开标一览表

招标项目名称：	招标项目编号：
项目内容	
投标总价（人民币小写）	
投标总价（人民币大写）	
质量保修期：　　　年 施工工期：合同生效后　　　天内完成工程施工和验收 工期违约金： 质量违约金： 付款方式承诺：	

投标人名称（盖章）：
法定代表人或授权代表（签字或盖章）：
日期：

表 3-12-8　附件 4　技术规格响应/偏离表

技术规格响应/偏离表

招标项目名称：　　　　　　　　　　　招标项目编号：

序号	招标文件条目号	招标规格	投标规格	响应/偏离	说明

投标人名称（盖章）：
法定代表人或授权代表（签字或盖章）：
日　　期：

表 3-12-9　附件 5　法定代表人资格证明

法定代表人资格证明

兴安市公安局采购与招标管理办公室：
　　姓名：　　　性别：　　　职务：　　　，系　　　（投标人名称）的法定代表人。
　　特此证明。

　　投标人名称（公章）：
　　日期：　　　年　　月　　日

法人代表身份证正反面复印件粘贴处

表 3-12-10　附件 6　法定代表人授权书

法定代表人授权书

兴安市公安局采购与招标管理办公室：
　　本授权书声明：注册于　　　（国家或地区的名称）的　　　（公司名称）的在下面签字的　　　（法定代表人姓名）代表本公司授权在下面签字的　　　（公司名称）的　　　（被授权人的姓名），为本公司的合法代理人，参加兴安市公安局　　　（项目名称）、　　　（项目编号）的投标，以本公司名义处理与之有关的一切事务。

　　本授权书于　　年　　月　　日签字或盖章后生效。

　　法定代表人（签字或盖章）：
　　被授权人（签字）：
　　投标人名称：（公章）
　　日期：　　　年　　月　　日

被授权人身份证正反面复印件粘贴处

表 3-12-11　附件 7　清单报价表

清单报价表

招标项目名称：　　　　　　　　　招标项目编号：

序号	项目名称	型号、规格	品牌	数量	单价	合价	备注
1	55寸液晶拼接单元（含拼接机柜）						
2	视频综合系统						
3	全彩屏（含控制系统、边框）						
4	扩声系统						
5	HDMI延长器						
6	多媒体电缆						
7	辅材						
8	规划设计费						
投标总价（含规费及税）							

投标人名称（盖章）：
法定代表人或授权代表（签字或盖章）：
日　　期：

表 3-12-12　附件 8　分项报价表

分项报价表

招标项目名称：　　　　　　　　　招标项目编号：

序号	配置及分项名称	型号、规格	品牌	单价	数量	合价	备注
投标总价（含规费及税）							

投标人名称（盖章）：
法定代表人或授权代表（签字或盖章）：
日　　期：

3.13　国际交流会议室及走廊修缮工程中标公示

太行市政府大楼1230国际交流会议室及12楼走廊部分修缮工程招标（项目编号THZCGC2018036）已经结束，拟由"昆仑山精益装饰有限公司"中标，中标金额为：人民币叁拾柒万捌仟壹佰陆拾伍元伍角陆分（￥378165.56）。现予公示，接受监督。

公示期：2018.8.30—2018.9.2
联系电话：
传真：
感谢本项目所有投标人对招标工作的支持！

太行市政府采购中心
2018年8月30日

3.14　办公楼一层大厅及过道修缮工程中标公示

武夷山市行政服务中心一层大厅及部分过道修缮工程招标（项目编号 WYSZCGC2018400）已经结束，拟由"武夷山浩泰环境设计装饰工程有限公司"中标，中标金额为：人民币叁拾玖万肆仟壹佰叁拾元贰角肆分（￥394130.24）。现予公示，接受监督。

公示期：2018.4.27—2018.4.30

联系电话：

传真：

感谢本项目所有投标人对招标工作的支持！

武夷山市政府采购中心

2018 年 4 月 27 日

第4章 服务类招标采购实务

4.1 食堂餐饮服务合作经营项目招标公告

三江市政府采购中心受三江市民政局委托,就夕阳红老年公寓食堂餐饮服务合作经营项目及相关服务的采购进行公开招标,现邀请合格投标人参加投标。

本次招标的相关信息如下。

(1) 招标项目名称:夕阳红老年公寓食堂餐饮服务合作经营项目。

(2) 招标项目编号:SJZCFW2018035。

(3) 招标货物品名、数量及技术规格:详见本招标文件"第三部分 招标货物及有关说明"。

(4) 合格的投标人:参加本次招标活动的投标人除应当符合《中华人民共和国政府采购法》第二十二条的规定外,还必须具备以下条件。

① 经国家工商行政管理机关注册的企业法人;

② 具备卫生行政部门颁发的食品经营许可证或卫生许可证或餐饮服务许可证(各地区政府管理方式有所区别,但证件都必须为有效期内方才有效)。

(5) 投标人资格审查方式:资格后审。

(6) 招标文件获取:投标人自行下载。

(7) 招标文件售价:人民币 200 元。投标时现场交纳,售后不退。

(8) 投标报名确认:潜在投标人如确定参加投标,请务必于 2018 年 5 月 19 日 11 时 00 分前将"报名投标确认函"(格式见招标文件第五部分"附件1"),用 Word 格式打印提供有关信息,并用"招标项目号+投标公司"作文件名保存成文件,通过电子邮箱发送至_____,我方收到后一般在一个工作日内回复,提示报名成功。

如潜在投标人未按上述要求操作,将自行承担所产生的风险。

(9) 投标报名时间截止后,如投标人少于 3 个,采购人可选择其他采购方式采购或重新组织招标,也可顺延本项目的投标报名时间、投标截止时间及开标时间并予公告。

(10) 投标开始时间:2018 年 6 月 2 日 8 时 30 分。

(11) 投标截止时间及开标时间:2018 年 6 月 2 日 9 时 00 分。

（12）投标与开标地点：三江市红星大厦2122室。

与本次招标有关的事宜请按下列通信方式联系：

单位部门：三江市政府采购中心

联系地址：某省三江市太平路812号　邮政编码：

联系电话：

传真：

Email：

联系人：孔先生、孟先生

4.2　生活街区店铺租赁招标公告

惠城市政府采购中心受惠城国家地质公园管理委员会委托，就牧屿小镇北区生活街区（原商业街）生活超市、24小时便利店、生鲜便民超市租赁项目进行公开招标，现邀请合格投标人参加投标。

本次招标的相关信息如下。

（1）招标项目名称：牧屿小镇北区生活街区（原商业街）生活超市、24小时便利店、生鲜便民超市店租赁。

（2）招标项目编号：HCZCFW2018111。

（3）项目主要服务内容、数量及技术规格：详见本招标文件"第三部分　项目的内容及有关要求"。

（4）合格的投标人：参加本次招标活动的投标人除应当符合《中华人民共和国政府采购法》第二十二条的规定外，还必须具备以下条件。

① 企业法人或其他组织；

② 生活超市、24小时便利店的投标人须为经营连锁企业的直营店或加盟店；

③ 生鲜便民超市的投标人须为经营连锁企业直营店；

④ 经营范围中含有其他特许经营项目的，应当提供相应的许可证。

（5）投标人资格审查方式：资格后审。

（6）招标文件获取：投标人自行下载。

（7）本次招标可分包投标和中标。

（8）每包单独制作投标文件并装订成册（一正四副）。

（9）招标文件售价：人民币200元。投标时现场交纳，售后不退。

（10）投标报名确认：潜在投标人如确定参加投标，请务必于2018年7月17日11时00分前将"报名投标确认函"（格式见招标文件第五部分"附件1"），用Word格式打印提供有关信息，并用"招标项目号＋投标公司"作文件名保存成文件，通过电子邮箱发送至　　　　，我方收到后一般将在一个工作日内回复，提示报名成功。

如潜在投标人未按上述要求操作，将自行承担所产生的风险。

（11）现场踏勘及答疑：本次招标，投标人应自行到现场踏勘。凡参加本次公开租赁招标的投标人均视为认可该房产的所有现状，招标人无义务承担任何责任。

（12）投标报名时间截止后，如投标人少于3个，招标人可选择其他招标方式招标或重新组织招标，也可顺延本项目的投标报名时间、投标截止时间及开标时间并予公告。

(13) 投标开始时间：2018 年 4 月 16 日 8 时 30 分。
(14) 投标截止时间及开标时间：2018 年 4 月 16 日 9 时 00 分。
(15) 投标与开标地点：惠城市清名路 26 号惠城宾馆 2130 室。
与本次招标有关的事宜请按下列通信方式联系：
单位部门：惠城市政府采购中心
联系地址：某省惠城市建设路 68 号　邮政编码：
联系人：黄先生、赵先生
联系电话：
传真：
Email：

4.3　生活街区店铺租赁招标文件的更正说明

各报名投标单位：

根据实际情况，现对牧屿小镇北区生活街区（原商业街）生活超市、24 小时便利店、生鲜便民超市租赁（项目编号：HCZCFW2018111）的招标文件作如下更正。

招标文件的"第一部分　投标邀请""（4）合格的投标人"更正为：

（4）合格的投标人：参加本次招标活动的投标人除应当符合《中华人民共和国政府采购法》第二十二条的规定外，还必须具备以下条件。

① 企业法人或其他组织；

② 生活超市、24 小时便利店的投标人须为经营连锁企业的直营店或取得连锁企业的品牌授权，生鲜便民超市必须为直营店；

③ 经营范围中含有其他特许经营项目的，应当提供相应的许可证。

招标文件的"第二部分　投标人须知""3）投标人资格证明文件"更正为：

3）投标人资格证明文件（资格证明文件复印件需加盖公章）

① 营业执照副本复印件；

② 法定代表人（经营者）资格证明原件（格式见附件 4）；

③ 法定代表人（经营者）授权书原件（格式见附件 5）；

④ 可开设直营店或加盟店的授权书原件。

招标文件的"第二部分　投标人须知""（5）评标方法及评分标准"更正为：

（5）评标方法及评分标准

1）评标方法

① 本次招标采用综合评分法评标，即在最大限度满足招标文件实质性要求的前提下，按照评分标准中规定的评分因素和评分细则进行综合评价、评分；

② 获得品牌超市、便利店授权的投标人，评标时可以该品牌超市、便利店的业绩、经验、制度等相关资料作为评分依据；

③ 评标委员会各成员独立对每一份有效投标文件进行评价并对除报价以外的评分项目进行评分，报价得分由工作人员通过计算得出。

投标人得分＝∑评委评价得分/评委人数＋报价得分

2) 评分标准

评分标准见表 4-3-1。

表 4-3-1 评分标准

评审项目		分值	评分标准
投标报价		55	经评标委员会评审的各包所有有效投标报价（三年总价）的最高价得 55 分，其他有效投标报价以最高投标报价作为基准价，每低 1% 减 1 分
经营业绩	经营管理经验	3	超市经营 8 年（含 8 年）以上得 3 分；3 年（含 3 年）以上 5 年以内得 2 分；3 年以内得 1 分
	经营管理业绩	3	提供近 3 年经审计的财务报告或纳税凭证，每年得 1 分，最高得 3 分，没有不得分
	项目经理	3	超市经营管理经验 5 年（含）以上的得 3 分；3 年（含）以上不满 5 年的得 2 分；1 年（含）以上不满 5 年的得 1 分；少于 1 年不得分
	经营规模	6	投标人正在经营的直营门店或加盟店数量达到 5 个得基本分 1 分，不足 5 个不得分。每增加 1 个得 1 分，最高得 5 分，需提供相应的有效证明材料，否则不得分
经营方案及管理能力	经营管理	4	切合校园师生生活新零售模式的功能
	经营管理机构运作及管理制度	2	机构设置和职能运行，有项目经理职责、内部管理的职责分工，良好者得 2 分，一般者得 1 分，没有不得分
		2	管理制度和考核目录比较完整，基本满足项目需要得 1 分；管理制度和考核目录完整，完全满足项目需要得 2 分
	经营管理实施方案	5	进货渠道正规、进出货记录完整，临期、到期商品处理管理方案 3 分，安全消防管理方案 1 分，卫生保洁管理方案 1 分
	应急措施	2	针对超市经营易发生的问题，有应急措施 0.5 分；应急措施内容基本完整，且基本能满足项目需要 1 分；措施内容完整，完全满足项目需要 2 分
社会信誉	获奖情况	5	根据近 3 年以来各级政府（省级 5 分、地市级 4 分、区县级 3 分）、行业组织（2 分）、高校（1 分）颁发的各类评奖评优证书打分，同年度、同单位只计一次，最高得 5 分。守法诚信经营，并无其他造成社会不良影响的行为
服务承诺	进退场承诺	3	提供详细的、可操作性强的进场、退场计划及相关承诺
	快速响应	2	公布投诉电话、邮箱、微信号等，有改进方案与反馈流程及反馈时间
	价格控制	3	有规范的财务管理制度，商品价格不得超过临近 5 公里的大型超市连锁店同类商品价格，根据详细的价格举报奖励措施酌情给分
	促销返利活动	2	定期开展让利优惠活动，有计划得 1 分；有详细计划且合理可行得 2 分
总分		100	

招标文件的"第三部分 项目内容及有关要求""（2）投标人要求："中 7）和 8）更正为：

7）校园生活超市和 24 小时便利店拟建成直营店或加盟店，经营范围仅限于日用百货、文化办公用品、饮料、水果及预包装食品等，不得使用明火、油炸、烧烤等方式加工食品饮料出售。

8）生鲜便民超市拟建成直营店，经营范围主营生鲜农副产品，生鲜农副产品占比不得低于商品总数的60%，且生鲜农副产品当天的价格必须低于周边农贸市场同类产品价格的20%，并报物价局核定。

特此公告！

惠城市政府采购中心
2018年4月14日

4.4 关于FZL等4个招标文件更正并延期的说明

各报名投标单位：

根据实际情况，现对我校"档案管理综合平台（FZL18091）、研究生管理服务系统建设（一期）（FZL18092）、离退休工作管理系统（二期）建设（FZL18093）、财务系统升级项目（FZL18094）"这4个招标文件作如下更正：

以上4个项目的招标文件"第一部分 投标邀请""（4）合格的投标人"中"2.具有相关部门颁发的'软件企业认定证书；'"取消。

以上4个项目招标文件的"第二部分 投标人须知""（2）投标文件""3）投标人资格证明文件（复印件均需加盖投标人公章）"中"④'软件企业认定证书'复印件。"取消。

以上4个项目的报名截止时间和投标截止时间及开标时间也作延期处理。延期如下：

报名截止时间延期至：2018年2月22日11时00分

投标开始时间延期至：2018年2月23日8时30分

投标截止时间及开标时间延期至：2018年2月23日9时00分

特此公告！

佛子岭大学采购与招标工作办公室
2018年2月15日

4.5 办公楼中央空调维护保养服务招标公告

天宝市政府采购中心受天宝市行政服务中心委托，就该中心中央空调维护保养服务项目进行公开招标，现邀请合格投标人参加投标。

本次招标的相关信息如下。

（1）招标项目名称：天宝市行政服务中心中央空调维护保养服务。

（2）招标项目编号：TBZCFW2018044。

（3）项目主要服务内容：详见本招标文件"第三部分 项目内容及有关要求"。

（4）合格的投标人：参加本次招标活动的投标人除应当符合《中华人民共和国政府采购法》第二十二条的规定外，还必须具备以下条件。

① 经国家工商行政管理机关注册的企业法人；

② 营业执照具有相关业务内容；

③ 具有大型综合楼中央空调系统安装、维修保养的经验和业绩。

（5）投标人资格审查方式：资格后审。

（6）招标文件获取：投标人自行下载。

(7) 招标文件售价：人民币 200 元。投标时现场交纳，售后不退。

(8) 现场踏勘：定于 2018 年 4 月 14 日上午 9：00 在天宝市行政服务中心门厅集中对项目现场和周围环境进行踏勘并进行公开答疑，请有意报名参加投标的单位准时参加。报名投标单位必须派本项目负责人参加现场踏勘，否则不得参加投标。

(9) 投标报名确认：潜在投标人如确定参加投标，请务必于 2018 年 4 月 15 日 11 时 00 分前将"报名投标确认函"（格式见招标文件"附件 1"），用"招标项目号＋投标公司"作文件名保存成文件，通过电子邮箱发送至　　　　，我方收到后一般在一个工作日内回复，提示报名成功。

如潜在投标人未按上述要求操作，将自行承担所产生的风险。

(10) 投标报名时间截止后，如投标人少于 3 个，采购人可选择其他采购方式采购或重新组织招标，也可顺延本项目的投标报名时间、投标截止时间及开标时间并予公告。

(11) 投标开始时间：2018 年 4 月 17 日 8 时 30 分。

(12) 投标截止时间及开标时间：2018 年 4 月 17 日 9 时 00 分。

(13) 投标与开标地点：天宝市松花江路 102 号财政大厦 1112 室。

与本次招标有关的事宜请按下列通信方式联系：

单位部门：天宝市政府采购中心

联系地址：某省天宝市松花江路 102 号　　邮政编码：

联系电话：

传真：

Email：

联系人：陆先生、周先生

4.6　关于办公楼中央空调维护保养服务招标文件的更正说明

各报名投标单位：

根据实际情况，现对天宝市行政服务中心"中央空调维护保养服务"（项目编号：TBZCFW2018044）的招标文件作如下更正：

招标文件的"第三部分　项目内容及有关要求"中"（1）项目概况"的"1）本招标项目最高投标限价：人民币 35 万元"更正为"1）本招标项目最高投标限价：人民币 52.7 万元"。

天宝市政府采购中心
2018 年 4 月 7 日

4.7　公共财务系统升级招标公告

蚬河市政府采购中心受蚬河市梨花小镇委托，就该镇财务系统升级项目进行公开招标，现邀请合格投标人参加投标。

本次招标的相关信息如下。

(1) 招标项目名称：蚬河市梨花小镇财务系统升级。

(2) 招标项目编号：HZCFW2018101。

(3) 项目主要服务内容：详见本招标文件"第三部分　项目内容及有关要求"。

(4) 合格的投标人：参加本次招标活动的投标人除应当符合《中华人民共和国政府采购法》第二十二条的规定外，还必须具备以下条件。

① 具有法人资格的企业、事业单位或其他组织；

② 具有相关部门颁发的"软件企业认定证书"；

③ 具有在政府机构独立承担过相关项目开发的经验。

(5) 投标人资格审查方式：资格后审。

(6) 招标文件获取：投标人自行下载。

(7) 招标文件售价：人民币 200 元。投标时现场交纳，售后不退。

(8) 投标报名确认：潜在投标人如确定参加投标，请务必于 2018 年 4 月 6 日 11 时 00 分前将"报名投标确认函"（格式见招标文件"附件1"），用"招标项目号＋投标公司"作文件名保存成文件，通过电子邮箱发送至　　　　　，我方收到后一般在一个工作日内回复，提示报名成功。

如潜在投标人未按上述要求操作，将自行承担所产生的风险。

(9) 投标报名时间截止后，如投标人少于 3 个，采购人可选择其他采购方式采购或重新组织招标，也可顺延本项目的投标报名时间、投标截止时间及开标时间并予公告。

(10) 投标开始时间：2018 年 4 月 8 日 8 时 30 分。

(11) 投标截止时间及开标时间：2018 年 4 月 8 日 9 时 00 分。

(12) 投标与开标地点：蚬河市财政大厦 919 室。

与本次招标有关的事宜请按下列通信方式联系：

单位部门：蚬河市政府采购中心

联系地址：某省蚬河市迎春路 21 号　邮政编码：

联系电话：

传　真：

Email：

联系人：韩先生、许先生

4.8　离退休工作管理系统（二期）建设招标公告

墨河市政府采购中心受墨河大学委托，就该校离退休工作管理系统（二期）建设项目及相关服务进行公开招标，现邀请合格投标人参加投标。

本次招标的相关信息如下。

(1) 招标项目名称：墨河大学离退休工作管理系统（二期）建设。

(2) 招标项目编号：MHZCFW2018201。

(3) 项目主要服务内容：详见本招标文件"第三部分　项目提供服务及有关说明"。

(4) 合格的投标人：参加本次招标活动的投标人除应当符合《中华人民共和国政府采购法》第二十二条的规定外，还必须具备以下条件。

① 具有法人资格的企业、事业单位或其他组织；

② 具有相关部门颁发的"软件企业认定证书"；

③ 具有在高等院校独立承担过相关项目开发的经验和能力。

(5) 投标人资格审查方式：资格后审。
(6) 招标文件获取：投标人自行下载。
(7) 招标文件售价：人民币 200 元。投标时现场交纳，售后不退。
(8) 投标报名确认：潜在投标人如确定参加投标，请务必于 2018 年 2 月 4 日 11 时 00 分前将"报名投标确认函"（格式见招标文件"附件 1"），用"招标项目号＋投标公司"作文件名保存成文件，通过电子邮箱发送至　　　　，我方收到后一般在一个工作日内回复，提示报名成功。

如潜在投标人未按上述要求操作，将自行承担所产生的风险。

(9) 投标报名时间截止后，如投标人少于 3 个，采购人可选择其他采购方式采购或重新组织招标，也可顺延本项目的投标报名时间、投标截止时间及开标时间并予公告。
(10) 投标开始时间：2018 年 2 月 6 日 8 时 30 分。
(11) 投标截止时间及开标时间：2018 年 2 月 6 日 9 时 00 分。
(12) 投标与开标地点：墨河市财政大厦 102 室。

与本次招标有关的事宜请按下列通信方式联系：

单位部门：墨河市政府采购中心
联系地址：某省墨河市庆春路 313 号　邮政编码：
联系电话：
传真：
Email：
联系人：许先生、白女士

4.9　学生管理服务系统建设（一期）招标公告

南岭市政府采购中心受南岭大学委托，就该校研究生管理服务系统建设（一期）项目及相关服务进行公开招标，现邀请合格投标人参加投标。

本次招标的相关信息如下。

(1) 招标项目名称：南岭大学研究生管理服务系统建设（一期）。
(2) 招标项目编号：NLZCFW2018444。
(3) 项目主要服务内容：详见本招标文件"第三部分　项目提供服务及有关说明"。
(4) 合格的投标人：参加本次招标活动的投标人除应当符合《中华人民共和国政府采购法》第二十二条的规定外，还必须具备以下条件：

① 具有法人资格的企业、事业单位或其他组织；
② 具有相关部门颁发的"软件企业认定证书"；
③ 具有在高等院校独立承担过相关项目开发的经验和能力。

(5) 投标人资格审查方式：资格后审。
(6) 招标文件获取：投标人自行下载。
(7) 招标文件售价：人民币 200 元。投标时现场交纳，售后不退。
(8) 投标报名确认：潜在投标人如确定参加投标，请务必于 2018 年 4 月 3 日 11 时 00 分前将"报名投标确认函"（格式见招标文件"附件 1"），用"招标项目号＋投标公司"作文件名保存成文件，通过电子邮箱发送至　　　　，我方收到后一般在一个工作日内回复，提示报名成功。

如潜在投标人未按上述要求操作，将自行承担所产生的风险。

（9）投标报名时间截止后，如投标人少于 3 个，采购人可选择其他采购方式采购或重新组织招标，也可顺延本项目的投标报名时间、投标截止时间及开标时间并予公告。

（10）投标开始时间：2018 年 4 月 7 日 8 时 30 分。

（11）投标截止时间及开标时间：2018 年 4 月 7 日 9 时 00 分。

（12）投标与开标地点：南岭市临江路 57 号财政大厦 303 室。

与本次招标有关的事宜请按下列通信方式联系：

单位部门：南岭市政府采购中心

联系地址：某省南岭市临江路 57 号　邮政编码：

联系电话：

传真：

Email：

联系人：唐先生、黎女士

4.10　实验室废弃溶液处置招标公告

石屏市政府采购中心受石屏市科研所委托，就该所实验室废弃溶液处置项目及相关服务进行公开招标，现邀请合格投标人参加投标。

本次招标的相关信息如下。

（1）招标项目名称：石屏市科研所实验室废弃溶液处置。

（2）招标项目编号：SPZCFW2018307。

（3）项目主要服务内容：详见本招标文件"第三部分　项目提供服务及有关说明"。

（4）合格的投标人：参加本次招标活动的投标人除应当符合《中华人民共和国政府采购法》第二十二条的规定外，还必须具备以下条件。

① 经国家工商行政管理机关注册的企业法人；

② 具有《危险废物经营许可证》，许可证中应含有本项目品种的废弃物处理许可；

③ 具备道路运输经营许可证及专业的危险化学品运输车辆（可委托第三方运输，但须提供投标人与运输方的有效合同）。

（5）投标人资格审查方式：资格后审。

（6）招标文件获取：投标人自行下载。

（7）招标文件售价：人民币 200 元。投标时现场交纳，售后不退。

（8）投标报名确认：潜在投标人如确定参加投标，请务必于 2018 年 5 月 4 日 11 时 00 分前将"报名投标确认函"（格式见招标文件"附件 1"），用"招标项目号＋投标公司"作文件名保存成文件，通过电子邮箱发送至　　　　，我方收到后一般在一个工作日内回复，提示报名成功。

如潜在投标人未按上述要求操作，将自行承担所产生的风险。

（9）投标报名时间截止后，如投标人少于 3 个，采购人可选择其他采购方式采购或重新组织招标，也可顺延本项目的投标报名时间、投标截止时间及开标时间并予公告。

（10）投标开始时间：2018 年 5 月 6 日 8 时 30 分。

（11）投标截止时间及开标时间：2018年5月6日9时00分。
（12）投标与开标地点：行政服务中心119室。
与本次招标有关的事宜请按下列通信方式联系：
单位部门：石屏市政府采购中心
联系地址：某省石屏市中山路9号　邮政编码：
联系电话：
传真：
Email：
联系人：侯先生、岳先生

4.11　办公楼外墙清洗服务招标公告

清水市政府采购中心受清水市行政服务中心委托，就该中心外墙清洗服务项目及相关服务的采购进行公开招标，现邀请合格投标人参加投标。

本次招标的相关信息如下。

（1）招标项目名称：清水市行政服务中心外墙清洗服务。

（2）招标项目编号：QSZCFW2018012。

（3）招标货物品名、数量及技术规格：详见本招标文件"第三部分　项目内容及有关要求"。

（4）合格的投标人：参加本次招标活动的投标人除应当符合《中华人民共和国政府采购法》第二十二条的规定外，还必须具备以下条件。

① 经国家工商行政管理机关注册的企业法人；

② 经营范围包括清洗服务；

③ 拥有不少于5位具备某省安全生产监督管理局颁发的高处作业类别的《特种行业操作证》的操作人员（需提供由社保机构出具的2018年1月—2018年4月的本企业缴费证明）。

（5）投标人资格审查方式：资格后审。

（6）招标文件获取：投标人自行下载。

（7）招标文件售价：人民币200元。投标时现场交纳，售后不退。

（8）投标报名确认：潜在投标人如确定参加投标，请务必于2018年6月28日11时00分前将"报名投标确认函"（格式见招标文件第五部分"附件1"），用Word格式打印提供有关信息，并用"招标项目号＋投标公司"作文件名保存成文件，通过电子邮箱发送至　　　　　，我方收到后一般在一个工作日内回复，提示报名成功。

如潜在投标人未按上述要求操作，将自行承担所产生的风险。

（9）投标报名时间截止后，如投标人少于3个，采购人可选择其他采购方式采购或重新组织招标，也可顺延本项目的投标报名时间、投标截止时间及开标时间并予公告。

（10）投标开始时间：2018年6月30日8时30分。

（11）投标截止时间及开标时间：2018年6月30日9时00分。

（12）投标与开标地点：清水市宏图大厦0712室。

与本次招标有关的事宜请按下列通信方式联系：

单位部门：清水市政府采购中心
联系地址：某省清水市黄河南路006号　邮政编码：
联系电话：
传真：
Email：
联系人：马先生、孙女士

4.12　实验课程三维动画和资源库建设项目招标公告

庐州市政府采购中心受庐州大学委托，就该校发酵实验课程三维动画和资源库建设项目及相关服务进行公开招标，现邀请合格投标人参加投标。

本次招标的相关信息如下。

（1）招标项目名称：庐州大学发酵实验课程三维动画和资源库建设项目。

（2）招标项目编号：LZZCFW2018306。

（3）项目主要服务内容：详见本招标文件"第三部分　项目提供服务及有关说明"。

（4）合格的投标人：参加本次招标活动的投标人除应当符合《中华人民共和国政府采购法》第二十二条的规定外，还必须具备以下条件。

① 经国家工商行政管理机关注册的企业法人；

② 具有三维动画和资源库建设开发制作的经验和能力。

（5）投标人资格审查方式：资格后审。

（6）招标文件获取：投标人自行下载。

（7）招标文件售价：人民币200元。投标时现场交纳，售后不退。

（8）投标报名确认：潜在投标人如确定参加投标，请务必于2018年7月23日11时00分前将"报名投标确认函"（格式见招标文件"附件1"），用"招标项目号＋投标公司"作文件名保存成文件，通过电子邮箱发送至　　　　　，我方收到后一般在一个工作日内回复，提示报名成功。

如潜在投标人未按上述要求操作，将自行承担所产生的风险。

（9）投标报名时间截止后，如投标人少于3个，采购人可选择其他采购方式采购或重新组织招标，也可顺延本项目的投标报名时间、投标截止时间及开标时间并予公告。

（10）投标开始时间：2018年7月27日8时30分。

（11）投标截止时间及开标时间：2018年2月27日9时00分。

（12）投标与开标地点：庐州市百越宾馆0213室。

与本次招标有关的事宜请按下列通信方式联系：

单位部门：庐州市政府采购中心

联系地址：某省庐州市东海路212号　邮政编码：

联系电话：

传真：

Email：

联系人：田先生、门先生

4.13 食堂餐饮服务合作经营项目招标文件

4.13.1 招标文件封面及目录

招标文件封面及目录见图 4-13-1。

招标文件

项目名称：岐山大学岐山堂（一食堂）餐饮服务（特色风味类）合作经营项目
项目编号：QSD FW2018088

岐山大学采购与招标管理办公室
2018年8月21日

目　录

第一部分　投标邀请
第二部分　投标人须知
（1）招标文件
（2）投标文件
（3）投标细则
（4）开标、评标
（5）评标方法及评分标准
（6）定标
（7）中标通知书及合同的签订
（8）其他
第三部分　招标货物及有关说明
第四部分　合同主要条款
第五部分　附件
附件1　报名投标确认函
附件2　投标函
附件3　开标一览表
附件4　经营项目、服务品种申报表
附件5　法定代表人资格证明
附件6　法定代表人授权书

图 4-13-1　招标文件封面及目录

4.13.2 第一部分　投标邀请

岐山大学采购与招标管理办公室受学校委托，就我校岐山堂（一食堂）餐饮服务（特色风味类）合作经营项目及相关服务的采购进行公开招标，现邀请合格投标人参加投标。

本次招标的相关信息如下。

（1）招标项目名称：岐山堂（一食堂）餐饮服务（特色风味类）合作经营项目。

（2）招标项目编号：QSD FW2018088。

（3）招标货物品名、数量及技术规格：详见本招标文件"第三部分　招标货物及有关说明"。

（4）合格的投标人：参加本次招标活动的投标人除应当符合《中华人民共和国政府采购法》第二十二条的规定外，还必须具备以下条件。

① 经国家工商行政管理机关注册的企业法人；

② 具备卫生行政部门颁发的食品经营许可证或卫生许可证或餐饮服务许可证（各地区政府管理方式有所区别，但证件都必须为有效期内方才有效）。

（5）投标人资格审查方式：资格后审。

(6) 招标文件获取：投标人自行下载。

(7) 招标文件售价：人民币 200 元。投标时现场交纳，售后不退。

(8) 投标报名确认：潜在投标人如确定参加投标，请务必于 2018 年 9 月 2 日 11 时 00 分前将"报名投标确认函"（格式见招标文件第五部分"附件 1"），用 Word 格式打印提供有关信息，并用"招标项目号＋投标公司"作文件名保存成文件，通过电子邮箱发送至　　　　，我方收到后一般在一个工作日内回复，提示报名成功。

如潜在投标人未按上述要求操作，将自行承担所产生的风险。

(9) 投标报名时间截止后，如投标人少于 3 个，采购人可选择其他采购方式采购或重新组织招标，也可顺延本项目的投标报名时间、投标截止时间及开标时间并予公告。

(10) 投标开始时间：2018 年 9 月 5 日 8 时 30 分。

(11) 投标截止时间及开标时间：2018 年 9 月 5 日 9 时 00 分。

(12) 投标与开标地点：岐山大学后勤服务中心 1022 室。

与本次招标有关的事宜请按下列通信方式联系：

单位部门：岐山大学采购与招标管理办公室

联系地址：某省岐山市凤鸣大道 49 号　　邮政编码：

联系电话：

传真：

Email：

联系人：韩先生、何先生

4.13.3　第二部分　投标人须知

(1) 招标文件

1) 名词定义

本招标文件中的采购人、投标人、中标人分别指：

① 采购人指岐山大学，亦称买方。

② 投标人指响应招标并具备相应资质的参与投标的生产厂家、经销商。

③ 中标人指最后中标的投标人，亦称卖方。

2) 招标文件的组成

本招标文件由下列部分组成：

① 投标邀请。

② 投标人须知。

③ 招标货物及有关说明。

④ 合同主要条款。

⑤ 附件目录及格式。

3) 招标文件的澄清

如投标人对招标文件的某些内容有疑问，应在投标截止时间 5 日前以书面形式传真通知采购人，采购人将予以书面答复。采购人认为有必要时，可将答复内容（包括疑问内容，但不包括疑问来源）在岐山大学采购与招标信息网站上公开发布。

4) 招标文件的补充和修改

① 采购人有权在投标截止时间 3 日前对招标文件进行补充和修改，补充和修改的内容

在岐山大学采购与招标信息网站上公开发布。补充和修改的内容作为招标文件的组成部分,对投标人具有同等约束作用。

② 如招标文件的补充和修改对投标人准备投标的时间有影响,采购人有权决定推迟投标截止时间和开标时间。

(2) 投标文件

1) 投标文件的语言

① 投标文件及来往函件均应使用中文。

② 授权文件、产品说明书、样本等非中文材料,其中的要点应附有中文译文。

2) 投标文件的组成

投标人编写的投标文件包括以下部分:

① 目录索引。

② 投标函(格式见附件2)。

③ 开标一览表(格式见附件3)。

④ 经营项目、服务品种申报表(格式见附件4)。

⑤ 投标人资格证明文件。

⑥ 针对本次招标项目的管理服务方案、规章制度等。

⑦ 项目负责人职称、技术等级、学历证书复印件及简历表。

⑧ 项目管理机构配备表。

项目管理机构配备见表4-13-1。

表4-13-1 项目管理机构配备

序号	姓名	职称	技术等级	学历证书

⑨ 企业资信、荣誉。

⑩ 企业实力、类似业绩。

⑪ 投标人需提供2017年度经审计财务报告,加盖投标人公章。

⑫ 投标人认为需要陈述的其他内容。

3) 投标人资格证明文件

① 营业执照副本复印件;

② 法定代表人资格证明原件(格式见附件5);

③ 法定代表人授权书原件(格式见附件6);

④ 具备卫生行政部门颁发的食品经营许可证或卫生许可证或餐饮服务许可证复印件。

以上资格证明文件均需加盖投标人公章。

4) 投标文件的形式及签署

① 投标人需提交投标文件正本1份、副本4份,并在投标文件的封面上明确标明投标文件正本和副本。如投标文件正本与副本有不同之处,以正本为准。

② 投标文件正本与副本均应使用A4纸打印,图表等可按同样规格的倍数扩展,且经被

授权人签署。

③ 投标文件不应有涂改、增删之处，但如有错误必须修改时，修改处必须由原被授权人签署。

5）投标文件的密封和标记

投标人应将投标文件用封套加以密封，在封口处粘贴密封条，盖骑缝公章，并在封套上标明：

① 收件人：岐山大学采购与招标管理办公室
② 招标项目编号：
③ 招标项目名称：
④ 投标人名称：
⑤ 投标人地址：
⑥ 联系电话：
⑦ 开标之前不得启封。

没有按上述规定密封和标记的投标文件，采购人将不承担投标文件错放或提前开启的责任，由此造成提前开启的投标文件采购人将予以拒绝。

(3) 投标细则

1）投标报价

本次招标项目以人民币报价。

2）投标文件的递交

① 投标人应仔细阅读招标文件的所有内容并作出实质性响应，同时按招标文件规定的要求和格式，提交完整的投标文件。

② 投标文件应在投标截止时间前送达指定地点，逾期送达或未送达指定地点以及未按招标文件要求密封的投标文件，采购人将拒收或退还投标人。

③ 采购人不接受传真及电子邮件投标。

3）投标文件的修改和撤回

① 投标截止时间后不得修改投标文件。

② 投标截止时间前投标人可以撤回投标文件，但在投标截止时间后不允许撤回。

4）分包投标

本次招标不可分包投标和中标。

5）联合体投标

本次招标不接受联合体投标。

6）投标有效期

从投标截止时间起，投标有效期为90天。

(4) 开标、评标

1）采购人按规定的时间和地点开标，投标人可派代表参加。投标人未派代表参加开标的，视为默认开标结果。

2）开标时，采购人将邀请投标人代表检查投标文件的密封情况，经确认无误后，由工作人员当众拆封，宣读投标人名称、投标价格、交货期等投标文件的主要内容。

3）采购人组织用户代表和有关专家组成评标委员会进行评标。

4）开标结束后，采购人组织对投标人的投标资格进行审查，评标委员会对投标人是否实质性响应招标文件要求进行符合性审查。

5) 对招标文件的实质性要求和条件作出响应的投标应该是与招标文件要求的全部条款、条件、指标和规格相符,没有重大偏离的投标。采购人和评委判定投标的响应性只根据投标本身的内容,而不寻求外部的证据,投标人不得通过修正或撤销不符合要求的偏离从而使其投标成为实质上响应的投标。

投标文件出现(但不限于)下列情况之一的,由评标委员会评审后作无效投标或废标处理:

① 超出经营范围投标的;
② 不具备招标文件规定的资格条件及未按招标文件规定的要求提供资格证明文件的;
③ 无法定代表人签字或盖章的,签字人无法定代表人有效授权的,应加盖投标人公章而未盖章的;
④ 投标有效期不足的;
⑤ 同一投标人提交两个及以上投标报价的;
⑥ 重要技术指标和参数不满足招标要求的;
⑦ 重要内容或关键字迹模糊不清无法辨认的;
⑧ 其他未对招标文件实质性要求和条件作出响应的;
⑨ 不同投标人投标文件相互混装的;
⑩ 不同投标人投标文件中的项目相关人员出现同一人的;
⑪ 不同投标人的投标文件内容出现非正常一致的;
⑫ 恶意串通投标的;
⑬ 报价明显偏离市场行情的;
⑭ 有损害采购人和用户利益的规定的。

6) 评标委员会认为有必要时,将要求投标人述标或对投标文件中某些内容作出澄清和说明,但不接受投标人主动提出的澄清和说明。

7) 评标委员会将从投标人的投标报价、产品质量、技术方案、售后服务、企业状况等经济、技术和商务及其他优惠条件等方面,依据评标方法,对所有投标文件进行综合评审。

(5) 评标方法及评分标准

1) 评标方法

① 本次招标采用综合评分法评标,即在最大限度满足招标文件实质性要求的前提下,按照评分标准中规定的评分因素和评分细则进行综合评价、评分。

② 评标委员会各成员独立对每一份有效投标文件进行评价并对除报价以外的评分项目进行评分,报价得分由工作人员通过计算得出。

投标人得分 = Σ 评委评价得分/评委人数 + 报价得分

2) 评分标准

评分标准见表 4-13-2。

表 4-13-2 评分标准

评审因素	分值	评分细则
报价	25	满足招标文件要求且投标价格最高的投标报价为评标基准价,评标价等于评标基准价的得满分。投标人的评标价每低于该评标基准价 1% 扣 1 分

续表

评审因素	分值	评分细则
企业资质/资信/荣誉	5	从事餐饮服务年限满 2 年得 1 分，满 5 年得 3 分，满 10 年得 5 分（以企业营业执照为准）
	5	提供 2017 年度经审计的财务报告得 3 分，提供银行资信证明得 2 分，不提供不得分
	10	2015 年以来，获得 A 级食堂评定资质得 2 分（提供盖有服务单位处级或以上部门公章的证明材料，若无则视为无效）； 具有 ISO9001：2000 质量体系认证得 2 分； 具有 ISO22000 食品安全管理体系认证得 2 分； 具有 OHSAS18001 职业健康安全管理体系认证得 1 分； 具有 ISO14001 环境管理体系认证得 1 分； 具有 HACCP 认证得 1 分； 取得省级及以上餐饮行业协会理事单位得 1 分； 以上认证材料提供原件备查
企业实力/类似业绩	5	2015 年以来，具有 5 所 1 万人以上高校食堂管理服务得 2 分；每增加 1 所加 1 分，最多加 3 分（提供合同或证明，证明单位处级及以上部门盖章，若无则视为无效）
	5	提供 2013 年以来，2 所万人以上高校食堂连续服务满 5 年及以上得 5 分，所有论证材料需真实有效（提供合同或证明，证明单位处级及以上部门盖章，若无则视为无效）
管理规章/方案	10	管理制度、操作规范齐得 2 分； 对食堂风险能进行科学分析得 2 分； 有食品安全保障措施及应急预案得 2 分； 有生产安全保障措施及应急预案得 2 分； 企业在廉政建设、内控机制方面组织有力，制度健全得 2 分
服务方案	11	针对本项目设计服务品种及方案，整体目标、工作思路得 4～6 分； 特色班组的设置具有明显的同一菜系特征，有可行的产品质量及价格控制措施得 3～5 分
	4	针对本项目的人员配备，有合理方案得 2 分； 提供厨师、项目经理（现场管理人员）等技术骨干、管理骨干相关人员近 6 个月（2018 年 1 月—2018 年 6 月）由投标人缴纳的社会养老保险证明原件、劳务合同原件得 2 分
	6	拟派驻项目现场管理人大专及以上学历得 2 分，高中或其他中职得 1 分；项目现场管理人持有餐饮职业经理人证书得 2 分； 项目现场管理人从事高校食堂管理 5 年以上经历得 2 分，3～5 年得 1 分；必须提供以上人员相关证书复印件或学校主管部门的证明
	7	服务团队中至少具备 3 名持有二级及以上厨师证书得 2 分，配备 1 名中级及以上公共营养师或营养配餐师得 1 分，配备 1 名及以上食品安全师得 1 分；有新品开发团队，提供较有特色、实用性较强的新品开发方案得 3 分
现场答辩	5	拟派现场管理人，开标现场答辩，优秀得 5 分，良好得 3～4 分，一般得 2 分
其他	2	原合作过单位在责任期内就餐满意率平均值达 85%以上的得 2 分，未达到不得分（需提供服务单位证明）
合计	100	

(6) 定标

1）评标委员会按照得分高低顺序对投标人进行排列。得分相同的，按投标报价由低到高的顺序排列。得分最高且排名第一的投标人将被推荐为中标候选人或者直接被确定为中标人。

2）评标委员会认为所有投标报价均不合理或所有投标方案均不能满足采购人要求时，有权否决所有投标，评标委员会也没有义务必须接受最低报价的投标。

3）出现下列情形之一的，应予废标：

① 发生影响招标公平、公正的违法、违规行为的；

② 因重大变故，采购任务取消的。

4）对未中标的投标人，采购人不作未中标解释。

(7) 中标通知书及合同的签订

① 中标人确定后，采购人将通过学校招标网公示 3 天，公示期满无异议，即向中标人发出中标通知书。

② 中标人收到中标通知书后，应在 30 日内与采购人签订合同，过期视为放弃中标。

③ 本招标文件和中标人的投标文件包括中标人所作出的各种书面承诺将作为采购人与中标人双方签订合同的依据，并作为合同的附件与合同具有同等法律效力。

④ 如投标人中标后悔标，采购人将取消该投标人本次中标资格及今后两年内的投标资格。

(8) 其他

① 本次招标不收投标保证金。

② 本次招标不收中标服务费。

③ 投标人无论中标与否，采购人都不承担投标人参加投标的任何费用。

4.13.4 第三部分 招标货物及有关说明

(1) 项目说明

岐山大学现有在校师生约 3 万人，学校建有岐山堂（一食堂）、凤鸣厅（二食堂）、渭水轩（三食堂）、木栏坊（四食堂）4 个学生食堂，现对岐山堂（一食堂）一楼 5 个特色风味经营班组（场所包括操作间、烹饪间、售卖间，面积约 350 平方米，可同时启用 15 个销售服务窗口，内部炉灶、冰箱、油烟机、保温台、刷卡机等通用设备配备齐全）餐饮服务对外整体公开招标。

(2) 服务期限

服务期限贰年，合同一年一签。服务期满通过考核考评，得分达 85 分及以上可续签一年。考核的相关内容见表 4-13-3。

表 4-13-3 考核的相关内容

项目	内容	分值
社会效益	师生服务满意率、顾客投诉率（包括窗口、电话、网络等投诉）等	35
经济效益	营业额指标完成情况、毛利率指标完成情况等	15
中心质检部日常考核	常规检查、考核、考评等	15
所在部门日常考核	常规管理、检查、考核、考评等	5
校、处等相关部门日常检查	日常检查、考核、考评等	20

续表

项目	内容	分值
政府食药监部门检查	日常检查、专项检查等	10
合计		100

(3) 项目要求

① 投标人必须严格遵守《食品安全法》《餐饮业食品卫生管理办法》《学校食堂与学生集体用餐卫生管理规定》《消防安全法》等相关法律法规和岐山大学相关管理规定。

② 投标人必须无条件接受上级卫生行政主管部门、学校相关职能部门等对食品卫生、服务范围、销售价格、服务质量、消防治安等方面的监督、检查、管理、考核。

③ 服务期间窗口结算一律刷卡，禁止采用微信、支付宝、现金等结算方式，营业款由学校财务处进行结算。

④ 所有餐饮原材料由学校统一采购，经营特色品种，报饮食中心审批。

⑤ 中标单位在服务期间，其服务过程直接耗用的水、电、燃气等费用计入服务成本，公共区域保洁费及餐具清洗费（部分）等公摊费用需由中标人自行承担，餐厨垃圾由招标人指定专人统一收集。

⑥ 学校提供现有基本设施设备（附清单），中标单位承担维护保养义务。如需增添设备，由中标单位报招标人同意后自行采购并承担费用。服务期结束后一周内，中标单位自行采购的设备自行处理。

⑦ 水、电、燃气费用结算标准。实行依表计量，按实结算，水费 5 元/吨、电费 0.60 元/度、燃气 3.40 元/立方。如遇政府调整价格，则进行相应调整。

⑧ 投标书内必须有详细的服务方案。投标单位应对服务期间的安全责任有明确的承诺；采取严密的安全保障措施，确保服务安全零事故。

⑨ 服务期内，中标人（含所用员工）在校内的一切活动，不得影响学校的正常教学、生活秩序。工作人员严守学校的规章制度，严禁干扰师生的正常生活，并确保学校等公共财产安全。

⑩ 投标单位中标后不得将该项目以任何形式转包或分包，一经发现将追究违约责任。

⑪ 投标人设计的经营项目及服务品种以具有地方菜系特色的各类风味饮食为主。

⑫ 投标人应结合现场实际踏勘的情况，编制服务项目及方案。

(4) 投标报价

① 本项目年窗口营业额指标理论测算为 600 万元，投标人以此为基数测算上交折旧费。上交折旧费＝年营业额×折旧率。

② 折旧率范围为 14%～16%，投标人所报折旧率需在此范围内方为有效投标。

③ 投标人依自报折旧率确定投标报价总额，投标人在计算报价时需考虑风险因素。另外，投标人须考虑到学校服务工作的特殊性及寒暑假的休假。

④ 投标人按月缴纳上交折旧费，全年上交折旧费不得低于 84 万元，如低于 84 万元，在乙方营业额中扣除；乙方全年上交折旧费最高 96 万元（总额计量以元为单位，此总价应为开票含税价，结算方式以合同条款为准）。

(5) 其他

① 投标人一旦参加投标，就意味着已承认招标文件的所有条款及要求，并受其约束。

② 除招标文件中规定招标人负责的工作外，在实施过程中，中标人对外发生的任何纠

纷与交涉以及由此造成的损失，均由中标人自行解决，如需招标人进行协调，则协调所发生的费用由中标人承担。

③ 在服务过程中，中标人的建议应征得招标人同意，并按有关规定办理确认手续。

④ 投标人如中标，在进入服务场所后，应遵守国家相关法律法规、学校管理规定，并负责一切安全防护措施、承担一切安全责任，投标人应在其投标文件中作出承诺。

⑤ 应标现场答辩人必须为该项目现场管理人，并须承诺驻场管理期限不少于1年。

⑥ 学校提供现有基本设备清单。

学校提供现有基本设备清单见表4-13-4。

表4-13-4　学校提供现有基本设备清单

序号	设备名称	数量	备注	序号	设备名称	数量	备注
1	刷卡机	15		13	烤箱	1	
2	保温台	8		14	冷藏冰箱	5	
3	单眼大锅灶	3		15	单眼矮脚炉	6	
4	蒸灶	1		16	单眼小锅灶	5	
5	电饼铛	3		17	双眼矮脚炉	1	
6	蒸箱	1		18	麻辣烫桶	1	
7	粥炉	1		19	小不锈钢操作台	9	
8	操作台	11		20	拖把池	4	
9	水池	12		21	货架	10	
10	速冻冰箱	5		22	绞肉机	1	
11	空调	1		23	墩板架	4	
12	保鲜箱（食品采样专用）	2		24	刀架	4	

技术咨询：张先生，联系电话：

4.13.5　第四部分　合同主要条款

合同主要条款见表4-13-5。

表4-13-5　合同主要条款

合同主要条款
甲方：岐山大学后勤管理处 乙方： 　　第一条　甲方委托乙方合作经营岐山大学后勤管理处饮食中心　　　　班组。 　　合作经营期限： 　　合作经营地点： 　　合作经营项目：主要从事　　　　的供应。 　　合作经营期间，交纳费用办法如下： 　　1. 甲方按月向乙方收取折旧费，折旧费率为　　　　，乙方全年上缴折旧费不得低于84万元，如低于84万元，在乙方营业额中扣除；乙方全年上缴折旧费最高96万元。 　　2. 乙方经营毛利率不得超过39.5%，超过部分由甲方在营业额中扣除。 　　3. 就餐区的保洁卫生由甲方负责，乙方每月支付甲方保洁费人民币7200元，由甲方每月从营业款中扣除（全年按10个月计算）。保洁使用的洗涤用品及燃气费用按实际用量计入成本。

续表

4. 乙方在合作经营期内，承担其所用的水、电、气等成本费用（按实计算并计入成本）。其他费用自理。

第二条 乙方应符合国家规定的用人要求和甲方管理要求，提供合法有效的经营手续，证照齐全。

第三条 乙方自签订本协议起向甲方交纳安全卫生保证金人民币10万元。乙方保证在合作经营期间要严格执行食品卫生和安全方面的有关制度，一旦发生有关卫生安全责任事故，将首先用保证金处理有关事项，不足部分从营业额利润中扣除，然后根据查定的事故责任再作处理。本协议期满不再续签时，如无发生有关卫生安全责任事故，无债权、债务、劳务纠纷，甲方全额退还安全卫生保证金（保证金不计利息）。

第四条 甲方的权利与义务

（一）甲方的权利

1. 甲方对乙方定期进行考核，考核内容及方法如下：

① 安全情况：要求乙方能严格执行学校及中心有关安全制度且无安全事故和隐患，如乙方出现重大安全责任事故的，承担一切后果，甲方有权立即终止本协议。

② 卫生执行情况：要求乙方能严格执行中心有关卫生制度且无卫生事故和隐患，如乙方出现重大卫生责任事故的，承担一切后果，甲方有权立即终止本协议。

③ 甲方每月在师生员工中进行满意度调查考核，及时通报考核结果：如果师生满意率连续2个月低于80%，甲方有权终止本协议。

2. 甲方有权对乙方在生产经营过程中违反规章制度或是违反本协议的行为进行处罚（罚款、通报批评、终止协议）。乙方如不服从甲方管理的，屡次提出整改意见而不执行的，甲方有权终止本协议。

3. 合作经营期内甲方将引入末位淘汰制，考核内容包括：①师生投诉；②上级主管部门、饮食中心监控检查扣分；③生产事故；④师生民意调查；⑤经济任务目标完成情况；⑥餐饮部主任日常管理记录。合作经营期结束将在所在餐饮部中进行考核，最差者自然淘汰，不得续租。

4. 甲方根据需要可调整乙方的经营场地，在经营期满后，根据中心发展需求，甲方有权决定是否续签，乙方需无条件服从。

（二）甲方的义务

1. 甲方为乙方提供必要的工作场所，冰箱、灶具、货架、操作台等大件固定资产（附交接清单），甲方对上述资产拥有调配权，乙方负责日常的管理和维护（维护费用由乙方自理）。

2. 甲方每月20日（节假日顺延）为乙方结清上月的营业额、管理费用、水、电、气等相关收入与费用。

第五条 乙方的权利与义务。

（一）乙方的权利

1. 乙方有权根据市场行情制定每周菜单、品种、单价等，并上报饮食中心审批、备案。

2. 乙方有权及时向饮食中心了解每天、每周、每月的营业额等情况，并可在每月20日前到饮食中心对其上月经营情况进行结算，结算时应提供符合甲方要求的票据。

3. 乙方有权了解甲方对其考核的情况。

（二）乙方的义务

1. 乙方在合作经营期间应本着以为师生员工提供满意的、优质的餐饮服务为宗旨，执行满意服务，对待师生员工要文明礼貌、微笑服务、热情周到，不得与师生员工争吵；认真听取、接纳、处理好各种意见、建议和投诉等。

2. 乙方按规定经营，不得超范围经营。如需增加新的经营品种，必须提交书面申请征得甲方同意，餐饮部核价记录备案后方可经营；在规定的就餐时间内，必须保证正常供应，各档次做到荤素合理，确保营养，满足各层次消费。

3. 乙方在经营过程中，必须采用打卡结算，禁止采用微信、支付宝、现金等其他结算方式，如有违背，甲方有权处以该窗口机当天营业额10倍金额的罚款；严禁不按规定收费，防止出现多收费现象；不得与中心其他班组发生任何经济往来，否则将按中心相关规定严肃处理。

4. 乙方使用的所有餐饮原材料、易耗品均由中心采供部统一配供，不经甲方同意私自购入原料，一经发现按原料价格的10倍处罚。

5. 乙方不经甲方同意不得私自转移原料、食品、物品，一经发现按原价值的10倍处罚。

6. 乙方自行购买除筷子、汤勺以外的所有餐用具。乙方自行购置的设备须向甲方提供产品合格证及产地厂家，在合作经营期结束后自行处理，与中心无关。

7. 乙方未经甲方同意，在规定时间内不得以任何形式使用甲方及服务外包工作人员（时间7：00—19：00）。乙方

续表

不得雇用勤工助学学生，如雇用外来钟点工，需提供相关证件并交至餐饮部备案。

8. 乙方在遵循学校和中心有关规定的条件下自主、合法用工，实行"谁用工谁负责"的原则，按国家、地方法律法规和学校有关规定依法用工，交纳社保金，提交用工人员花名册及人员变更表报甲方备案。乙方对其用工负全部责任，并安排好用工人员的住宿和工作餐，甲方不提供乙方员工住宿和工作餐。

9. 乙方员工按学校相关规定必须办理有关证件（暂住证、出入证、健康证等），费用由乙方承担。乙方员工如有违法、违规、违纪行为，造成后果，一切责任由乙方承担。在合作经营期间，乙方不得拖欠工人工资，由此引起的纠纷由乙方负全部的法律责任，甲方有权解除本协议。

10. 安全方面：

① 乙方要严格执行安全防火、安全用电、水、气及门禁等安全制度，要有安全巡查记录，加强安全防范，各项防范措施到位，确保设备、人员等安全，一旦发生事故，所造成的损失由乙方负责赔偿。

② 乙方未经许可不得自拉乱接，一经发现处以 1000 元的罚款，并要求恢复原状（费用自理）。如有经营生产需求，需提交书面申请征得甲方同意，经专业人士现场确认后方可操作（费用自理）。

11. 卫生方面：

① 乙方在生产经营过程中，要严格按《中华人民共和国食品安全法》和遵守国家关于食品添加剂使用的相关规定，对各种原辅材料进行检验、清洗、加工、保存，熟食品要烧熟煮透，生熟分开。如发生食物中毒及违规行为，造成后果，一切责任由乙方承担，并追究相应法律责任，直至终止协议。

② 乙方要建立岗位责任制，特殊岗位要持证上岗，所有进行生产加工、销售、清洁、服务的人员都须由乙方负责办理健康证，凭证上岗，否则一切后果由乙方自负。

③ 乙方应按甲方要求每天做好卫生记录，保证如有卫生问题可进行追查到人。

④ 乙方应注重员工的个人卫生，严格执行从业人员卫生标准。在工作期间，要求员工必须穿戴工作服、工作帽、工作手套、口罩等，班组内部须统一着装，戴工号牌。

⑤ 乙方加强生产现场管理，执行 8S 卫生管理要求。各种工具、器具等用后放回指定地点，做到物在其位，整齐有序。

12. 严格执行甲方所制定的各种规章制度，积极配合甲方做好各种管理、生产、服务等工作。

① 乙方若在各级各类评比活动中发生问题，对饮食中心造成不良影响的，甲方有权取消乙方经营资格，并不承担任何经济赔偿责任。

② 乙方若发生偷盗、赌博、私拿现金等行为，除按甲方相关规章制度进行处罚外，甲方有权取消乙方经营资格，并不承担任何经济赔偿责任。

13. 乙方应积极做好设备的日常维护保养工作并承担维修所用的材料、人工等成本费用，如因管理不善造成设备丢失或因使用不当造成设备损坏应承担赔偿责任，且不得计入成本。

14. 乙方同意如因学校、后勤管理处、饮食中心需要或不可抗拒的因素，必须提前终止合作经营期限、停止营业时，乙方应无条件服从决定。甲方遇上述情形需提前终止协议时，应提前 30 天通知乙方。

第六条 乙方如因正当理由确须提前终止协议，必须提前一个月通知甲方，经双方协商一致可提前终止协议；任何一方都不能随意中途终止协议，否则将支付违约金人民币 10000 元；期满，如乙方在合作经营期内无大的安全卫生事故及违纪事件发生，且师生满意度始终保持在 80% 左右，在同等条件下，乙方享有优先合作权。

第七条 乙方不得改变经营场所用途，不得将经营场所全部或部分以任何方式转移给第三方使用、经营、管理。一经发现，甲方有权终止合同，并且不退还所有的保证金。

第八条 协议生效及其他。

1. 本协议一式四份，甲方执三份，乙方执一份。经双方签字、盖章后生效。

2. 在执行协议过程中出现未尽事宜，双方协商解决。协商结果以"补充协议"方式作为本合同的附件，与本合同具有同等效力。

3. 协议生效后，双方应严格履行。在履行协议过程中发生争议时，双方协商解决。协商不成，提交岐山市仲裁委员会仲裁或向凤起区人民法院提起诉讼。

甲　方（盖章）：　　　　　　　　　乙　方（盖章）：

代表人（签名）：　　　　　　　　　代表人（签名）：

　　　　年　　月　　日　　　　　　　　　年　　月　　日

4.13.6 第五部分 附件

附件 1 报名投标确认函,见表 4-13-6。
附件 2 投标函,见表 4-13-7。
附件 3 开标一览表,见表 4-13-8。
附件 4 经营项目、服务品种申报表,见表 4-13-9。
附件 5 法定代表人资格证明,见表 4-13-10。
附件 6 法定代表人授权书,见表 4-13-11。

表 4-13-6 附件 1 报名投标确认函

报名投标确认函
岐山大学采购与招标管理办公室:
我公司完全符合项目　　　　　(项目编号　　　　　)招标公告中对投标人资格条件的要求,自愿以本传真报名参加你单位的招标,并将按时参加投标。
我公司郑重声明:我公司与本招标项目及该项目相关人员之间均不存在可能影响招标公正性的任何利害关系。
投标相关信息:
投标项目名称:
招标项目编号:
投标人名称:
投标人的纳税人识别号:
经办人:
联系电话:
传真号码:
通信地址及邮编:
Email:
年　　月　　日
注:本报名投标确认函请报名单位用 Word 格式打印提供有关信息,并用"招标项目号＋投标公司名"作文件名保存成文件,通过电子邮箱发送至　　　　　,我方收到后一般在一个工作日内回复,提示报名成功。本确认函不需装入投标文件中。

表 4-13-7 附件 2 投标函

投标函
岐山大学采购与招标管理办公室:
我方经仔细阅读研究项目招标文件　　　　　(项目编号　　　　　),已完全了解招标文件中的所有条款及要求,决定参加投标,同时作出如下承诺:
1. 我方愿针对本次项目进行投标,投标文件中所有关于投标资格的文件、证明、陈述均是真实的、准确的。若有违背,我方愿意承担由此而产生的一切后果。
2. 我方在参加本招标项目前三年内在生产经营活动中没有重大违法记录。
3. 我方与本招标项目及该项目相关人员之间均不存在可能影响招标公正性的任何利害关系。
4. 我方愿按招标文件的一切要求(包括付款方式),提供本项目的报价,报价见《开标一览表》。
5. 我方接受招标文件的所有条款、条件和规定,放弃对招标文件提出质疑的权利。

续表

6. 我方同意按照招标文件的要求提供所有资料、数据或信息。

7. 我方认可贵方有权决定中标人或否决所有投标,并理解最低报价只是中标的重要条件,贵方没有义务必须接受最低报价的投标。

8. 我方如中标,将保证遵守招标文件对投标人的所有要求和规定,履行自己在投标文件(含修改书)中承诺的全部责任和义务。

9. 本投标文件的有效期为投标截止日后 90 天内,如我方中标,有效期将延至合同有效期终止日为止。

10. 与本次招投标有关的事宜请按以下信息联系:

地　　址:　　　　　　　　邮政编码:
电　　话:　　　　　　　　传　　真:
Email:

投标人名称:　　　　(公章)
授权代表(签字或盖章):
日　　期:

表 4-13-8　附件 3　开标一览表

开标一览表

招标项目名称:　　　　　　　招标项目编号:　　　　　　　单位:万元

报价内容	全年营业额测算指标	折旧率/%	折旧总价
	600		

总价:(人民币大写)

服务违约处罚承诺:

付款方式承诺:

项目现场管理人驻场年限承诺:

投标人名称(盖章):
法定代表人或授权代表签字:
日　　期:

表 4-13-9　附件 4　经营项目、服务品种申报表

经营项目、服务品种申报表

服务项目	经营品种名称	单份成品数量/克	单份成品售价/元

注:本表填写服务项目不少于 5 个不同的风味,每个风味不少于 3 个品种(允许超出,在表中列明)。

投标人名称(盖章):　　　　授权代表(签字或盖章):
日　　期:　　　年　　月　　日

表 4-13-10　附件 5　法定代表人资格证明

法定代表人资格证明
岐山大学采购与招标管理办公室： 　　姓名：　　　　性别：　　　　职务：　　　　，系　　　（投标人名称）　　的法定代表人。 　　特此证明。 　　投标人名称：　　　　（公章） 　　日期：　　　年　　月　　日 　　　　　　　　　　　　　　　法人代表身份证正反面复印件粘贴处

表 4-13-11　附件 6　法定代表人授权书

法定代表人授权书
岐山大学采购与招标管理办公室： 　　本授权书声明：注册于　　　（国家或地区的名称）的　　　（公司名称）的在下面签字的　　　（法定代表人姓名）代表本公司授权在下面签字的　　　（公司名称）　的　　　（被授权人的姓名），为本公司的合法代理人，参加岐山大学　　　（项目名称）、　　　（项目编号）的投标，以本公司名义处理与之有关的一切事务。 　　本授权书于　　年　　月　　日签字或盖章后生效。 　　法定代表人（签字或盖章）： 　　被授权人（签字）： 　　投标人名称：　　　（公章） 　　日期：　　年　　月　　日 　　　　　　　　　　　　　　被授权人身份证正反面复印件粘贴处

4.14　生活街区店铺租赁招标文件

4.14.1　招标文件封面及目录

招标文件封面及目录见图 4-14-1。

4.14.2　第一部分　投标邀请

紫荆关学院采购与招标管理办公室受学校委托，就我校校内北区生活街区（原商业街）生活超市、24 小时便利店、生鲜便民超市租赁项目进行公开招标，现邀请合格投标人参加投标。

本次招标的相关信息如下。

（1）招标项目名称：校内北区生活街区（原商业街）生活超市和 24 小时便利店、生鲜便民超市店租赁。

（2）招标项目编号：ZJGFW2018404。

（3）项目主要服务内容、数量及技术规格：详见本招标文件"第三部分　项目内容及有关要求"。

招标文件

项目名称：紫荆关学院校内北区生活街区（原商业街）生活超市和24小时便利店、生鲜便民超市店租赁

项目编号：ZJGFW2018404

紫荆关学院采购与招标管理办公室
2018年9月12日

目录

第一部分　投标邀请
第二部分　投标人须知
（1）招标文件
（2）投标文件
（3）投标细则
（4）开标、评标
（5）评标方法及评分标准
（6）定标
（7）中标通知书及合同的签订
（8）其他
第三部分　项目内容及有关要求
第四部分　合同主要条款
第五部分　附件
附件1　报名投标确认函
附件2　投标函
附件3　开标一览表
附件4　法定代表人（经营者）资格证明
附件5　法定代表人（经营者）授权书

图 4-14-1　招标文件封面及目录

（4）合格的投标人：参加本次招标活动的投标人除应当符合《中华人民共和国政府采购法》第二十二条的规定外，还必须具备以下条件。

① 企业法人或其他组织；

② 生活超市、24小时便利店的投标人须为经营连锁企业的直营店或加盟店；

③ 生鲜便民超市的投标人须为经营连锁企业直营店；

④ 经营范围中含有其他特许经营项目的，应当提供相应的许可证。

（5）投标人资格审查方式：资格后审。

（6）招标文件获取：投标人自行下载。

本次招标可分包投标和中标。

每包单独制作投标文件并装订成册（一正四副）。

（7）招标文件售价：人民币200元。投标时现场交纳，售后不退。

（8）投标报名确认：潜在投标人如确定参加投标，请务必于2018年9月19日11时00分前将"报名投标确认函"（格式见招标文件第五部分"附件1"），用Word格式打印提供有关信息，并用"招标项目号+投标公司"作文件名保存成文件，通过电子邮箱发送至　　　　，我方收到后一般将在一个工作日内回复，提示报名成功。

如潜在投标人未按上述要求操作，将自行承担所产生的风险。

（9）现场踏勘及答疑：本次招标，投标人应自行到现场踏勘。凡参加本次公开租赁招标的投标人均视为认可该房产的所有现状，招标人无义务承担任何责任。

（10）投标报名时间截止后，如投标人少于3个，招标人可选择其他招标方式招标或重新组织招标，也可顺延本项目的投标报名时间、投标截止时间及开标时间并予公告。

(11) 投标开始时间：2018年9月21日8时30分。
(12) 投标截止时间及开标时间：2018年9月21日9时00分。
(13) 投标与开标地点：紫荆关学院后勤服务中心1001室。
与本次招标有关的事宜请按下列通信方式联系：
单位部门：紫荆关学院采购与招标管理办公室
联系地址：某省紫荆关市恒山南路21号　邮政编码：
联系人：宋先生、修先生
联系电话：
传真：
Email：

4.14.3 第二部分　投标人须知

(1) 招标文件

1) 名词定义

本招标文件中的招标人、投标人、中标人分别指：

① 招标人指紫荆关学院，亦称买方。

② 投标人指响应招标并具备相应资质的参与投标的企业或其他组织。

③ 中标人指最后中标的投标人，亦称中标单位。

2) 招标文件的组成

本招标文件由下列部分组成：

① 投标邀请。

② 投标人须知。

③ 招标项目及有关说明。

④ 合同主要条款。

⑤ 附件目录及格式。

3) 招标文件的澄清

如投标人对招标文件的某些内容有疑问，应在投标截止时间5日前以书面形式传真通知招标人，招标人将予以书面答复。招标人认为有必要时，可将答复内容（包括疑问内容，但不包括疑问来源）在紫荆关学院招标人与招标信息网站上公开发布。

4) 招标文件的补充和修改

① 招标人有权在投标截止时间3日前对招标文件进行补充和修改，补充和修改的内容在紫荆关学院招标人与招标信息网站上公开发布。补充和修改的内容作为招标文件的组成部分，对投标人具有同等约束作用。

② 如招标文件的补充和修改对投标人准备投标的时间有影响，招标人有权决定推迟投标截止时间和开标时间。

(2) 投标文件

1) 投标文件的语言

① 投标文件及来往函件均应使用中文。

② 授权文件、产品说明书、样本等非中文材料，其中的要点应附有中文译文。

2）投标文件的组成

投标人编写的投标文件包括以下部分：

① 目录索引。

② 投标函（格式见附件2）。

③ 开标一览表（格式见附件3）。

④ 投标人资格证明文件。

⑤ 经营方案及管理能力。

⑥ 经营业绩。

⑦ 服务承诺。

⑧ 社会信誉。

⑨ 合同履约保证。

⑩ 投标人认为需要陈述的其他内容。

3）投标人资格证明文件（资格证明文件复印件需加盖公章）

① 营业执照副本复印件。

② 法定代表人（经营者）资格证明原件（格式见附件4）。

③ 法定代表人（经营者）授权书原件（格式见附件5）。

以上资格证明文件的复印件均需加盖投标人公章，并提供原件备查。

4）投标文件的形式及签署

① 投标人需提交投标文件正本1份、副本4份，并在投标文件的封面上明确标明投标文件正本和副本。如投标文件正本与副本有不同之处，以正本为准。

② 投标文件正本与副本均应使用A4纸打印，图表等可按同样规格的倍数扩展，且经被授权人签署。

③ 投标文件不应有涂改、增删之处，但如有错误必须修改时，修改处必须由原被授权人签署。

5）投标文件的密封和标记

投标人应将投标文件用封套加以密封，在封口处粘贴密封条，盖骑缝公章，并在封套上标明：

① 收件人：紫荆关学院采购与招标管理办公室

② 招标项目编号：

③ 招标项目名称：

④ 投标人名称：

⑤ 投标人地址：

⑥ 联系电话：

⑦ 开标之前不得启封。

没有按上述规定密封和标记的投标文件，招标人将不承担投标文件错放或提前开启的责任，由此造成提前开启的投标文件招标人将予以拒绝。

(3) 投标细则

1）投标文件的递交

① 投标人应仔细阅读招标文件的所有内容并作出实质性响应，同时按招标文件规定的要求和格式，提交完整的投标文件。

② 投标文件应在投标截止时间前送达指定地点，逾期送达或未送达指定地点以及未按招标文件要求密封的投标文件，招标人将拒收或退还投标人。

③ 招标人不接受传真及电子邮件投标。

2) 投标文件的修改和撤回

① 投标截止时间后不得修改投标文件。

② 投标截止时间前投标人可以撤回投标文件，但在投标截止时间后不允许撤回。

3) 分包投标

本次招标可分包投标和中标。

4) 联合体投标

本次招标不接受联合体投标。

5) 投标有效期

从投标截止时间起，投标有效期为 90 天。

(4) 开标、评标

1) 招标人按规定的时间和地点开标，投标人可派代表参加。投标人未派代表参加开标的，视为默认开标结果。

2) 开标时，招标人将邀请投标人代表检查投标文件的密封情况，经确认无误后，由工作人员当众拆封，宣读投标人名称、投标价格、交货期等投标文件的主要内容。

3) 招标人组织用户代表和有关专家组成评标委员会进行评标。

4) 开标结束后，招标人组织对投标人的投标资格进行审查，评标委员会对投标人是否实质性响应招标文件要求进行符合性审查。

5) 对招标文件的实质性要求和条件作出响应的投标应当与招标文件要求的全部条款、条件、指标和规格相符，没有重大偏离的投标。招标人和评委判定投标的响应性只根据投标本身的内容，而不寻求外部的证据，投标人不得通过修正或撤销不符合要求的偏离从而使其投标成为实质上响应的投标。

投标文件出现（但不限于）下列情况之一的，由评标委员会评审后作无效投标或废标处理：

① 超出经营范围投标的；

② 不具备招标文件规定的资格条件及未按招标文件规定的要求提供资格证明文件的；

③ 无法定代表人（经营者）签字或盖章的，签字人无法定代表人（经营者）有效授权的，应加盖投标人公章而未盖章的；

④ 投标有效期不足的；

⑤ 同一投标人提交两个及以上投标报价的；

⑥ 重要技术指标和参数不满足招标要求的；

⑦ 重要内容或关键字迹模糊不清无法辨认的；

⑧ 其他未对招标文件实质性要求和条件作出响应的；

⑨ 不同投标人投标文件相互混装的；

⑩ 不同投标人投标文件中的项目相关人员出现同一人的；

⑪ 不同投标人的投标文件内容出现非正常一致的；

⑫ 恶意串通投标的；

⑬ 报价明显偏离市场行情的；

⑭ 有损害采购人和用户利益的规定的。

6）评标委员会认为有必要时，将要求投标人述标或对投标文件中某些内容作出澄清和说明，但不接受投标人主动提出的澄清和说明。

7）评标委员会将从投标人的投标报价、经营方案、经营能力、社会信誉、经营经验、经营价格承诺、合同履约保证等方面，依据评标方法，对所有投标文件进行综合评审。

（5）评标方法及评分标准

1）评标方法

① 本次招标采用综合评分法评标，即在最大限度满足招标文件实质性要求的前提下，按照评分标准中规定的评分因素和评分细则进行综合评价、评分。

② 获得品牌便利店唯一经营授权的投标人，评标时可以授权单位的业绩、经验、制度等相关资料作为评分依据。

③ 评标委员会各成员独立对每一份有效投标文件进行评价并对除报价以外的评分项目进行评分，报价得分由工作人员通过计算得出。

投标人得分＝$\sum$评委评价得分/评委人数＋报价得分

2）评分标准

评分标准见表 4-14-1。

表 4-14-1 评分标准

评审项目		分值	评分标准
投标报价		55	经评标委员会评审的各包所有有效投标报价（三年总价）的最高价得 55 分，其他有效投标报价以最高投标报价作为基准价，每低 1% 减 1 分
经营业绩 （15分）	经营管理经验	3	超市经营 8 年（含 8 年）以上得 3 分；3 年（含 3 年）以上 5 年以内得 2 分；3 年以内得 1 分
	经营管理业绩	3	提供近 3 年经审计的财务报告或纳税凭证，每年得 1 分，最高得 3 分，没有不得分
	项目经理	3	超市经营管理经验 5 年（含）以上的得 3 分；3 年（含）以上不满 5 年的得 2 分；1 年（含）以上不满 5 年的得 1 分；少于 1 年不得分
	经营规模	6	投标人正在经营的直营门店或加盟店数量达到 5 个得基本分 1 分，不足 5 个不得分。每增加 1 个得 1 分，最高得 5 分，需提供相应的有效证明材料，否则不得分
经营方案及管理能力 （15分）	经营管理	4	切合校园师生生活新零售模式的功能
	经营管理机构运作及管理制度	2	机构设置和职能运行，有项目经理职责、内部管理职责的分工，良好者得 2 分，一般者得 1 分，没有不得分
		2	管理制度和考核目录比较完整，基本满足项目需要得 1 分；管理制度和考核目录完整，完全满足项目需要得 2 分
	经营管理实施方案	5	进货渠道正规、进出货记录完整，临期、到期商品处理管理方案 2 分，安全消防管理方案 0.5 分，卫生保洁管理方案 0.5 分
	应急措施	2	针对超市经营易发生的问题，有应急措施 0.5 分；应急措施内容基本完整，且基本能满足项目需要 1 分；措施内容完整，完全满足项目需要 2 分

续表

评审项目		分值	评分标准
社会信誉	获奖情况	5	根据近3年以来各级政府（省级5分、地市级4分、区县级3分）、行业组织（2分）、高校（1分）颁发的各类评奖评优证书打分，同年度、同单位只计一次，最高得5分。守法诚信经营，并无其他造成社会不良影响的行为
服务承诺（15分）	进退场承诺	5	提供详细的、可操作性强的进场、退场计划及相关承诺
	快速响应	2	公布投诉电话、邮箱、微信号等，有改进方案与反馈流程及反馈时间
	价格控制	5	有规范的财务管理制度，商品价格不得超过临近5公里的大型超市连锁店同类商品价格，根据详细的价格举报奖励措施酌情给分
	促销返利活动	3	定期开展让利优惠活动，有计划得1分；有详细计划且合理可行得2分
总分		100	

(6) 定标

1) 评标委员会按照得分高低顺序对投标人进行排列。得分最高的投标人将被推荐为中标候选人。得分相同的，投标报价高的投标人将被推荐为中标候选人。得分相同报价也相同的，则采取随机抽取方式确定中标候选人。

2) 评标委员会认为所有投标报价均不合理或所有投标方案均不能满足招标人要求时，有权否决所有投标，评标委员会也没有义务必须接受最低报价的投标。

3) 出现下列情形之一的，应予废标：

① 发生影响招标公平、公正的违法、违规行为的；

② 因重大变故，招标任务取消的。

4) 对未中标的投标人，招标人不作未中标解释。

(7) 中标通知书及合同的签订

① 中标人确定后，招标人将通过学校招标网公示3天，公示期满无异议，即向中标人发出中标通知书。

② 中标人收到中标通知书后，应在10日内与招标人签订合同，过期视为放弃中标。

③ 本招标文件和中标人的投标文件包括中标人所作出的各种书面承诺将作为招标人与中标人双方签订合同的依据，并作为合同的附件与合同具有同等法律效力。

④ 如投标人中标后悔标，招标人将取消该投标人本次中标资格及今后两年内的投标资格。

(8) 其他

① 本次招标不收投标保证金。

② 本次招标不收中标服务费。

③ 投标人无论中标与否，招标人都不承担投标人参加投标的任何费用。

4.14.4 第三部分 项目内容及有关要求

(1) 投标标的概况

投标标的概况见表4-14-2。

表 4-14-2　投标标的概况

包	坐落位置	使用面积/m²	规划项目	投标价格区间[元/(m²·天)]	位置方位
1	河北校区北区商业街7、8、9号	222	校园生活超市	2.5~4.0	晋陕公寓北侧
2	河北校区北区商业街27、28号	132	24小时便利店	2.5~4.0	
3	河北校区北门商业街F3、F4、F5号	78.84	24小时便利店	2.5~4.0	秦川公寓西侧
4	河北校区北门商业街F6、F7、F8、F9、F10号	117	生鲜便民超市	2.0~2.5	秦川公寓西侧

注：各招标标的的实际使用面积以最终现场测量为准。

(2) 投标人要求

1) 遵守国家法律法规，能够依照学校关于校园安全、卫生等方面的管理规定，具有良好的商业信誉和经营业绩。有下列情形之一的，不得投标：

① 以往在承租学校经营性房屋时，擅自将承租的房屋转租、转让、转借他人或擅自调换使用的，或擅自拆改承租房屋结构或改变承租房屋用途的，以及其他不服从学校管理行为的。

② 不守法经营，不诚信经营，欺诈消费者，损害消费者利益的。

③ 经营期间发生员工打架斗殴，引发群体事件造成负面社会影响的。

④ 超范围经营、曾在经营过程中使用不合格或超过使用期限产品的。

⑤ 有其他造成社会不良影响的行为。

2) 本次招标的超市要求严格执行国家、省、市关于高校及周边从事商业经营的有关规定，同时确保不影响学校师生的正常学习、生活。

3) 法定代表人（经营者）或委托代理人为非本校教职员工（包括在职、外聘、离退休）和非本校全日制在读学生（包括国际教育学院、北美学院）。

4) 同一投标人或同一品牌在校内只能有一处经营场所。若投标人现有校内承租经营场所，须搬离原经营场所后方有资格投标。

5) 包划分：

① 本次租赁招标分为4个包。

② 每个投标人最多中一个包。

6) 投标报价

① 本次租赁招标，按房屋建筑面积报价[元/(m²·天)]，价格中不含物业管理、水、电、网络、市容等费用。详细报价格式见"开标一览表"。

② 本次租赁招标，每个包均设有投标价格区间（详见"第三部分　项目内容及有关要求"的"投标标的概况"），每个包投标报价3年的平均日租金不得超出价格区间。

③ 每个包必须单独报价。此次报价不考虑闰年天数，均按3年1095天（365天/年×3年）计算总报价。

7) 不得经营违反国家法律法规的商品和无品名、厂名、厂址、生产日期、保存期（保质期）等内容的商品，且经营的项目不得有损学生身心健康，不得有损校园管理秩序的维护，以及不得经营学校认为不宜从事的经营范围。

8) 校园生活超市和 24 小时便利店经营范围仅限于日用百货、文化办公用品、饮料、水果及预包装食品等，不得使用明火、油炸、烧烤等方式加工食品饮料出售。

9) 生鲜便民超市经营范围主营生鲜农副产品，生鲜农副产品占比不得低于商品总数的 60%，生鲜农副产品当天的价格必须低于周边农贸市场同类产品价格的 20%，并报物价局核定。

10) 经营范围中含有其他特许经营项目的，应当提供相应的许可证原件。

11) 中标人须知

① 中标人须按通知及时与招标人签订《房屋租赁合同》，并在合同约定期限内付清第一期租金，否则招标人可以重新确定该商业网点的经营单位，并有权没收中标人所交付的履约保证金。

② 投标人必须严格遵守投标时的承诺，按照招标文件的要求及营业执照规定的范围开展经营活动，未经学校允许不得扩大、变更经营项目；否则，学校有权立即终止《房屋租赁合同》，并保留追究经营单位法律责任的权利。

12) 租赁期限

① 总租赁期为三年，自交接之日起计算，至 2021 年 9 月 30 日止。租赁合同一年一签。学校与原承租人办理完毕清场交接手续后，与中标人以实际交接日为准计算租金起始日期。租赁期满、租赁合同解除或终止，学校有权收回全部出租房屋、场地，中标人应如期归还。学校对投标人在租赁期间对房屋进行装饰装修、改造等费用约定详见合同主要条款。

② 租赁期满若招标人不改变该房屋的用途继续对外出租的，学校将以公开招标的方式确定承租人。

③ 实际租赁时间在合同中明确，最终合同价（日租金×实际租赁天数）与中标价（日租金×1095 天）将存在差异。

业务咨询：胡先生，联系电话：　　　　　；景先生，联系电话：　　　　　。

4.14.5 第四部分　合同主要条款

（1）校区内的出租房屋不得用于从事食品加工、制作的经营业务，中标人所经营业务的范围以本合同核定为准。

（2）中标人应当以紫荆关学院批准同意的租赁房屋经营项目办理相关营业执照，并按营业执照和相关许可证核准的经营范围使用该房屋，合法经营。未经招标人批准或核准，中标人不得改变经营范围和房屋使用用途。

（3）租赁期限

① 租赁期为一年，自交接之日起计算，至一年期满止。学校与原承租人办理完毕清场交接手续后，与中标人以实际交接日为准计算租金起始日期。租赁期满、租赁合同解除或终止，学校有权收回全部出租房屋、场地，中标人应如期归还。学校对承租人在租赁期间对房屋进行装饰装修、改造等费用约定详见合同主要条款。

② 租赁期满若招标人不改变该房屋的用途继续对外出租的，学校将以公开招标的方式确定承租人。

（4）招标人在向中标人交付租赁房屋之前，中标人需向招标人一次性缴纳 6 个月租金作为房屋押金；租赁房屋的租金本着先付后用的原则，中标人应在签订本合同时一次性付清整年度的租金；中标人未履行约定、逾期未付款的，每逾期一日向招标人支付应付款万分之五的滞纳金。

(5) 房屋租赁期内,招标人的责任和义务

① 招标人保证上述房屋权属清楚、没有产权纠纷,确保中标人能够正常使用;若发生与上述租赁房屋产权有关的纠纷,由招标人负责处理;若因此给中标人造成经济损失,由招标人负责赔偿。

② 招标人负责对房屋及其附着物的定期检查并承担非中标人原因所造成的房屋日常维修费用。因招标人延误房屋维修而使中标人或第三人遭受损失的,招标人负责赔偿。

③ 招标人如在上述房屋租赁期内需解除租赁合同,将提前三个月以书面形式通知中标人。

④ 招标人严格按照双方签订的《食品卫生安全管理责任状》《消防安全治安管理责任书》及本合同的约定对中标人的经营行为履行正常的监督、检查、指导和教育责任,共同维护文明校园环境和经营秩序。

⑤ 招标人有权对违反合同及相关经营管理规定的承租人进行教育、责令停止营业、限期整改到位直至终止合同,由此造成的损失由中标人承担。

⑥ 招标人加强对物业服务人员的管理,做好管辖区域的环境卫生、保洁工作。

⑦ 招标人有权停止擅自变更营业执照的超范围经营的中标人租赁合同。

⑧ 招标人对中标人擅自使用明火、电炉、大容量电器、乱接电线、店内住宿、危险化学品等行为有权制止并要求整改,可据情节停止其经营,直至追究相关法律责任。

(6) 房屋租赁期内,中标人的责任和义务

① 中标人不得擅自拆改承租房屋结构,不得损坏房屋设施,需在不改变房屋结构的基础上对房屋进行改装修或增扩设备,且应征得招标人书面同意,费用由中标人承担。除非双方另有约定,租赁期满后,因装修而增加的添附物及设备,中标人能拆除的须自行拆除并归中标人所有,但中标人须在规定时限内将租赁房屋恢复原状;若拆除会影响房屋的安全使用或导致不能恢复原状而影响房屋的使用,中标人不得拆除;不能拆除或拆除费用超出添附物本身价值的,该添附物无偿归招标人所有,若中标人强行拆除给招标人造成损失的,中标人应当赔偿招标人损失。

② 中标人不得将上述房屋转租给第三人使用。一经发现有转租行为的,招标人有权立即解除与中标人的租赁合同,同时立即收回房屋,由此造成的相关损失由中标人承担,并追究中标人的违约责任。

③ 中标人应对招标人正常的房屋检查和维修予以积极协助,不得阻挠施工。因中标人使用管理不善或其他人为原因而使房屋或设备损坏的,中标人负责修复并承担相应费用;不能修复的,中标人按照市场价予以赔偿。中标人的装修装潢或其他设施,包括但不限于门头、广告牌、霓虹灯、空调外机等维修及相关责任由中标人自己承担。

④ 中标人在租赁期满时无条件把房屋交还给招标人。

⑤ 中标人设备的维护、修理、年检等费用由中标人承担。

⑥ 中标人在经营期间涉及工商、税务、卫生、消防、城管等必须证照齐全,并承担相关费用。

⑦ 中标人经营范围中含有其他特许经营项目的,应当提供相应的许可证。

⑧ 中标人应守法经营,保证其经营的商品质量及服务质量。若有消费者投诉、仲裁、诉讼的,由中标人承担全部法律责任。

⑨ 中标人在经营过程中不得以紫荆关学院的名义做出任何宣传及招揽生意的行为，一经发现有上述行为，招标人有权立即解除与中标人的租赁合同，同时立即收回房屋，由此造成的相关损失由中标人承担，并追究中标人的违约责任。

⑩ 中标人应严格按照招标人批准同意的房屋出租经营项目范围进行经营，未经招标人同意不得变更。

⑪ 中标人在经营过程中应接受招标人的监督、检查、指导，严格遵守经营秩序，对存在的问题及时整改到位。

⑫ 中标人应严格遵守双方签订的《食品卫生安全管理责任状》《消防安全治安管理责任书》，使用大容量电器须事先报经招标人审批；不得擅自使用明火、电炉；不得乱接电线；不得在店内住宿；不得使用危险化学品等。

⑬ 中标人在校园内应遵守学校有关规章制度，在与师生员工发生矛盾时应冷静处理；不能处理或发生群体事件时，应立即通知招标相关负责人，紧急情况下可拨打"110"。

⑭ 中标人在租赁经营期间应自觉遵守国家的劳动法律、法规，否则因劳动用工引发的一切法律责任均由中标人承担。

（7）违约责任

1）中标人有下列情形之一的，招标人有权解除合同并收回其所租房屋，中标人按合同约定的房屋年租金总额的一半向招标人支付违约金；若招标人的损失超过该违约金数额的，招标人有权要求中标人进行全额赔偿，并要求中标人支付三个月租金的惩罚性赔偿：

① 擅自将承租的上述房屋转租、转让、转借他人或擅自调换使用的；

② 擅自拆改承租房屋结构或改变承租房屋用途的；

③ 拖欠租金满1个月的；

④ 利用承租房屋进行违法活动的；

⑤ 不守法经营，不诚信经营，欺诈消费者，损害劳动者利益，遭投诉并被行政处罚或引发仲裁、诉讼的；

⑥ 经营期间发生打架斗殴，引发群体事件给招标人造成负面影响的；

⑦ 损坏承租房屋的；

⑧ 超范围经营，不接受整改的；

⑨ 严重违反本合同有关禁止行为，不接受整改的。

2）招标人的违约责任

① 在中标人经营期间，招标人无正当理由单方提出解除合同的，对中标人造成的损失承担赔偿责任。

② 招标人无正当理由干扰中标人合法经营的，对中标人造成的损失承担赔偿责任。

（8）如因不可抗力而使承租房屋及其设备损坏的，双方互不承担违约责任。但双方应尽力减少因不可抗力而导致的损失，减轻其负面影响。遭受不可抗力事件的一方应当采取一切措施，阻止损失的扩大；否则应自行承担扩大部分的损失，或向对方承担赔偿责任。

（9）合同的解除

1）除本合同第七条第一款外，本合同双方任何一方若要解除本合同，都应当以书面形式通知对方。除双方一致同意外，本合同在交寄日起或签收日起的第91天得以解除，租金算至第90天，双方应当结清租金和其他费用。合同解除后，中标人不及时办理退场等手续、超过15天的,视中标人自行放弃对其遗留物品的处置权。装饰等处理见第六条第一款。

2) 如遇政府或学校总体规划需要拆迁,双方无条件终止合同,租金算至实际使用日。中标人不主张任何拆迁、搬迁、装饰等一切与拆迁有关的费用补偿。

(10) 双方约定的其他事项

1) 房屋租赁期内,水、电费由中标人承担,中标人如欠缴费用1个月以上,招标人有权停止供电、供水,由此产生的后果由中标人承担。

2) 经营期间的门前三包、治安、卫生管理等社会性收费由中标人承担。

3) 招标人为中标人提供物业管理服务(含水、电管理,公共部位的维修和保洁等),中标人根据招标人提供的服务应及时缴纳物业管理费。

4.14.6 第五部分 附件

附件1 报名投标确认函,见表4-14-3。
附件2 投标函,见表4-14-4。
附件3 开标一览表,见表4-14-5。
附件4 法定代表人(经营者)资格证明,见表4-14-6。
附件5 法定代表人(经营者)授权书,见表4-14-7。

表4-14-3 附件1 报名投标确认函

报名投标确认函
紫荆关学院采购与招标管理办公室: 　　我公司完全符合项目　　　(项目编号　　　)招标公告中对投标人资格条件的要求,自愿以本传真报名参加你单位的招标,并将按时参加投标。 　　我公司郑重声明:我公司与本招标项目及该项目相关人员之间均不存在可能影响招标公正性的任何利害关系。 投标相关信息: 投标项目名称: 招标项目编号: 投标人名称: 投标人的纳税人识别号: 经办人: 联系电话: 传真号码: 通信地址及邮编: Email: 　　　　年　　月　　日 注:本报名投标确认函请报名单位用Word格式打印提供有关信息,并用"招标项目号+投标公司名"作文件名保存成文件,通过电子邮箱发送至　　　,我方收到后一般在一个工作日内回复,提示报名成功。本确认函不需装入投标文件中。

表 4-14-4　附件 2　投标函

投标函

紫荆关学院采购与招标管理办公室：

我方经仔细阅读研究项目招标文件　　　　（项目编号　　　　），已完全了解招标文件中的所有条款及要求，决定参加投标，同时作出如下承诺：

1. 我方愿针对本次项目进行投标，投标文件中所有关于投标资格的文件、证明、陈述均是真实的、准确的。若有违背，我方愿意承担由此而产生的一切后果。

2. 我方在参加本招标项目前三年内在生产经营活动中没有重大违法记录。

3. 我方与本招标项目及该项目相关人员之间均不存在可能影响招标公正性的任何利害关系。

4. 我方愿按招标文件的一切要求（包括付款方式），提供本项目的报价，报价见《开标一览表》。

5. 我方接受招标文件的所有条款、条件和规定，放弃对招标文件提出质疑的权利。

6. 我方同意按照招标文件的要求提供所有资料、数据或信息。

7. 我方认可贵方有权决定中标人或否决所有投标，并理解最低报价只是中标的重要条件，贵方没有义务必须接受最低报价的投标。

8. 我方如中标，将保证遵守招标文件对投标人的所有要求和规定，履行自己在投标文件（含修改书）中承诺的全部责任和义务。

9. 本投标文件的有效期为投标截止日后 90 天内，如我方中标，有效期将延至合同有效期终止日为止。

10. 与本次招投标有关的事宜请按以下信息联系：

地址：　　　　邮政编码：

电话：　　　　传真：

Email：

投标人名称（公章）：

授权代表（签字或盖章）：

日期：

表 4-14-5　附件 3　开标一览表

开标一览表

招标项目名称：　　　　招标项目编号：

序号	坐落位置	使用面积/m²	规划项目	日租金/元	三年总租金/元（一年按 365 日计）	备注
						□直营店 □加盟店

1. 此价格不含物业管理费用。
2. 此价格不含水、电、网络、市容等费用。
3. 此次报价不考虑闰年天数，均按三年 1095 天（365 天/年×3 年）计算总报价。
4. 需注明是直营店还是加盟店。

投标人名称（公章）：

授权代表（签字或盖章）：

日期：

表 4-14-6　附件 4　法定代表人（经营者）资格证明

法定代表人（经营者）资格证明

紫荆关学院采购与招标管理办公室：

　　姓名：　　　　性别：　　　　职务：　　　　，系　　　　（投标人名称）的法定代表人。
　　特此证明。

　　投标人名称（公章）：
　　日期：　　年　　月　　日

法人代表人（经营者）身份证正反面复印件粘贴处

表 4-14-7　附件 5　法定代表人（经营者）授权书

法定代表人（经营者）授权书

紫荆关学院采购与招标管理办公室：

　　本授权书声明：注册于　　　　（国家或地区的名称）的　　　　（公司名称）的在下面签字的　　　　（法定代表人姓名）代表本公司授权在下面签字的　　　　（公司名称）的　　　　（被授权人的姓名），为本公司的合法代理人，参加紫荆关学院　　　　（项目名称）、　　　　（项目编号）的投标，以本公司名义处理与之有关的一切事务。

　　本授权书于　　年　　月　　日签字或盖章后生效。

　　法定代表人（经营者）（签字或盖章）：
　　被授权人（签字）：
　　投标人名称（公章）：
　　日期：　　年　　月　　日

被授权人身份证正反面复印件粘贴处

4.15　办公集群中央空调维护保养服务招标文件

4.15.1　招标文件封面及目录

招标文件封面及目录见图 4-15-1。

4.15.2　第一部分　投标邀请

淮滨大学采购与招标管理办公室受学校委托，就我校中央空调维护保养服务项目进行公开招标，现邀请合格投标人参加投标。

本次招标的相关信息如下。

（1）招标项目名称：淮滨大学中央空调维护保养服务。

```
                         招标文件

               项目名称：淮滨大学中央空调维护保养服务
               项目编号：HBFW2018449

                    淮滨大学采购与招标管理办公室
                          2018年9月4日
                              目录
               第一部分  投标邀请
               第二部分  投标人须知
                 （1）招标文件
                 （2）投标文件
                 （3）投标细则
                 （4）开标、评标
                 （5）评标方法及评分标准
                 （6）定标
                 （7）中标通知书及合同的签订
                 （8）其他
               第三部分  项目内容及有关要求
               第四部分  合同主要条款
               第五部分  附件
               附件1  报名投标确认函
               附件2  投标函
               附件3  开标一览表
               附件4  法定代表人资格证明
               附件5  法定代表人授权书
```

图4-15-1　招标文件封面及目录

（2）招标项目编号：HBFW2018449。

（3）项目主要服务内容：详见本招标文件"第三部分　项目内容及有关要求"。

（4）合格的投标人：参加本次招标活动的投标人除应当符合《中华人民共和国政府采购法》第二十二条的规定外，还必须具备以下条件。

① 经国家工商行政管理机关注册的企业法人；

② 营业执照具有相关业务内容；

③ 具有大型综合楼中央空调系统安装、维修保养的经验和业绩。

（5）投标人资格审查方式：资格后审。

（6）招标文件获取：投标人自行下载。

（7）招标文件售价：人民币200元。投标时现场交纳，售后不退。

（8）现场踏勘：定于2018年9月12日上午9：00在淮滨大学藕池校区会议中心门厅集中对项目现场和周围环境进行踏勘并进行公开答疑，请有意报名参加投标的单位准时参加。报名投标单位必须派本项目负责人参加现场踏勘，否则不得参加投标。（联系人：孙先生，联系电话：　　　　　）。

（9）投标报名确认：潜在投标人如确定参加投标，请务必于2018年9月13日11时00分前将"报名投标确认函"（格式见招标文件"附件1"），用"招标项目号＋投标公司"作文件名保存成文件，通过电子邮箱发送至　　　　　，我方收到后一般在一个工作日内回复，提示报名成功。

如潜在投标人未按上述要求操作，将自行承担所产生的风险。

（10）投标报名时间截止后，如投标人少于3个，采购人可选择其他采购方式采购或重新组织招标，也可顺延本项目的投标报名时间、投标截止时间及开标时间并予公告。

(11) 投标开始时间：2018年9月15日8时30分。

(12) 投标截止时间及开标时间：2018年9月15日9时00分。

(13) 投标与开标地点：淮滨大学办公楼313室。

与本次招标有关的事宜请按下列通信方式联系：

单位部门：淮滨大学采购与招标管理办公室

联系地址：某省淮滨市洪泽湖路66号　邮政编码：

联系电话：

传真：

Email：

联系人：左先生、毛先生

4.15.3 第二部分　投标人须知

(1) 招标文件

1) 名词定义

本招标文件中的采购人、投标人、中标人分别指：

① 采购人指淮滨大学，亦称买方。

② 投标人指响应招标并具备相应资质的参与投标的企业。

③ 中标人指最后中标的投标人，亦称中标单位。

2) 招标文件的组成

本招标文件由下列部分组成：

① 投标邀请。

② 投标人须知。

③ 招标货物及有关说明。

④ 合同主要条款。

⑤ 附件目录及格式。

3) 招标文件的澄清

如投标人对招标文件的某些内容有疑问，应在投标截止时间5日前以书面形式传真通知采购人，采购人将予以书面答复。采购人认为有必要时，可将答复内容（包括疑问内容，但不包括疑问来源）在淮滨大学采购与招标信息网站上公开发布。

4) 招标文件的补充和修改

① 采购人有权在投标截止时间3日前对招标文件进行补充和修改，补充和修改的内容在淮滨大学采购与招标信息网站上公开发布。补充和修改的内容作为招标文件的组成部分，对投标人具有同等约束作用。

② 如招标文件的补充和修改对投标人准备投标的时间有影响，采购人有权决定推迟投标截止时间和开标时间。

(2) 投标文件

1) 投标文件的语言

① 投标文件及来往函件均应使用中文。

② 授权文件、产品说明书、样本等非中文材料，其中的要点应附有中文译文。

2) 投标文件的组成

投标人编写的投标文件包括以下部分：

① 目录索引。

② 投标函（格式见附件2）。

③ 开标一览表（格式见附件3）。

④ 投标人资格证明文件。

⑤ 投标报价详细分析说明（含零配件、易耗品、人工费、保险等，格式自拟）。

⑥ 项目管理机构配备。

⑦ 投标人应标明本项目管理服务机构构成和画出机构框架图及其负责人。

⑧ 投标人应详细列出该管理服务组织机构中主要成员的名单、简历资料、职务职称和在本项目中拟担任的职务等资料，并附上有关证明材料复印件。

3) 针对本项目的实施方案：投标人应按招标文件的要求，对完成整个项目提出相应的实施方案。对含糊不清或欠具体明确之处，评委会可视为投标人履约能力不足或响应不全处理。组织实施方案的内容应包括：

① 服务工作目标。

② 对招标人需求的响应程度。

③ 质量保证体系及措施。

④ 对招标方工作人员的管理及培训计划。

⑤ 应急方案。

⑥ 合理化建议。

⑦ 投标人2016年以来所从事大型中央空调安装、维修保养的业绩证明，请提供合同复印件（携带原件备查）及原始维保记录台账复印件（携带原件备查）。

⑧ 项目组成员2018年3月至5月的养老保险缴费证明资料、从业资格证书复印件及相关专业资格证书复印件（加盖公章）。

⑨ 投标人上一年度的企业财务报表。

⑩ 招标文件要求提供内容的佐证材料。

4) 投标人资格证明文件

① 营业执照副本复印件。

② 法定代表人资格证明原件（格式见附件4）。

③ 法定代表人授权书原件（格式见附件5）。

以上资格证明文件的复印件均需加盖投标人公章。

5) 投标文件的形式及签署

① 投标人需提交投标文件正本1份、副本4份，并在投标文件的封面上明确标明投标文件正本和副本。如投标文件正本与副本有不同之处，以正本为准。

② 投标文件正本与副本均应使用A4纸打印，图表等可按同样规格的倍数扩展，且经被授权人签署。

③ 投标文件不应有涂改、增删之处，但如有错误必须修改时，修改处必须由原被授权人签署。

6) 投标文件的密封和标记

投标人应将投标文件用封套加以密封，在封口处粘贴密封条，盖骑缝公章，并在封套上标明：
① 收件人：淮滨大学采购与招标管理办公室
② 招标项目编号：
③ 招标项目名称：
④ 投标人名称：
⑤ 投标人地址：
⑥ 联系电话：
⑦ 开标之前不得启封。

没有按上述规定密封和标记的投标文件，采购人将不承担投标文件错放或提前开启的责任，由此造成提前开启的投标文件采购人将予以拒绝。

(3) 投标细则

1) 投标报价

投标总报价应包括满足招标文件要求，完成项目维修保养范围内所需的单次单价500元以下的材料和配件、人工、运输、安装、安全措施、售后服务及政策性文件规定的全部费用。

投标人的优惠条件须在投标文件中书面承诺并说明。

投标报价在合同执行期间是固定不变和不可变更的，不因市场变化因素而变动，投标人在计算报价时需考虑风险因素。

2) 投标文件的递交

① 投标人应仔细阅读招标文件的所有内容并作出实质性响应，同时按招标文件规定的要求和格式，提交完整的投标文件。

② 投标文件应在投标截止时间前送达指定地点，逾期送达或未送达指定地点以及未按招标文件要求密封的投标文件，采购人将拒收或退还投标人。

③ 采购人不接受传真及电子邮件投标。

3) 投标文件的修改和撤回

① 投标截止时间后不得修改投标文件。

② 投标截止时间前投标人可以撤回投标文件，但在投标截止时间后不允许撤回。

4) 分包投标

本次招标不可分包投标和中标。

5) 联合体投标

本次招标不接受联合体投标。

6) 投标有效期

从投标截止时间起，投标有效期为90天。

(4) 开标、评标

1) 采购人按规定的时间和地点开标，投标人可派代表参加。投标人未派代表参加开标的，视为默认开标结果。

2) 开标时，采购人将邀请投标人代表检查投标文件的密封情况，经确认无误后，由工作人员当众拆封，宣读投标人名称、投标价格、交货期等投标文件的主要内容。

3) 采购人组织用户代表和有关专家组成评标委员会进行评标。

4) 开标结束后，采购人组织对投标人的投标资格进行审查，评标委员会对投标人是否实质性响应招标文件要求进行符合性审查。

5) 对招标文件的实质性要求和条件作出响应的投标应该是与招标文件要求的全部条款、条件、指标和规格相符，没有重大偏离的投标。采购人和评委判定投标的响应性只根据投标本身的内容，而不寻求外部的证据，投标人不得通过修正或撤销不符合要求的偏离从而使其投标成为实质上响应的投标。

投标文件出现（但不限于）下列情况之一的，由评标委员会评审后作无效投标或废标处理：

① 超出经营范围投标的；
② 不具备招标文件规定的资格条件及未按招标文件规定的要求提供资格证明文件的；
③ 无法定代表人签字或盖章的，签字人无法定代表人有效授权的，应加盖投标人公章而未盖章的；
④ 投标有效期不足的；
⑤ 同一投标人提交两个及以上投标报价的；
⑥ 重要技术指标和参数不满足招标要求的；
⑦ 重要内容或关键字迹模糊不清无法辨认的；
⑧ 其他未对招标文件实质性要求和条件作出响应的；
⑨ 不同投标人投标文件相互混装的；
⑩ 不同投标人投标文件中的项目相关人员出现同一人的；
⑪ 不同投标人的投标文件内容出现非正常一致的；
⑫ 恶意串通投标的；
⑬ 报价明显偏离市场行情的；
⑭ 有损害采购人和用户利益的规定的。

6) 评标委员会认为有必要时，将要求投标人述标或对投标文件中某些内容作出澄清和说明，但不接受投标人主动提出的澄清和说明。

7) 评标委员会将从投标人的投标报价、技术方案、售后服务、企业状况等经济、技术和商务及其他优惠条件等方面，依据评标方法，对所有投标文件进行综合评审。

(5) 评标方法及评分标准

1) 评标方法

① 本次招标采用综合评分法评标，即在最大限度满足招标文件实质性要求的前提下，按照评分标准中规定的评分因素和评分细则进行综合评价、评分。

② 评标委员会各成员独立对每一份有效投标文件进行评价并对除报价以外的评分项目进行评分，报价得分由工作人员通过计算得出。

投标人得分＝∑评委评价得分/评委人数＋报价得分

2) 评分标准

评分标准见表 4-15-1。

表 4-15-1 评分标准

评审因素	分值	评分细则
投标报价	50	满足招标文件要求且投标价格最低的投标报价为评标基准价，其价格分为 50 分。其他投标人的价格分统一按照下列公式计算： 投标报价得分＝（评标基准价/投标报价）×50 分

续表

评审因素	分值	评分细则
维护保养服务方案和承诺	15	从项目维保计划、服务响应程度、服务实施方案、物资装备配套情况、备品备件库、合理化建议等方面打分。 优：12~15 分 良：9~11 分 一般：0~8 分
人员配备	10	根据服务团队人员的配备情况、成员的技能资格、成员的从业经验等打分。附上有关证明材料复印件。 由评委根据各投标人的情况进行横向比较，酌情打分
业绩	10	投标人 2016 年以来所从事大型中央空调安装、维修保养的业绩证明。每份得 2 分
维保档案管理方案	5	评委根据投标人维保档案管理方案的合理性，以及维保记录的规范化、系统化、专业化、精细化程度打分。 优：4~5 分 良：2~3 分 一般：0~1 分
技术支持与培训	5	评委根据投标人提交的培训方案（培训招标单位该项目操作工作人员）打分。 优：4~5 分 良：2~3 分 一般：0~1 分
故障处理、应急方案	5	评委根据投标人对故障处理措施、风险预警机制、应急方案等方面打分。 优：4~5 分 良：2~3 分 一般：0~1 分
合计	100	

评分所需资质证明文件、证书、合同等资料请提供复印件，并携带原件备查。

(6) 定标

1) 评标委员会按照得分高低顺序对投标人进行排列。得分相同的，按投标报价由低到高的顺序排列。得分最高且排名第一的投标人将被推荐为中标候选人或者直接被确定为中标人。

2) 评标委员会认为所有投标报价均不合理或所有投标方案均不能满足采购人要求时，有权否决所有投标，评标委员会也没有义务必须接受最低报价的投标。

3) 出现下列情形之一的，应予废标：
① 发生影响招标公平、公正的违法、违规行为的；
② 因重大变故，采购任务取消的。

4) 对未中标的投标人，采购人不作未中标解释。

(7) 中标通知书及合同的签订

① 中标人确定后，采购人将通过学校招标网公示 3 天，公示期满无异议，即向中标人发出中标通知书。

② 中标人收到中标通知书后，应在 30 日内与采购人签订合同，过期视为放弃中标。

③ 本招标文件和中标人的投标文件包括中标人所作出的各种书面承诺将作为采购人与中标人双方签订合同的依据，并作为合同的附件与合同具有同等法律效力。

④ 如投标人中标后悔标，采购人将取消该投标人本次中标资格及今后两年内的投标资格。

(8) 其他

① 本次招标不收投标保证金。

② 本次招标不收中标服务费。

③ 投标人无论中标与否，采购人都不承担投标人参加投标的任何费用。

4.15.4　第三部分　项目内容及有关要求

(1) 项目概况

为确保我校大型中央空调设施的完好使用，根据相关法律的规定，我校对学校部分大型中央空调设施、设备维保及检测服务项目进行招标。

1) 本招标项目最高投标限价：人民币 35 万元。

2) 业务范围：中央空调维修保养及检测服务：设备、系统的维保和运行管理（含所有维修工具、设备、器具费，不含单次、单价 500 元以上的材料设备费），以及中央空调设施检测服务。包括但不限于以下设施设备。

① 会议中心中央空调。水系统的清洗加药水维修保养。主机的维修保养。水泵电机和控制设备维修保养。风机过滤袋的清洗维护保养。风机、电机和电柜维护保养。阀门维护保养。中央空调各类软接头、管路的保温材料的维护保养，以及冬季管路防冻措施。

② 图书馆中央空调。风机及散热器维护保养。风机房过滤器前后阀门维护保养。风机盘管过滤器清洗保养。风机房过滤网维护清洗保养。风机房水系统过滤器清洗保养。主机房阀门检查及维护保养。主机房操作系统的维护保养。主机系统维护保养（换油，换干燥器、过滤器及电器控制部位）。燃气制热系统内各类电机、管路及阀门维护保养。水系统的清洗加药水维护。燃烧机整机每年保养一次，包括风机叶轮灰尘清洗。各个电柜电器的维护保养。每年更换燃烧机喷嘴。每年检测真空度，抽真空。每年检测确认燃气表和燃烧器之间的连接管路没有燃气泄漏。每年过滤器脏时更换。每年打开燃烧器，检查燃烧头所有部件状态是否良好，有没有出现因高温变形或有污物附着其上等情况，燃烧头位置是否正确。每年检查控制风门挡板及燃烧蝶阀的连杆是否有磨损或螺丝松动的情况，同时确定固定燃烧器接线端子板电缆的螺丝没有任何松动。每月对气体报警控制系统设备进行一次自检，确保系统正常工作。检查风机进气管路及燃气蝶阀是否出现燃气泄漏。检查连接锅炉的法兰是否出现老化。每年对探测器进行一次校准（由有相关资质的机构进行）并书面提供给使用单位。中央空调全系统管路冬季防冻措施。楼顶冷凝塔及相关设备的维护保养。

③ 体育馆中央空调。风机房过滤网清洗维护保养。风机盘管过滤器清洗维护保养。协助甲方做好冷热季节工况转换。主机房板盒、主机散热器及系统管路维护保养。风机房设备（风道接口、电柜、电机、皮带等）维护保养。主机、电机维护保养（换油，换干燥器、过滤器及电器控制部位）。风机房热交换器维护保养和全系统的冬季防冻措施。

④ 水弄堂宾馆中央空调。风机盘管过滤器清洗维护保养。排气阀门维护保养。热水房管路清洗保养和维护。主机散热器的清洗维护和保养。地源侧管路清洗保养和维护。末端盘管过滤器的清洗。各类大小软接头、阀门的检查，管路保温维护和保养。机房内水泵电柜内电器设备的维护和保养。各类水泵和电机的维护和保养。协助甲方做好季节工况转换。主机压缩机油、换油添加制冷剂并要按照《克莱门特技术手册》进行操作。末端水系统清洗加药

水维护保养。房间供热水管路的维护保养。末端风机电机的维护保养。

⑤ 云平台大楼和协同创新大楼中央空调。排气阀门维护保养。风机盘管过滤器清洗维护保养。热水房管路清洗保养和维护。主机散热器的清洗维护和保养。地源侧管路清洗保养和维护。末端盘管过滤器的清洗。各类大小软接头、阀门的更换，管路保温维护和保养。机房内水泵电柜内电器设备的维护和保养。各类水泵和电机的维护和保养。协助甲方做好季节工况转换。做好冬季全系统的防冻措施。末端设备及末端控制面板的维修及保养。本地控制设备及控制室系统的维修、维护及检查。

⑥ 国家工程中心 VRV、一食堂、二食堂和四食堂多联机空调。电控系统的检查与维护。制冷系统的检查与维护。热交换器与通风系统的检查与维护。温度及排水系统的检测与维护。机组运行安全状态检查与维护。终端的清洗维护保养。铜管的保温检查与维护。制冷、制热效果检况。室外主机定期清洗。公共区域多联机过滤网的清洗必须达到淮滨市卫生局行业标准。

⑦ 协同创新大楼 VRV 多联机空调。电控系统的检查与维护。制冷系统的检查与维护。热交换器与通风系统的检查与维护。温度及排水系统的检测与维护。机组运行安全状态检查与维护。终端的清洗维护保养。铜管的保温检查与维护。制冷、制热效果检况。室外主机定期清洗。公共区域多联机过滤网的清洗必须达到淮滨市卫生局行业标准。

⑧ 协同创新大楼分体式空调。集中控制系统的检查与维护。制冷、制热系统检查。温度及排水系统的检测与维护。室内室外机的清洗及维护保养。铜管保温检查与维护。空调电气系统的检查与维护。

3）主要设备、设施清单

主要设备、设施清单见表 4-15-2。

表 4-15-2　主要设备、设施清单

序号	设备地点	设备名称	型号	数量	备注
1	会议中心	中央空调主机	LSRF340Z	6 台	风冷螺杆机组
		供暖空调循环泵	TLJ100-125	2 台	舞台
		供暖空调循环泵	100RK80-20	3 台	观众厅
		组合式空调箱	ZK-75Z	2 台	
		保有水量	冷冻水	35 吨	
2	图书馆	中央空调主机	RTHDD2G2G1	3 组	冷却塔机组
		燃气真空机组	MODEL	2 组	
		冷冻水泵	KQW125/320	5 台	
		冷却水泵	KQW125/320	6 台	
		防冻液泵	KQW125/320	2 台	
		组合式空调箱	BGG-200 L	22 台	
		风机盘管		31 台	
		保有水量	冷冻水	100 吨	

续表

序号	设备地点	设备名称	型号	数量	备注
3	体育馆	中央空调主机	SJHP/1700	4 台	水源热泵螺杆机组
		冷冻水泵	Y200L/4	3 台	
		冷却水泵	潜水泵	3 台	
		防冻液泵	ISG2000/3158	3 台	
		组合式空调箱		6 台	
		风机盘管		78 台	
		保有水量	冷冻水	80 吨	
4	数媒楼	中央空调主机	PSRHH1301C-D-Y	1 台	地源热泵机组
		地源水泵	TP80	2 台	
		供水泵	CM10、CM15	4 台	
		组合式空调箱		2 台	
		风机盘管		34 台	
		保有水量	冷冻水	40 吨	
5	长广溪宾馆	中央空调主机	PSRHH2402-D、PSRHH1301-R-Y/	2 台	地源热泵机组
		热水泵		4 台	
		地源水泵	30kW\11kW	3 台	
		空调水泵	22kW\11kW	3 台	
		风机盘管		247	
		保有水量	冷冻水	100 号	
6	工程中心	VIV 空调机组		152 台	
7	一食堂	多联式空调	MDV-450(16)W/DSN	1	一二层
		多联式空调	MDV-500(18)W/DSN	1	
		多联式空调	MDV-560(18)W/DSN	2	
		独立式中央空调	MDV-335 W/DSN	1	
		独立式中央空调	MDV-850 W/DSN	2	
		独立式中央空调	MDV-560 W/DSN	4	
		多联式空调	MDV-280(10)W/DSN	1	
		多联式空调	MDV-400 W/DSN	2	
		多联式空调	MDV-335 W/DSN	3	
8	二食堂	多联式空调	MDV-850 W/DSN	1	(1) 二层
		多联式空调	MDV-670 W/DSN	1	
		多联式空调	MDV-560 W/DSN	9	

续表

序号	设备地点	设备名称	型号	数量	备注
9	四食堂	多联式空调	MDV-560 W/DSN	8	（1）二层
		多联式空调	MDV-450 W/DSN	1	
10	合计			37 台	
11	协同创新中心 A 区	中央空调主机	PSRHH0851C-Y	2 台	螺杆式地源热泵机组
		囊式定压补水机组	FLK-800PZ	1 台	
		冷却水泵	1LE0001-1DA2	3 台	
		闭式冷却塔	HCBL-40	1 台	
		膨胀水箱		1 台	
		风机盘管		120 台	
12	协同创新中心 BC 区走廊	VRV 空调室内机	ARQB071GLCH	18 台	2-8F 会议室
		VRV 空调室外机	AJQ140LALH	9 台	2-8F 会议室
		BC 区走廊室内机	见附件	100 台	
		BC 区走廊室外机	见附件	15 台	
		集中控制面板		1 台	消控室
13	协同创新中心 BC 区房间	东芝变频 3HP 分体嵌入式空调机组	内机 RAV-SM804UTY-C 外机 RAV-SM804ATP-C	127 套	
		东芝变频 5HP 分体嵌入式空调机组	内机 RAV-SM1404UTY-C 外机 RAV-SM1404ATP-C	86 套	
		东芝集中控制器	BMS-CM1280TLE	2 台	消控室

招标单位向投标单位提供的资料和数据，仅供投标单位投标时参考，投标单位须自行全面、细致地考察项目情况，以充分了解任何可能会影响到投标价格的事项，并在投标中给予充分考虑。在提交投标文件之后，若投标单位以误解项目情况或其他任何理由提出修改投标价格的要求，将不获考虑，由此产生的风险由投标单位自行承担。

(2) 中央空调设施维修保养作业要求

1) 维修排故

当维保方接到招标方的故障通知书或电话通知时，应在 2 小时内立即派员对该故障进行排除。一般故障应该立即排除，严重故障应该在 24 小时内修复。当需超过 2 天尚无法修复时，需书面通知校方，同时维保方增加技术力量，尽快修复故障。如果维保方维修不及时，校方可以请第三方开展维修，所发生维修人工费用从维保费用中扣除。

2) 中央空调系统的具体维保要求

每月检查项目如下：

① 检查水系统；

② 检查管道、阀门有无漏水，阀门是否处于开启状态；

③ 检查主机是否正常；

④ 检查水泵电机和控制设备；
⑤ 检查风机、电机和电柜。

每季检查项目如下：
① 检查风机过滤网；
② 检查水泵控制系统；
③ 检查主机房板盒、主机散热器及系统管路；
④ 检查主机房各水泵及电机和电器设备；
⑤ 检查主机房（湖水泵、循环泵及乙二醇泵）电机、电柜。

每年检查项目如下：
① 检查电动机是否损伤、锈蚀，机械性能是否良好；
② 检查水泵轴与电动机连接部位是否松动、变形、损伤和严重锈蚀；
③ 检查轴承润滑油是否加足，有无严重污染、变质现象，用手转动检查转动是否正常；
④ 检查继电器是否脱落、松动，接触器接点是否烧损。

(3) 维保计划及小结

中标人在签订合同后一周内，编制月、季度、年度维保计划，并经招标方审核。维保服务期满，编制服务期内维修保养总结，并提交招标方审核。

① 每月维修保养

按每月维修保养内容，对中央空调系统进行检查、检测、测试、调验，并提交月度维护保养、设备运行状况报告。

② 季度维修保养

每季度最后一个月的第二个星期，将该月的维修保养项目与季度维修保养内容合在一起，按每月、每季度的维护保养内容，对中央空调系统逐项进行检查、调试，并提交季度维护保养、设备运行状况报告。

③ 服务期维修保养

服务期最后一个月的第二个星期，按年度的维护保养内容，全面对中央空调系统逐项进行检查、检测，并提交年度维护保养、设备运行状况报告。

④ 中标方在合同订立后一个月内梳理维保范围内中央空调设施清单和设备分布明细图，提交招标方。

⑤ 原则上招标人所保养的中央空调设备需大修或中修一般由中标人负责，若中标人报价过高，招标人有权选择其他单位作为设施设备大修或中修的维修单位，且中标人应无条件免费配合招标人的工作。

(4) 其他要求

① 维保方有责任和义务配合校方及主管部门组织的检查等相关工作。
② 维保长驻人员（具有相关业务的从业资格证书）不少于二人。
③ 设备在正常使用时主机操作系统出现故障而受影响，由维保单位和设备提供方协商解决，如发生费用由维保单位承担。
④ 投标单位在进行投标时，必须根据招标单位提供的设备清单提供详细的报价清单。

业务咨询：　　　　　胡先生，联系电话：　　　　　；刘先生，联系电话：　　　　　　。

4.15.5 第四部分 合同主要条款

(1) 服务期限

本项目服务期限为：2018年10月3日至2020年2月30日（具体以合同为准）。

(2) 付款方式

按季方式结算。该费用包括完成项目维修保养范围内所需的单次、单价500元以下的材料和配件、人工、运输、安装、安全措施、售后服务及政策性文件规定的全部费用。如需更换500元以上的空调设施设备零配件等，中标人须依据投标文件中提供的报价清单向招标方提出书面预算，并征得甲方书面同意后方可购买，费用由甲方承担。每笔款项均以人民币支票（现金或转账）方式支付，中标人凭以下资料与招标人进行结算：

① 中标人开具的合法正规发票；

② 工作质量考核统计（考核结果与合同款结算直接挂钩）。

(3) 考核

中标人必须按计划对其维保范围内的中央空调设施设备完成全部维修保养工作，招标人从维护保养完成情况、故障维修及时性、空调设施设备故障率、服务态度、服务质量、维保记录规范性、设备完好率等方面每季度对中标人的维护保养服务进行考核评分。

① 对评分达到90分及以上的全额支付维保费；

② 考核评分为80～90分则扣减当季10%的维保费，依次按比例递减；

③ 若当季度考核评分低于60~70分，则全额扣减当季度30%的维保费；

④ 若当季度考核评分低于60分，则全额扣减当季度50%的维保费；

⑤ 如连续两个季度考核评分低于60分，招标人有权终止合同，并拒付维保费。

(4) 有关合同条款

① 投标人一旦参加投标，就意味着已承认招标文件所有条款及要求，并受其约束。

② 在维修保养过程中，中标单位发生的任何纠纷与交涉以及由此造成的损失，均由中标人自行解决，如需招标人进行协调，则协调所发生的费用由中标人承担。

③ 中标人如未按合同条款履行维保义务导致中央空调设施设备缺乏维修保养而不能正常工作和运转，对因此而产生的损失由中标人负全部责任。另外，在维保中如出现安装、维护或调试空调系统，由于本人或中标单位没有按照施工工艺来完成施工，如出现安全事故，由中标单位承担一切法律责任。

④ 投标人如中标，在进入施工现场后，应遵守国家相关法律法规、学校管理规定，并做到工完场清，同时应在其投标文件中作出承诺。中标人负责施工范围内的一切安全防护措施，承担施工范围内的一切安全责任。

4.15.6 第五部分 附件

附件1 报名投标确认函，见表4-15-3。

附件2 投标函，见表4-15-4。

附件3 开标一览表，见表4-15-5。

附件4 法定代表人资格证明，见表4-15-6。

附件5 法定代表人授权书，见表4-15-7。

第 4 章 服务类招标采购实务

表 4-15-3　附件 1　报名投标确认函

报名投标确认函

淮滨大学采购与招标管理办公室：

　　我公司完全符合项目　　　　　（项目编号　　　　　）招标公告中对投标人资格条件的要求，自愿以本传真报名参加你单位的招标，并将按时参加投标。

　　我公司郑重声明：我公司与本招标项目及该项目相关人员之间均不存在可能影响招标公正性的任何利害关系。

投标相关信息：
投标项目名称：
招标项目编号：
投标人名称：
投标人的纳税人识别号：
经办人：
联系电话：
传真号码：
通信地址及邮编：
Email：
　　　　年　　　月　　　日

注：本报名投标确认函请报名单位用 Word 格式打印提供有关信息，并用"招标项目号＋投标公司名"作文件名保存成文件，通过电子邮箱发送至　　　　，我方收到后一般在一个工作日内回复，提示报名成功。本确认函不需装入投标文件中。

表 4-15-4　附件 2　投标函

投标函

淮滨大学采购与招标管理办公室：

　　我方经仔细阅读研究项目招标文件　　　　　（项目编号　　　　　），已完全了解招标文件中的所有条款及要求，决定参加投标，同时作出如下承诺：

　　1. 我方愿针对本次项目进行投标，投标文件中所有关于投标资格的文件、证明、陈述均是真实的、准确的。若有违背，我方愿意承担由此而产生的一切后果。

　　2. 我方在参加本招标项目前三年内在生产经营活动中没有重大违法记录。

　　3. 我方与本招标项目及该项目相关人员之间均不存在可能影响招标公正性的任何利害关系。

　　4. 我方愿按招标文件的一切要求，提供本项目的报价，报价见《开标一览表》。

　　5. 我方接受招标文件的所有条款、条件和规定，放弃对招标文件提出质疑的权利。

　　6. 我方同意按照招标文件的要求提供所有资料、数据或信息。

　　7. 我方认可贵方有权决定中标人或否决所有投标，并理解最低报价只是中标的重要条件，贵方没有义务必须接受最低报价的投标。

　　8. 我方如中标，将保证遵守招标文件对投标人的所有要求和规定，履行自己在投标文件（含修改书）中承诺的全部责任和义务。

　　9. 本投标文件的有效期为投标截止日后 90 天内，如我方中标，有效期将延至合同有效期终止日为止。

　　10. 与本次招投标有关的事宜请按以下信息联系：

地址：　　　　　　　邮政编码：
电话：　　　　　　　传真：
Email：
投标人名称（公章）：
授权代表（签字或盖章）：
日期：

表 4-15-5　附件 3　开标一览表

开标一览表		
招标项目名称：	招标项目编号：	
投标总价（小写）		
投标总价（大写）		
服务期限承诺：		
付款方式承诺：		
投标人名称（公章）： 　授权代表（签字或盖章）： 　日期：		

表 4-15-6　附件 4　法定代表人资格证明

法定代表人资格证明
淮滨大学采购与招标管理办公室： 　　姓名：　　　性别：　　　职务：　　　，系　　　（投标人名称）的法定代表人。 　　特此证明。 投标人名称（公章）： 　　日期：　　　年　　月　　日 　　　　　　　　法人代表身份证正反面复印件粘贴处

表 4-15-7　附件 5　法定代表人授权书

法定代表人授权书
淮滨大学采购与招标管理办公室： 　　本授权书声明：注册于　　　（国家或地区的名称）的　　　（公司名称）的在下面签字的　　　（法定代表人姓名）代表本公司授权在下面签字的　　　（公司名称）的　　　（被授权人的姓名），为本公司的合法代理人，参加淮滨大学　　　（项目名称）、　　　（项目编号）的投标，以本公司名义处理与之有关的一切事务。 　　本授权书于　　年　　月　　日签字或盖章后生效。 　　法定代表人（签字或盖章）： 　　被授权人（签字）： 　　投标人名称（公章）： 　　日期：　　　年　　月　　日 　　　　　　　　被授权人身份证正反面复印件粘贴处

4.16 公共财务系统升级项目招标文件

4.16.1 招标文件封面及目录

招标文件封面及目录见图 4-16-1。

招标文件

项目名称：运河学院财务系统升级项目
项目编号：YHFW2018171

运河学院采购与招标管理办公室
2018年7月29日

目 录
第一部分　投标邀请
第二部分　投标人须知
（1）招标文件
（2）投标文件
（3）投标细则
（4）开标、评标
（5）评标方法及评分标准
（6）定标
（7）中标通知书及合同的签订
（8）其他
第三部分　项目内容及有关要求
第四部分　合同主要条款
第五部分　附件
附件1　报名投标确认函
附件2　投标函
附件3　开标一览表
附件4　分项报价表
附件5　法定代表人资格证明
附件6　法定代表人授权书

图 4-16-1　招标文件封面及目录

4.16.2 第一部分　投标邀请

运河学院采购与招标管理办公室受学校委托，就财务系统升级项目进行公开招标，现邀请合格投标人参加投标。

本次招标的相关信息如下。

（1）招标项目名称：运河学院财务系统升级。

（2）招标项目编号：YHFW2018171。

（3）项目主要服务内容：详见本招标文件"第三部分　项目内容及有关要求"。

（4）合格的投标人：参加本次招标活动的投标人除应当符合《中华人民共和国政府采购法》第二十二条的规定外，还必须具备以下条件。

1）具有法人资格的企业、事业单位或其他组织；

2）具有相关部门颁发的"软件企业认定证书"；

3）具有在高等院校独立承担过相关项目开发的经验。

（5）投标人资格审查方式：资格后审。

(6) 招标文件获取：投标人自行下载。

(7) 招标文件售价：人民币 200 元。投标时现场交纳，售后不退。

(8) 投标报名确认：潜在投标人如确定参加投标，请务必于 2018 年 8 月 10 日 11 时 00 分前将"报名投标确认函"（格式见招标文件"附件 1"），用"招标项目号＋投标公司"作文件名保存成文件，通过电子邮箱发送至　　　　，我方收到后一般在一个工作日内回复，提示报名成功。

如潜在投标人未按上述要求操作，将自行承担所产生的风险。

(9) 投标报名时间截止后，如投标人少于 3 个，采购人可选择其他采购方式采购或重新组织招标，也可顺延本项目的投标报名时间、投标截止时间及开标时间并予公告。

(10) 投标开始时间：2018 年 8 月 12 日 8 时 30 分。

(11) 投标截止时间及开标时间：2018 年 8 月 12 日 9 时 00 分。

(12) 投标与开标地点：运河学院办公楼 212 室。

与本次招标有关的事宜请按下列通信方式联系：

单位部门：运河学院采购与招标管理办公室

联系地址：某省运河市海滨西路 55 号　邮政编码：

联系电话：

传真：

Email：

联系人：孙先生、岳先生

4.16.3 第二部分　投标人须知

(1) 招标文件

1) 名词定义

本招标文件中的采购人、投标人、中标人分别指：

① 采购人指运河学院，亦称买方。

② 投标人指响应招标并具备相应资质的参与投标的供应商。

③ 中标人指最后中标的投标人，亦称中标单位。

2) 招标文件的组成

本招标文件由下列部分组成：

① 投标邀请。

② 投标人须知。

③ 项目内容及有关要求。

④ 合同主要条款。

⑤ 附件目录及格式。

3) 招标文件的澄清

如投标人对招标文件的某些内容有疑问，应在投标截止时间 5 日前以书面形式传真通知采购人，采购人将予以书面答复。采购人认为有必要时，可将答复内容（包括疑问内容，但不包括疑问来源）在运河学院采购与招标信息网站上公开发布。

4) 招标文件的补充和修改

① 采购人有权在投标截止时间 3 日前对招标文件进行补充和修改，补充和修改的内容

在运河学院采购与招标信息网站上公开发布。补充和修改的内容作为招标文件的组成部分，对投标人具有同等约束作用。

② 如招标文件的补充和修改对投标人准备投标的时间有影响，采购人有权决定推迟投标截止时间和开标时间。

（2）投标文件

1) 投标文件的语言

① 投标文件及来往函件均应使用中文。

② 授权文件、产品说明书、样本等非中文材料，其中的要点应附有中文译文。

2) 投标文件的组成

投标人编写的投标文件包括以下部分：

① 目录索引。

② 投标函（格式见附件2）。

③ 开标一览表（格式见附件3）。

④ 分项报价表（格式见附件4）。

⑤ 投标人资格证明文件。

⑥ 设计方案、项目创新、售后服务等。

⑦ 投标人2015年以来类似服务业绩。

⑧ 项目评分标准中要求内容的佐证资料。

⑨ 投标人认为需要陈述的其他内容。

3) 投标人资格证明文件（复印件均需加盖投标人公章）。

① 营业执照副本复印件；

② 法定代表人资格证明原件（格式见附件5）；

③ 法定代表人授权书原件（格式见附件6）；

④ "软件企业认定证书"复印件。

4) 投标文件的形式及签署

① 投标人需提交投标文件正本1份、副本4份，并在投标文件的封面上明确标明投标文件正本和副本。如投标文件正本与副本有不同之处，以正本为准。

② 投标文件正本与副本均应使用A4纸打印，图表等可按同样规格的倍数扩展，且经被授权人签署。

③ 投标文件不应有涂改、增删之处，但如有错误必须修改时，修改处必须由原被授权人签署。

5) 投标文件的密封和标记

投标人应将投标文件用封套加以密封，在封口处粘贴密封条，盖骑缝公章，并在封套上标明：

① 收件人：运河学院采购与招标管理办公室

② 招标项目编号：

③ 招标项目名称：

④ 投标人名称：

⑤ 投标人地址：

⑥ 联系电话：

⑦ 开标之前不得启封。

没有按上述规定密封和标记的投标文件,采购人将不承担投标文件错放或提前开启的责任,由此造成提前开启的投标文件采购人将予以拒绝。

(3) 投标细则

1) 投标报价

投标总价应是完税后(免税进口货物除外)的项目全部费用,其中应包含货物和软件、安装调试、系统安全维护、系统和设备保修、搬运、税费等全部费用。

2) 投标文件的递交

① 投标人应仔细阅读招标文件的所有内容并作出实质性响应,同时按招标文件规定的要求和格式,提交完整的投标文件。

② 投标文件应在投标截止时间前送达指定地点,逾期送达或未送达指定地点以及未按招标文件要求密封的投标文件,采购人将拒收或退还投标人。

③ 采购人不接受传真及电子邮件投标。

3) 投标文件的修改和撤回

① 投标截止时间后不得修改投标文件。

② 投标截止时间前投标人可以撤回投标文件,但在投标截止时间后不允许撤回。

4) 分包投标

本次招标不可分包投标和中标。

5) 联合体投标

本次招标不接受联合体投标。

6) 投标有效期

从投标截止时间起,投标有效期为90天。

(4) 开标、评标

1) 采购人按规定的时间和地点开标,投标人可派代表参加。投标人未派代表参加开标的,视为默认开标结果。

2) 开标时,采购人将邀请投标人代表检查投标文件的密封情况,经确认无误后,由工作人员当众拆封,宣读投标人名称、投标价格、交货期等投标文件的主要内容。

3) 采购人组织用户代表和有关专家组成评标委员会进行评标。

4) 开标结束后,采购人组织对投标人的投标资格进行审查,评标委员会对投标人是否实质性响应招标文件要求进行符合性审查。

5) 对招标文件的实质性要求和条件作出响应的投标应该是与招标文件要求的全部条款、条件、指标和规格相符,没有重大偏离的投标。采购人和评委判定投标的响应性只根据投标本身的内容,而不寻求外部的证据,投标人不得通过修正或撤销不符合要求的偏离从而使其投标成为实质上响应的投标。

投标文件出现(但不限于)下列情况之一的,由评标委员会评审后作无效投标或废标处理:

① 超出经营范围投标的;

② 不具备招标文件规定的资格条件及未按招标文件规定的要求提供资格证明文件的;

③ 无法定代表人签字或盖章的,签字人无法定代表人有效授权的,应加盖投标人公章而未盖章的;

④ 投标有效期不足的；
⑤ 同一投标人提交两个及以上投标报价的；
⑥ 重要技术指标和参数不满足招标要求的；
⑦ 重要内容或关键字迹模糊不清无法辨认的；
⑧ 其他未对招标文件实质性要求和条件作出响应的；
⑨ 不同投标人投标文件相互混装的；
⑩ 不同投标人投标文件中的项目相关人员出现同一人的；
⑪ 不同投标人的投标文件内容出现非正常一致的；
⑫ 恶意串通投标的；
⑬ 报价明显偏离市场行情的；
⑭ 有损害采购人和用户利益的规定的。

6) 评标委员会认为有必要时，将要求投标人述标或对投标文件中某些内容作出澄清和说明，但不接受投标人主动提出的澄清和说明。

7) 评标委员会将从投标人的投标报价、技术方案、售后服务、企业状况等经济、技术和商务及其他优惠条件等方面，依据评标方法，对所有投标文件进行综合评审。

(5) **评标方法及评分标准**

1) 评标方法

① 本次招标采用综合评分法评标，即在最大限度满足招标文件实质性要求的前提下，按照评分标准中规定的评分因素和评分细则进行综合评价、评分。

② 评标委员会各成员独立对每一份有效投标文件进行评价并对除报价以外的评分项目进行评分，报价得分由工作人员通过计算得出。

投标人得分＝∑评委评价得分/评委人数＋报价得分

2) 评分标准

评分标准见表 4-16-1。

表 4-16-1 评分标准

评审因素		分值	评分细则
投标报价		20	满足招标文件要求且投标价格最低的投标报价为评标基准价，其价格分为满分 20 分。其他投标人的价格分统一按照下列公式计算： 投标报价得分＝（评标基准价/投标报价）×20 分。 如投标价格明显低于其他报价，需做合理性解释
技术方案、技术指标	设计方案	30	投标人应根据项目需求提供完整设计方案，设计方案应能充分体现我校的需求、建设思路，根据投标人的设计方案合理性，综合评分，优秀者得 25～30 分；一般者得 15～24 分；较差者得 1～14 分
	现场演示及答疑	25	投标人结合运河学院实际需求重点展示平台、应用及投标人的特长和优势，体现其技术架构、建设理念及投标人对我校需求的思考理解程度，展示过程中须以真实系统为主、PPT 为辅。平台及应用展示综合评分，优秀者得 18～25 分；一般者得 10～17 分；较差者得 1～9 分
	项目创新	6	投标人提供招标文件未列出的，但又切合运河学院实际需求的优势内容或创新想法。根据其合理性、可行性，综合评分，优秀者得 5～6 分；一般者得 3～4 分；较差者得 1～2 分。没有创新者不得分

续表

评审因素		分值	评分细则
售后服务	服务承诺	7	根据投标人提供的对产品故障报修的响应时间、处理速度、定期巡检以及技术支持、软件升级、技术培训等服务承诺综合评分。优秀者得6~7分；一般者得4~5分；较差者得1~3分
	免费维保期	2	免费维保期为3年的不得分。高于3年的，每延长1年得1分，最多得2分
其他	成功案例	6	2015年以来类似或相关且合同价不低于50万元的软件开发及实施成功案例，985/211学校的得2分/个，每个其他单位的得1分/个，不可兼得。满分6分（以提供的合同与验收报告为准）
	其他证书	3	投标人的其他资质，如相关产品软件著作权证书得2分、软件产品登记证书得1分。根据投标人提供的资质综合评分，满分3分
	投标文件	1	根据投标文件对招标文件的响应情况、标书清晰程度、规范性等综合评分
合计		100	

评分所需证明文件、证书、合同等资料请提供复印件加盖公章，并携带原件备查。

(6) 定标

1) 评标委员会按照得分高低顺序对投标人进行排列。得分相同的，按投标报价由低到高的顺序排列。得分最高且排名第一的投标人将被推荐为中标候选人或者直接被确定为中标人。

2) 评标委员会认为所有投标报价均不合理或所有投标方案均不能满足采购人要求时，有权否决所有投标，评标委员会也没有义务必须接受最低报价的投标。

3) 出现下列情形之一的，应予废标：

① 发生影响招标公平、公正的违法、违规行为的；

② 因重大变故，采购任务取消的。

4) 对未中标的投标人，采购人不作未中标解释。

(7) 中标通知书及合同的签订

① 中标人确定后，采购人将通过学校招标网公示3天，公示期满无异议，即向中标人发出中标通知书。

② 中标人收到中标通知书后，应在30日内与采购人签订合同，过期视为放弃中标。

③ 本招标文件和中标人的投标文件包括中标人所作出的各种书面承诺将作为采购人与中标人双方签订合同的依据，并作为合同的附件与合同具有同等法律效力。

④ 如投标人中标后悔标，采购人将取消该投标人本次中标资格及今后两年内的投标资格。

(8) 其他

① 本次招标不收投标保证金。

② 本次招标不收中标服务费。

③ 投标人无论中标与否，采购人都不承担投标人参加投标的任何费用。

4.16.4 第三部分 项目内容及有关要求

(1) 项目有关说明

（本项目最高投标限价为 85 万元）

运河学院财务处现用天翼财务管理平台，由财务核算、薪酬管理、学生收费、结算支付若干功能模块组成，覆盖预约报销、项目管理、薪酬管理、收费缴费管理和无现金支付等核心工作。但随着工作内涵的不断扩展，急需对财务系统进行创新升级扩展，以满足目前日益增长的财务工作需求和广大师生用户日益增长的财务服务需求；同时，为实现学校整体信息化建设部门协同与进一步完善报销物流服务与财务信息查询及推送等相关财务服务创新工作，财务处拟对原业务模块进行业务功能优化升级，包括增加功能模块和移动服务及自助投递系统等，进行"财务系统升级项目"建设。

根据运河学院智慧校园建设总体规划，充分结合运河学院校园信息化建设和财务处管理特点，加强财务信息化建设进程，提高信息化服务水平，建成数据安全可靠、系统运行稳定、管理全面有效、服务精益求精的"互联网＋财务管理"服务系统，针对现在亟待实现与完善的资产管理接口、薪酬发放税务管理、电子发票认证、预开票服务、财务综合信息发布和运河学院 e 运河门户及 App 集成、与财务信息微信公众服务、新增自助投递机以进一步简化优化报销物流服务等关键功能，拟进行财务系统升级项目建设。

(2) 项目采购说明——各分项主要内容

① 完成资产系统和财务系统的业务对接工作，实现资产入库和财务入账实时同步；

② 实现学校 e 运河门户和 App 的多个查询应用及手机微信端各类查询功能、手机短信及邮件信息推送（校方提供手机短信及邮件网关平台）；

③ 电子发票网上验证真伪，并防止重复报销；

④ 公务卡消费网上认证，对公务卡支出进行网上实时真伪验证，以加强公务卡使用监管；

⑤ 对凭证附件进行成像处理与储存，实现档案查询无纸化、财务档案电子化；

⑥ 集成工资与酬金系统，解决各发放系统税率实时确定问题；

⑦ 实现教职工网上预约单的自主投递，并与财务系统实现对接。

(3) 项目主要技术要求

① 系统以现有财务管理系统 C/S 体系结构为依托，要以面向服务的体系结构（SOA）设计，扩充完善 B/S 架构，包括但不限于 Chrome、Firefo、Safari、IE9 以上、360 等，平板和手机等多终端适配。

② 具备良好性能，能够保证大规模集中访问的正常响应。

③ 具备有效的数据访问控制、权限控制、安全通信、审计日志等，满足信息系统安全等级保护第三级基本要求。

④ 系统要以用户为核心，针对不同的用户优化其使用体验；支持 PC 端和移动端，在同一个后台统一管理两端系统功能。

⑤ 系统要提供出 rest 协议标准的功能接口和数据接口，便于第三方系统调用。

⑥ 系统要求与我校统一身份认证系统集成，并实现和学校数据平台及其他职能部门的应用系统进行数据共享。

(4) 自助投递系统配置要求

① 触摸显示屏：17寸触显一体屏，显示界面操作程序。
② 回单打印机：投递成功后打印回单。
③ 密码输入设备：供取单等需要输入密码操作时使用。
④ 条形码扫描设备：扫描条形码。
⑤ 其他相关计算机主体及周边配套设备。

(5) 合同主要系统功能需求分析

1) 资产管理系统对接

为进一步提高学校资产、财务管理工作效率，推进资产入账管理、财务核算与报销管理等方面工作，建设全生命周期、全流程一体化的管理平台。该平台需要完成资产和财务系统业务的对接工作，主要功能如下：

① 加强学校资产全生命周期信息化管理，更好地行使对资产验收入账环节、资产使用变动、资产处置的监管；

② 与财务管理系统深度对接，加强国资处、财务处业务的信息化协同，实现资产实物账与财务价值账的账账相符，实现与资产处思必得资产管理系统的对接；

③ "账账相符"

a. 验收入账时，精简先生的办事程序，一体化提交报销支付信息，自动生成财务报销预约单；

b. 增减值过程，需求同上；

c. 处置对接，实现财务下账、资产下账；

d. 对账环节，以自动对账为主，降低99%的对账工作量。

④ 项目信息查询

该接口用于教职工选择支付的项目信息时，只能从财务系统有的项目信息中选择。

⑤ 项目授权信息查询

该接口用于教职工选择支付的项目信息时，只能从有授权的信息选择，保障项目信息的准确性。

⑥ 财务接口

提供财务项目的授权信息查询接口，需提供单位、项目号、被授权人职工号。

⑦ 资产验收入账报销、增减值入账报销接口需求

目的：资产实物账与财务价值账账账相符；教职工预约报销流程简化。

⑧ 资产处置业务对接需求

目的：资产实物账与财务价值账账账相符。

财务接口：提供下账处置接口，资产平台按每次上会决议的内容，推送需处置下账的资产明细，财务返回下账结果。

⑨ 资产财务对账需求

目的：资产财务自动对账。

依托资产业务号、资产业务金额；财务凭单号、财务业务金额进行自动对账，对账结果有差异的需人工核对。

2）移动查询平台

在 e 运河 App 中添加下列财务查询应用或者关注财务平台公众号，点击财务查询进入查询界面，用户可进行报销查询、薪酬查询、项目查询、项目借款查询、学费查询、财务到款查询等操作。主要功能如下。

① 报销查询：用户可以看到本年报销单情况和最近报销情况，点击本年报销单后可进行明细查询，点击最近报销单的单个条目后会跳转到报销单物流信息界面，在报销单列表向左滑动可以进行物流状态查询和明细查询。

② 薪酬查询：用户可进行工资、酬金查询及工资历史、酬金历史查询操作，并可查询工资明细或者酬金明细。

③ 项目查询：显示与当前登录人有关的所有项目、有效项目、无效项目、隐藏项目，在我的项目列表里可查询项目的总预算情况和总执行情况，亦可查询预算明细和执行明细。

④ 项目借款查询：可以查询与当前登录人相关的项目借款信息及借款明细信息。

⑤ 学费查询：学生登录后可查询本人学费等费用项的缴纳情况及明细信息。

⑥ 财务到款查询：用户可以根据到款日期、金额、来款单位等条件进行到款查询。

3）财务综合信息发布平台

实现将财务核算、工资、收费等系统中的信息发送至教职工/学生手机或邮箱。

① 支持短信或邮件发放信息定制，发送的信息可完全自定义，也可从相关业务系统中提取数据；

② 数据采集必须支持财务核算、工资、收费等财务内部系统的实时相连；

③ 支持批量发送信息，支持 Excel 导入发送人员清单及内容；

④ 建立信息发送审核机制，对必要的信息进行信息发送前审核；

⑤ 建立信息发送任务，定时执行信息发布任务；

⑥ 提供短信定制功能，用户可选择所需要的信息服务。

4）电子发票认证系统

报销人可以在电子发票验证系统中录入相关电子发票信息验证真伪，并可与财务系统实时相连校验是否重复报销。主要功能如下：

① 报销人可以在电子发票验证系统中录入相关电子发票信息；

② 报销人在进行网上预约报账时可调用已录入的电子发票信息，并进行匹配；

③ 系统与国家税务总局网站实时相连并验证电子发票真伪；

④ 电子发票信息报销后，系统自动记录该笔信息；

⑤ 系统自动检测电子发票是否报销过，如已报销则系统将拒绝该笔电子发票；

⑥ 可与财务系统实时相连；

⑦ 可与网上预约报账系统实时相连。

5）公务卡消费认证

使用公务卡结算具有国家强制性，是规范经费开支、加强经费监管，减少现金的提取和使用的强制要求。同时，推行公务卡结算是我国公共财政支出管理改革的重要内容之一。为加强对公务卡报销的监管，在财务预约系统中加入公务卡消费认证，有机嵌入现行的财务报销流程，有选择性地针对公务卡消费加入认证环节，从而有效加强公务卡使用的严格管理。主要功能如下。

① 提供公务卡消费认证页面，对银联系统外网对接从而实时验证公务卡消费真伪，确认后在待报销明细中可以看到之前确认的消费明细；

② 认证完成后，按照正常报销的流程开始报销，注意选择支付方式为"混合支付"，即可在随后的支付转卡环节选择已认证公务卡消费记录列表中的相关消费金额；

③ 带有公务卡消费的报销预约，可以在预约单上看到公务卡这一栏，上面有公务卡消费的明细，这样就明显强化了对公务卡消费的会计监管。

注意事项：公务卡消费明细一般在消费后1～2个工作日后才能查询到，并且需要在相关银行办理有关关联手续。

6）预开票系统

在财务预约系统中扩展开票服务功能，提供预开票服务，通过防伪税控开票接口，为教师科研工作相关人员提供最大的快捷便利服务。主要功能如下：

① 提供开票预约申请服务，开票申请人可直接在网上填写开票相关信息；

② 开票信息查询管理，相关开票申请人可通过预开票系统实时查询和处理全部的开票工作相关细节与进度；

③ 开票相关税费管理，教职工通过预约开票系统进行开票工作，可直接通过系统选项实现税费计算的自动化；

④ 教职工通过网上查询系统查询历史开票情况；

⑤ 后台客户端查询汇总相关信息，并打印报表；

⑥ 可以与财务项目实时相连，在预约开票中能精准反映当前项目及预算额度；

⑦ 根据开票内容自动生成会计凭证。

7）薪酬一体化系统升级

工资和酬金系统合二为一，解决工资和酬金发放次序及个人所得税统一计税。主要功能如下：

① 实现不同发放批次统一计算个人所得税，提供个人所得税优化建议；

② 维护工资和酬金发放人员信息；

③ 维护工资项信息、网上申报工资关联信息、酬金相关信息；

④ 工资申报：教职工网上填写工资项申报金额提交申请单，院系部门、人事科进行申请单审核；

⑤ 酬金申报：教职工通过预约系统进行申报，再通过财务系统做凭证入薪酬库；

⑥ 工资发放：财务科根据人事科最终审核的单子入薪酬库，进行工资当月生成、与酬金累计算税、银行打卡、财务凭证生成；

⑦ 酬金发放：财务做账后酬金直接入无现金系统，由无现金对酬金单进行银行转账打卡；

⑧ 教职工通过网上查询系统查询历年工资和酬金发放情况；

⑨ 教职工通过薪酬网上系统查询历次提交工资申请单；

⑩ 教职工通过预约系统查询历次提交酬金申请单；

⑪ 后台客户端查询汇总相关信息，并打印报表；

⑫ 可以与财务项目实时相连，并进行项目预算额度控制。

8）财务凭证档案系统

财务凭证档案系统是利用目前尖端的拍摄技术和自动成像技术，将财务凭证以及相关的原始票据等附件转化为电子文档。本系统具有如下功能。

① 利用目前尖端的精拍仪对凭证附件进行成像处理，图片清晰，拍摄速度快，使用方便。

② 提供了由财务凭证到财务附件的联机查询及分析，减少了对纸质会计档案的依赖，提高了工作效率。

③ 对已有的财务凭证，系统自动形成相应的图片文件，大大节约了拍摄时间。

④ 凭证和相关附件相互关联，在预览凭证时可以将附件图片一并调出，特别是在复核、审计过程中效率尤高。

⑤ 可根据条件查询凭证及其附件生成 PDF 文件，方便项目结题及审计。

9) 自助投递机

完成自助收单功能，具有如下设备。

① 触摸显示屏：17 寸触显一体屏，显示界面操作程序。

② 回单打印机：投递成功后打印回单。

③ 密码输入设备：供取单等需要输入密码操作时使用。

④ 条形码扫描设备：扫描条形码。

⑤ 闸机：投递时，扫描有效条形码后，控制程序控制打开闸机；当检测到文件袋确定投入后（投递口设置投递通道，在通道一定位置进行红外检测）红外检测设备检测到文件投入动作后，返回指令给控制程序，控制程序计数并关闭闸机。

⑥ 文件收纳箱：收纳箱可容纳 400~500 份文件，在保障容量的基础上，尽量让投递入内的文件袋有序；取文件袋时，收纳箱可倾斜一定角度，使收文件袋更方便顺畅。

⑦ 其他要求：可实现查询指定盒子的状态；开盒投单；关盒（红外线控制是否真实投递）；发送条屏即时信息；发送条屏固定信息；显示条屏固定信息；提供工控接口文档供开发参考，各类函数返回值定义；状态码定义。

10) 自助投递机管理系统

自助投递机管理系统借助投递机设备实现教职工网上预约单的自主投递，并与财务系统实现对接，完成财务处物流收单工作。

① 按流程开发相应界面控制程序。

需显示当前投递机已投入量及剩余可投递量、点击投递按钮及滚动通知。点击隐藏区域，输入密码后，进入财务处人员退单操作界面，将显示财务处人员操作所有的功能。

② 教师网上预约并完成相关手续后需要投递时，点击"点击投递"按钮，报销人扫描完成后，合法用户打开闸机供投递人投递，同时检测文件投入情况，确认收到后打印凭条。

③ 财务处人员取回投递单时，点击隐藏区域输入密码后，进入管理界面，清除计数并开箱取件。取件完成后，需打印取件单。

④ 财务处后台监控程序，财务处可通过网上实时了解每台投递机的状态。后台按设定的投递量给财务处发送短信提醒。

(6) 全生命期服务维护

财务系统升级项目建设完成投入使用后，中标方在技术上提供足够的服务支持确保系统稳定运行。

4.16.5 第四部分 合同主要条款

(1) 交货期

合同签订后 2 个月内按功能要求完成部署，投入运行。

(2) 交货地点

某省运河市海滨西路 55 号运河学院。

(3) 付款方式

① 为确保项目顺利实施，签订合同后 7 个工作日内，乙方（中标方）需支付甲方合同总费用的 15% 作为项目进度和信息安全保证金。

② 合同生效之日起 7 个工作日内，甲方向乙方支付本合同总费用的 40%。

③ 系统试运行之日起 7 个工作日内，甲方向乙方支付本合同总费用的 30%。

④ 系统验收合格之日起 7 个工作日内，甲方向乙方支付本合同费用的 30%。

⑤ 系统验收合格后 6 个月后，甲方无息全额退还项目进度和信息安全保证金给乙方。

(4) 安装、调试及验收要求

① 我校提供硬件环境：准备系统运行硬件服务器、操作系统、数据库系统，提供网络资源。卖方配置软件环境、安装软件。

② 试运行阶段，卖方需安排技术人员驻留我校，保证系统各项功能正常运行。如遇问题，应及时给予解决。试运行结束后，卖方需撰写试运行情况说明。

③ 试运行结束后，根据我校需求填写完整的验收报告。

④ 项目实施过程中需提供项目实施计划书，包括实施任务、人员安排、进度计划等。

⑤ 项目交付后需提供：软件安装文件、系统操作说明文件、系统设计文档、数据字典说明文档、系统运行报告等。

⑥ 验收不合格的自动延长软件质保期，质保期从验收合格后开始计算。

(5) 质保期及售后服务

① 软件质保三年；

② 卖方在软件验收合格后质保期内，提供免费技术支持和维护服务以及 7×24 的电话技术支持和远程支持，如情况紧急可提供上门服务；

③ 在学校职能部门自身业务范围内，能根据学校要求，质保期内免费进行二次开发和个性化开发，并且由于国家政策调整或者系统本身调整引起的升级终身免费；

④ 卖方应针对买方人员在软件系统功能、使用方法和维护等方面进行必要的免费培训，并有培训计划；

⑤ 售后服务承诺书中承诺的其他服务条款。

4.16.6 第五部分 附件

附件 1 报名投标确认函，见表 4-16-2。

附件 2 投标函，见表 4-16-3。

附件 3 开标一览表，见表 4-16-4。

附件 4 分项报价表，见表 4-16-5。

附件 5 法定代表人资格证明，见表 4-16-6。

附件 6 法定代表人授权书，见表 4-16-7。

第4章 服务类招标采购实务

表 4-16-2 附件 1 报名投标确认函

报名投标确认函

运河学院采购与招标管理办公室：

我公司完全符合项目　　　（项目编号　　　）招标公告中对投标人资格条件的要求，自愿以本传真报名参加你单位的招标，并将按时参加投标。

我公司郑重声明：我公司与本招标项目及该项目相关人员之间均不存在可能影响招标公正性的任何利害关系。

投标相关信息：
投标项目名称：
招标项目编号：
投标人名称：
投标人的纳税人识别号：
经办人：
联系电话：
传真号码：
通信地址及邮编：
Email：
　　　年　　月　　日

注：本报名投标确认函请报名单位用 Word 格式打印提供有关信息，并用"招标项目号＋投标公司名"作文件名保存成文件，通过电子邮箱发送至　　　，我方收到后一般在一个工作日内回复，提示报名成功。本确认函不需装入投标文件中。

表 4-16-3 附件 2 投标函

投标函

运河学院采购与招标管理办公室：

我方经仔细阅读研究项目招标文件　　　（项目编号　　　），已完全了解招标文件中的所有条款及要求，决定参加投标，同时作出如下承诺：

1. 我方愿针对本次项目进行投标，投标文件中所有关于投标资格的文件、证明、陈述均是真实的、准确的。若有违背，我方愿意承担由此而产生的一切后果。

2. 我方在参加本招标项目前三年内在生产经营活动中没有重大违法记录。

3. 我方与本招标项目及该项目相关人员之间均不存在可能影响招标公正性的任何利害关系。

4. 我方愿按招标文件的一切要求，提供本项目的报价，报价见《开标一览表》。

5. 我方接受招标文件的所有条款、条件和规定，放弃对招标文件提出质疑的权利。

6. 我方同意按照招标文件的要求提供所有资料、数据或信息。

7. 我方认可贵方有权决定中标人或否决所有投标，并理解最低报价只是中标的重要条件，贵方没有义务必须接受最低报价的投标。

8. 我方如中标，将保证遵守招标文件对投标人的所有要求和规定，履行自己在投标文件（含修改书）中承诺的全部责任和义务。

9. 本投标文件的有效期为投标截止日后 90 天内，如我方中标，有效期将延至合同有效期终止日为止。

10. 与本次招投标有关的事宜请按以下信息联系：
地址：　　　　　　　　邮政编码：
电话：　　　　　　　　传　　真：
Email：
投标人名称（公章）：
授权代表（签字或盖章）：
日期：

表 4-16-4　附件 3　开标一览表

开标一览表

招标项目名称：　　　　　　　　　　　招标项目编号：

项目名称	财务系统升级项目
投标总价	小写 大写

质保期：
交货期：

投标人名称（公章）：
授权代表（签字或盖章）：
日期：

表 4-16-5　附件 4　分项报价表

分项报价表

招标项目名称：　　　　　　　　　　　招标项目编号：

序号	项目名称	报价/元
合计：		

投标人名称（公章）：
授权代表（签名或盖章）：
日期：

表 4-16-6　附件 5　法定代表人资格证明

法定代表人资格证明

运河学院采购与招标管理办公室：

　　姓名：　　　性别：　　　职务：　　　，系　　　（投标人名称）的法定代表人。
　　特此证明。

　　投标人名称（公章）：
　　日期：　　　年　　月　　日

法人代表身份证正反面复印件粘贴处

表 4-16-7　附件 6　法定代表人授权书

```
                        法定代表人授权书
运河学院采购与招标管理办公室：
    本授权书声明：注册于        （国家或地区的名称）的        （公司名称）的在下面签字的        （法定
代表人姓名）代表本公司授权在下面签字的        （公司名称）的        （被授权人的姓名），为本公司的合法
代理人，参加运河学院        （项目名称）、        （项目编号）的投标，以本公司名义处理与之有关的一切
事务。

    本授权书于        年        月        日签字或盖章后生效。

    法定代表人（签字或盖章）：
    被授权人（签字）：
    投标人名称（公章）：
    日期：        年    月    日

                    被授权人身份证正反面复印件粘贴处
```

4.17　实验室废弃溶液处置项目招标文件

4.17.1　招标文件封面及目录

招标文件封面及目录见图 4-17-1。

```
                        招标文件

            项目名称：洪湖大学实验室废弃溶液处置
            项目编号：HHFW2018510

                    洪湖大学采购与招标管理办公室
                        2018年6月29日

                            目录
            第一部分  投标邀请
            第二部分  投标人须知
            （1）招标文件
            （2）投标文件
            （3）投标细则
            （4）开标、评标
            （5）评标方法及评分标准
            （6）定标
            （7）中标通知书及合同的签订
            （8）其他
            第三部分  项目内容及有关要求
            第四部分  合同主要条款
            第五部分  附件
            附件1  报名投标确认函
            附件2  投标函
            附件3  开标一览表
            附件4  法定代表人资格证明
            附件5  法定代表人授权书
```

图 4-17-1　招标文件封面及目录

4.17.2 第一部分 投标邀请

洪湖大学采购与招标管理办公室受学校委托,就洪湖大学实验室废弃溶液处置项目及相关服务进行公开招标,现邀请合格投标人参加投标。

本次招标的相关信息如下:

(1) 招标项目名称:洪湖大学实验室废弃溶液处置。

(2) 招标项目编号:HHFW2018510。

(3) 项目主要服务内容:详见本招标文件"第三部分 项目内容及有关要求"。

(4) 合格的投标人:参加本次招标活动的投标人除应当符合《中华人民共和国政府采购法》第二十二条的规定外,还必须具备以下条件。

1) 经国家工商行政管理机关注册的企业法人;

2) 具有《危险废物经营许可证》,许可证中应含有本项目品种的废弃物处理许可;

3) 具备道路运输经营许可证及专业的危险化学品运输车辆(可委托第三方运输,但须提供投标人与运输方的有效合同)。

(5) 投标人资格审查方式:资格后审。

(6) 招标文件获取:投标人自行下载。

(7) 招标文件售价:人民币 200 元。投标时现场交纳,售后不退。

(8) 投标报名确认:潜在投标人如确定参加投标,请务必于 2018 年 7 月 6 日 11 时 00 分前将"报名投标确认函"(格式见招标文件"附件1"),用"招标项目号+投标公司"作文件名保存成文件,通过电子邮箱发送至　　　　,我方收到后一般在一个工作日内回复,提示报名成功。

如潜在投标人未按上述要求操作,将自行承担所产生的风险。

(9) 投标报名时间截止后,如投标人少于 3 个,采购人可选择其他采购方式采购或重新组织招标,也可顺延本项目的投标报名时间、投标截止时间及开标时间并予公告。

(10) 投标开始时间:2018 年 7 月 8 日 8 时 30 分。

(11) 投标截止时间及开标时间:2018 年 7 月 8 日 9 时 00 分。

(12) 投标与开标地点:洪湖大学实验中心 1333 室。

与本次招标有关的事宜请按下列通信方式联系:

单位部门:洪湖大学采购与招标管理办公室

联系地址:某省洪湖市藕池口路 51 号　邮政编码:

联系电话:

传真:

Email:

联系人:王先生、曲先生

4.17.3 第二部分 投标人须知

(1) 招标文件

1) 名词定义

本招标文件中的采购人、投标人、中标人分别指:

① 采购人指洪湖大学,亦称买方。

② 投标人指响应招标并具备相应资质的参与投标的企业。
③ 中标人指最后中标的投标人，亦称中标单位。
2) 招标文件的组成
本招标文件由下列部分组成：
① 投标邀请。
② 投标人须知。
③ 招标货物及有关说明。
④ 合同主要条款。
⑤ 附件目录及格式。
3) 招标文件的澄清

如投标人对招标文件的某些内容有疑问，应在投标截止时间 5 日前以书面形式传真通知采购人，采购人将予以书面答复。采购人认为有必要时，可将答复内容（包括疑问内容，但不包括疑问来源）在洪湖大学采购与招标信息网站上公开发布。

4) 招标文件的补充和修改

① 采购人有权在投标截止时间 3 日前对招标文件进行补充和修改，补充和修改的内容在洪湖大学采购与招标信息网站上公开发布。补充和修改的内容作为招标文件的组成部分，对投标人具有同等约束作用。

② 如招标文件的补充和修改对投标人准备投标的时间有影响，采购人有权决定推迟投标截止时间和开标时间。

(2) 投标文件

1) 投标文件的语言
① 投标文件及来往函件均应使用中文。
② 授权文件、产品说明书、样本等非中文材料，其中的要点应附有中文译文。
2) 投标文件的组成
投标人编写的投标文件包括以下部分：
① 目录索引。
② 投标函（格式见附件 2）。
③ 开标一览表（格式见附件 3）。
④ 投标人资格证明文件。
⑤ 本项目配备人员基本情况及分工。
⑥ 服务方案和承诺。
⑦ 投标人认为需要陈述的其他内容。
3) 投标人资格证明文件（复印件均需加盖公章，并携原件备查）
① 营业执照副本复印件。
② 法定代表人资格证明原件（格式见附件 4）。
③ 法定代表人授权书原件（格式见附件 5）。
④ 危险废物经营许可证复印件。
⑤ 道路运输经营许可证复印件（若委托第三方运输，必须提供投标人与运输方的有效合同复印件）。

4) 投标文件的形式及签署

① 投标人需提交投标文件正本 1 份、副本 4 份，并在投标文件的封面上明确标明投标文件正本和副本。如投标文件正本与副本有不同之处，以正本为准。

② 投标文件正本与副本均应使用 A4 纸打印，图表等可按同样规格的倍数扩展，且经被授权人签署。

③ 投标文件不应有涂改、增删之处，但如有错误必须修改时，修改处必须由原被授权人签署。

5) 投标文件的密封和标记

投标人应将投标文件用封套加以密封，在封口处粘贴密封条，盖骑缝公章，并在封套上标明：

① 收件人：洪湖大学采购与招标管理办公室
② 招标项目编号：
③ 招标项目名称：
④ 投标人名称：
⑤ 投标人地址：
⑥ 联系电话：
⑦ 开标之前不得启封。

没有按上述规定密封和标记的投标文件，采购人将不承担投标文件错放或提前开启的责任，由此造成提前开启的投标文件采购人将予以拒绝。

(3) 投标细则

1) 投标报价

投标报价必须符合相关法规且满足招标文件要求。

本项目的投标报价采用一次性报价方式，具体报价要求如下：

① 投标人给出投标货物具体报价，即包含购买货物及投标人承诺的质量保证和售后服务费用，以及购买货物和相关服务所需缴纳的所有税费等在内的具体产品报价。

② 投标货物具体报价以人民币元为单位。

③ 投标人在投标前应当按照项目要求做好调研和咨询工作。

④ 投标人的优惠条件须在投标文件中书面承诺并说明。

2) 投标文件的递交

① 投标人应仔细阅读招标文件的所有内容并作出实质性响应，同时按招标文件规定的要求和格式，提交完整的投标文件。

② 投标文件应在投标截止时间前送达指定地点，逾期送达或未送达指定地点以及未按招标文件要求密封的投标文件，采购人将拒收或退还投标人。

③ 采购人不接受传真及电子邮件投标。

3) 投标文件的修改和撤回

① 投标截止时间后不得修改投标文件。

② 投标截止时间前投标人可以撤回投标文件，但在投标截止时间后不允许撤回。

4) 分包投标

本次招标不可分包投标和中标。

5）联合体投标

本次招标不接受联合体投标。

6）投标有效期

从投标截止时间起，投标有效期为 90 天。

（4）开标、评标

1）采购人按规定的时间和地点开标，投标人可派代表参加。投标人未派代表参加开标的，视为默认开标结果。

2）开标时，采购人将邀请投标人代表检查投标文件的密封情况，经确认无误后，由工作人员当众拆封，宣读投标人名称、投标价格、交货期等投标文件的主要内容。

3）采购人组织用户代表和有关专家组成评标委员会进行评标。

4）评标时若出现同一品牌的产品有多个供应商投标时，在其他条件合格的前提下，选取报价最低的供应商进入评标，舍掉其他供应商。

5）开标结束后，采购人组织对投标人的投标资格进行审查，评标委员会对投标人是否实质性响应招标文件要求进行符合性审查。

6）对招标文件的实质性要求和条件作出响应的投标应该是与招标文件要求的全部条款、条件、指标和规格相符，没有重大偏离的投标。采购人和评委判定投标的响应性只根据投标本身的内容，而不寻求外部的证据，投标人不得通过修正或撤销不符合要求的偏离从而使其投标成为实质上响应的投标。

投标文件出现（但不限于）下列情况之一的，由评标委员会评审后作无效投标或废标处理：

① 超出经营范围投标的；

② 不具备招标文件规定的资格条件及未按招标文件规定的要求提供资格证明文件的；

③ 无法定代表人签字或盖章的，签字人无法定代表人有效授权的，应加盖投标人公章而未盖章的；

④ 投标有效期不足的；

⑤ 同一投标人提交两个及以上投标报价的；

⑥ 投标报价不合理明显低于成本的；

⑦ 重要技术指标和参数不满足招标要求的；

⑧ 重要内容或关键字迹模糊不清无法辨认的；

⑨ 其他未对招标文件实质性要求和条件作出响应的；

⑩ 不同投标人投标文件相互混装的；

⑪ 不同投标人投标文件中的项目相关人员出现同一人的；

⑫ 不同投标人的投标文件内容出现非正常一致的；

⑬ 故意哄抬价格或压价等其他恶意串通投标的；

⑭ 有损害采购人和用户利益的规定的。

7）评标委员会认为有必要时，将要求投标人述标或对投标文件中某些内容作出澄清和说明，但不接受投标人主动提出的澄清和说明。

8）评标委员会将从投标人的投标报价、技术方案、售后服务、企业状况等经济、技术和商务及其他优惠条件等方面，依据评标方法，对所有投标文件进行综合评审。

(5) 评标方法及评分标准

本次招标的评标方法采用经评审的最低评标价法。在满足招标文件全部要求的投标人中由最低投标价的投标人中标。

(6) 定标

1) 评标委员会按照得分高低顺序对投标人进行排列。得分相同的,按投标报价由低到高的顺序排列。得分最高且排名第一的投标人将被推荐为中标候选人或者直接被确定为中标人。

2) 评标委员会认为所有投标报价均不合理或所有投标方案均不能满足采购人要求时,有权否决所有投标,评标委员会也没有义务必须接受最低报价的投标。

3) 出现下列情形之一的,应予废标:
① 发生影响招标公平、公正的违法、违规行为的;
② 因重大变故,采购任务取消的。

4) 对未中标的投标人,采购人不作未中标解释。

(7) 中标通知书及合同的签订

① 中标人确定后,采购人将通过学校招标网公示 3 天,公示期满无异议,即向中标人发出中标通知书。

② 中标人收到中标通知书后,应在 30 日内与采购人签订合同,过期视为放弃中标。

③ 本招标文件和中标人的投标文件包括中标人所作出的各种书面承诺将作为采购人与中标人双方签订合同的依据,并作为合同的附件与合同具有同等法律效力。

④ 如投标人中标后悔标,采购人将取消该投标人本次中标资格及今后两年内的投标资格。

(8) 其他

① 本次招标不收投标保证金。
② 本次招标不收中标服务费。
③ 投标人无论中标与否,采购人都不承担投标人参加投标的任何费用。

4.17.4 第三部分 项目内容及有关要求

(1) 项目品种

项目品种见表 4-17-1。

表 4-17-1 项目品种

序号	名称	危废类别	数量
1	废弃溶液	HW06（900-403-06）	约 80 吨/年

(2) 项目其他要求

① 投标报价中除所接受的废弃物处理费用外,须包含将招标方化学废弃物全部转移出校园需要办理各种证件的手续费以及所涉及上下楼搬运、外运、安全措施、劳动保护及税金等所有费用。

② 合同执行期间单价不作调整,结算时处置量按实计算。

③ 本项目不允许转包和分包。

业务咨询:苏先生,联系电话:

4.17.5 第四部分 合同主要条款

(1) 服务期限

本次服务协议有效期从 2018 年 7 月 2 日起至 2019 年 6 月 30 日止（具体起止时间以签署的合同为准）。

(2) 合作内容

甲方提供的危险废物必须按废物的不同性质进行分类包装存放、标识清楚，不明废弃物不属于本合同范围；甲方应提前 1~2 日向乙方提供需要处置的废弃物清单；乙方负责到甲方指定的储存场所提取危险废物并运输到乙方处理场进行无害化处置，对暂时无法处置需要封存待处置的危险废物，由乙方根据实际情况决定封存保管。

甲方须严格执行转移联单制度，先在"某省危险废物动态管理系统"上填写转移联单，向乙方申请转移，经乙方同意后方可转移。甲乙双方做好危废转移台账记录，并将每批次转移联单打印存档。乙方接危险废物后，按照规定的程序办妥危险废物转移申请及联单，并向当地环保部门备案。

乙方负责甲方危险废物的运输，乙方自身或乙方提供的运输单位应具有合法的运输资质，且运输甲方的危险废物时均应遵守国家相关法律、法规的要求；甲乙双方在指定地点完成危险废物交接后产生的一切责任与甲方无关。乙方应遵守甲方校内规章制度，提供甲方校区内文明装卸服务。

乙方按双方约定或甲方通知时间收集甲方危险废物，交接废物时，甲乙双方对数量和种类进行确认，以便跟踪管理以及结算。

危险废物完成交接后的环保责任由乙方承担。乙方人员及车辆进入甲方校区，需遵守甲方校区规定进行作业。

乙方处置甲方危废包装过程中均应遵守国家环保部门的相关法律法规及各项管理要求，如因乙方未能规范处置甲方危废包装而产生的任何法律责任，均由乙方自行承担。

(3) 付款方式

每 1 批次结算一次，甲方收到乙方开具的增值税普通发票，审核无误后，应在 15 天内付清处置费。

(4) 违约责任

① 如甲方隐匿危险废物包装的交付数量，或利用与乙方的协议，非法将危险废物包装出售给没有资质的单位或给没有资质的单位加工处置，乙方将立即终止与甲方的协议，由此产生的甲方与第三方的违法行为与乙方无关。

② 合同生效后如发生争议，由甲乙双方友好协商解决，若协商无效，则甲乙双方可向甲方所在地人民法院起诉。

4.17.6 第五部分 附件

附件 1　报名投标确认函，见表 4-17-2。

附件 2　投标函，见表 4-17-3。

附件 3　开标一览表，见表 4-17-4。

附件 4　法定代表人资格证明，见表 4-17-5。

附件 5　法定代表人授权书，见表 4-17-6。

表 4-17-2　附件 1　报名投标确认函

报名投标确认函

洪湖大学采购与招标管理办公室：

　　我公司完全符合项目　　　　　（项目编号　　　　　）招标公告中对投标人资格条件的要求，自愿以本传真报名参加你单位的招标，并将按时参加投标。

　　我公司郑重声明：我公司与本招标项目及该项目相关人员之间均不存在可能影响招标公正性的任何利害关系。

投标相关信息：
投标项目名称：
招标项目编号：
投标人名称：
投标人的纳税人识别号：
经办人：
联系电话：
传真号码：
通信地址及邮编：
Email：
　　　　年　　　月　　　日

　　注：本报名投标确认函请报名单位用 Word 格式打印提供有关信息，并用"招标项目号＋投标公司名"作文件名保存成文件，通过电子邮箱发送至　　　　　，我方收到后一般在一个工作日内回复，提示报名成功。本确认函不需装入投标文件中。

表 4-17-3　附件 2　投标函

投标函

洪湖大学采购与招标管理办公室：

　　我方经仔细阅读研究项目招标文件　　　　　（项目编号　　　　　），已完全了解招标文件中的所有条款及要求，决定参加投标，同时作出如下承诺：

　　1. 我方愿针对本次项目进行投标，投标文件中所有关于投标资格的文件、证明、陈述均是真实的、准确的。若有违背，我方愿意承担由此而产生的一切后果。

　　2. 我方在参加本招标项目前三年内在生产经营活动中没有重大违法记录。

　　3. 我方与本招标项目及该项目相关人员之间均不存在可能影响招标公正性的任何利害关系。

　　4. 我方愿按招标文件的一切要求（包括付款方式），提供本项目的报价，报价见《开标一览表》。

　　5. 我方接受招标文件的所有条款、条件和规定，放弃对招标文件提出质疑的权利。

　　6. 我方同意按照招标文件的要求提供所有资料、数据或信息。

　　7. 我方认可贵方有权决定中标人或否决所有投标，并理解最低报价只是中标的重要条件，贵方没有义务必须接受最低报价的投标。

　　8. 我方如中标，将保证遵守招标文件对投标人的所有要求和规定，履行自己在投标文件（含修改书）中承诺的全部责任和义务。

　　9. 本投标文件的有效期为投标截止日后 90 天内，如我方中标，有效期将延至合同有效期终止日为止。

　　10. 与本次招投标有关的事宜请按以下信息联系：

地址：　　　　　邮政编码：
电话：　　　　　传真：
Email：

投标人名称（公章）：
授权代表（签字或盖章）：
日期：

表 4-17-4　附件 3　开标一览表

<table>
<tr><td colspan="6">开标一览表</td></tr>
<tr><td colspan="3">招标项目名称：</td><td colspan="3">招标项目编号：</td></tr>
<tr><td>包号</td><td>名称</td><td>类别</td><td>数量/(吨/年)</td><td>单价/(元/吨)</td><td>合价/元</td></tr>
<tr><td></td><td></td><td></td><td></td><td></td><td></td></tr>
<tr><td colspan="3" rowspan="2">投标总价：</td><td colspan="2">小写</td><td></td></tr>
<tr><td colspan="2">大写</td><td></td></tr>
<tr><td colspan="6">投标人名称（章）：
授权代表（签字或盖章）：
日期：</td></tr>
</table>

表 4-17-5　附件 4　法定代表人资格证明

<table>
<tr><td>法定代表人资格证明

洪湖大学采购与招标管理办公室：
　　姓名：　　　　性别：　　　　职务：　　　　，系　　　　（投标人名称）的法定代表人。
　　特此证明。

　　投标人名称（公章）：
　　日期：　　年　　月　　日

法人代表身份证正反面复印件粘贴处</td></tr>
</table>

表 4-17-6　附件 5　法定代表人授权书

<table>
<tr><td>法定代表人授权书

洪湖大学采购与招标管理办公室：
　　本授权书声明：注册于　　　　（国家或地区的名称）的　　　　（公司名称）的在下面签字的　　　　（法定代表人姓名）代表本公司授权在下面签字的　　　　（公司名称）的　　　　（被授权人的姓名），为本公司的合法代理人，参加洪湖大学　　　　（项目名称）、　　　　（项目编号）的投标，以本公司名义处理与之有关的一切事务。

　　本授权书于　　年　　月　　日签字或盖章后生效。

　　法定代表人（签字或盖章）：
　　被授权人（签字）：
　　投标人名称（公章）：
　　日期：　　年　　月　　日

被授权人身份证正反面复印件粘贴处</td></tr>
</table>

4.18 档案管理综合平台中标公示

白龙江市档案管理综合平台项目招标（项目编号 BLJZCFW2018119）已经结束，拟由"上海烯牛信息技术有限公司"中标，中标金额为：人民币肆拾壹万壹仟元整（￥411000.00）。现予公示，接受监督。

公示期：2018.8.24—2018.8.27

联系电话：

传真：

感谢本项目所有投标人对招标工作的支持！

白龙江市政府采购中心
2018 年 8 月 24 日

4.19 公共财务系统升级项目中标公示

富水河市财务系统升级项目招标（项目编号 FSHZCFW2018333）已经结束，拟由"上海明瑞软件开发有限公司"中标，中标金额为：人民币捌拾陆万陆仟元整（￥866000.00）。现予公示，接受监督。

公示期：2018.9.2—2018.9.5

联系电话：

传真：

感谢本项目所有投标人对招标工作的支持！

富水河市政府采购中心
2018 年 9 月 2 日

参 考 文 献

[1] 赵勇. 政府采购工作手册——最新法律法规汇编[M]. 北京：经济科学出版社，2017.
[2] 张纪雄. 互联网＋政府采购：路径在哪里[M]. 北京：中国人民大学出版社，2016.
[3] 尹彦. 电子政府采购概论[M]. 北京：中国质检出版社，2015.
[4] 肖建华. 政府采购(第二版)[M]. 哈尔滨：东北财经大学出版社，2016.
[5] 肖北庚. 政府采购法原理[M]. 北京：世界图书出版公司，2016.
[6] 王治. 地方政府采购绩效综合评价研究[M]. 武汉：湖北人民出版社，2015.
[7] 王乔，周法兴. 政府采购与PPP评论(第一辑)[M]. 北京：经济科学出版社，2017.
[8] 马海涛. 政府采购管理[M]. 北京：北京大学出版社，2016.
[9] 刘海桑. 政府采购、工程招标、投标与评标1200问[M]. 北京：机械工业出版社，2016.
[10] 刘斌. 政府采购操作规程[M]. 济南：山东人民出版社，2015.
[11] 李志生. 工程建设招标投标与政府采购常见问题300问[M]. 北京：中国建筑工业出版社，2016.
[12] 李显冬. 《政府采购法实施条例》条文理解与案例适用[M]. 北京：电子工业出版社，2016.
[13] 黄发强，吴龚. 卫生计生系统政府采购法规汇编及解读[M]. 北京：企业管理出版社，2015.
[14] 财政部. 政府采购法实施条例释义[M]. 北京：中国财政经济出版社，2015.
[15] 本书编委会. 中国政府采购年鉴2014[M]. 北京：中国财政经济出版社，2015.
[16] 本书编委会. 2016政府采购透明度评估报告[M]. 北京：中国社会科学出版社，2016.